经管文库·管理类

前沿·学术·经典

经济新常态下中国城市群
协调发展机制及实现路径研究

RESEARCH ON COORDINATION DEVELOPMENT
MECHANISM AND IMPLEMENTATION PATH OF
URBAN AGGLOMERATION IN CHINA UNDER
THE NEW NORMAL OF ECONOMY

白竹岚 著

经济管理出版社
ECONOMY & MANAGEMENT PUBLISHING HOUSE

图书在版编目（CIP）数据

经济新常态下中国城市群协调发展机制及实现路径研究 / 白竹岚著 . —北京：
经济管理出版社，2022.9
ISBN 978-7-5096-8711-6

Ⅰ. ①经… Ⅱ. ①白… Ⅲ. ①城市群－协调发展－研究－中国 Ⅳ. ① F299.21

中国版本图书馆 CIP 数据核字（2022）第 172356 号

组稿编辑：杨国强
责任编辑：杨国强
责任印制：黄章平
责任校对：张晓燕

出版发行：经济管理出版社
　　　　　（北京市海淀区北蜂窝 8 号中雅大厦 A 座 11 层 100038）
网　　址：www.E-mp.com.cn
电　　话：（010）51915602
印　　刷：唐山玺诚印务有限公司
经　　销：新华书店
开　　本：710mm×1000mm/16
印　　张：20.75
字　　数：316 千字
版　　次：2022 年 12 月第 1 版　　2022 年 12 月第 1 次印刷
书　　号：ISBN 978-7-5096-8711-6
定　　价：98.00 元

　　城市群是一个复杂的巨系统。它不仅是高级经济组织，而且是高级城市组织形态，是经济发展到一定水平后逐步形成的。伴随着工业化和城市化的推进，经济发展水平的提高，特别是经济信息化、市场化和全球化的推进，城市群对于国家经济的持续稳定发展日趋重要，并已逐步成为一国跻入国际分工体系，参与全球经济竞争的最重要的空间载体。

　　城市群自出现后就以出人意料的速度发展，由此引发我国经济空间发展格局的巨大变革，核心城市的集聚功能日渐凸显，城市群的功能日渐完善，成为经济发展中的主要空间形式，并承担、承载着经济发展过程中所需各种要素的责任。随着区域经济一体化的推进，区域经济发展出现了新的模式，即以核心城市引领城市群发展、以城市群经济拉动区域发展。经济的高速发展，推动城市群成为经济发展格局中最具活力和潜力的核心地域单元，城市群日益成为决定一国经济实力和国际竞争力的重要因素。因此，城市群的研究引起越来越多国内外学者的关注。与此同时，中国政府高度重视推进城市群发展。早在 2006 年，我国发布的《国民经济和社会发展"十一五"规划纲要》中明确提出"要把城市群作为推进城镇化的主体形态，逐步形成以沿海及京广京哈线为纵轴，长江及陇海线为横轴，若干城市群为主体，其他城市和小城镇点状分布，永久耕地和生态功能区相间隔，高效协调可持续的城镇化空间格局"。2010 年颁布的"十二五"规划纲要进一步明确指出："促进区域协调发展，积极稳妥推进城镇化。"《国家新型城镇化规划（2014—2020 年）》指出，城市间的跨域治理问题单靠个别城市难以解决，在解决产业分工、基础设施、环境治理等跨域问题的过程中，要强化城市政府间的合作与协调，充分发挥城市群的协调作用。2017 年，党的十九大提出，要实施区域协调发展战略，要以城市群为主体构建大中小城市和小城镇协调发展的城镇格局。

经济的发展和政策的推动引发了城市化进程的快速推进，随之而来的是大量农村人口涌入城市，城市人口空前聚集，甚至超过城市的承载能力，无可避免地带来了"城市病"等一系列问题。在区域层面，不同城市、不同区域之间的同质化竞争愈演愈烈，导致大量的重复建设和经济发展的低效率；而地区之间、城乡之间、群体之间的贫富分化日益拉大，严重损害了社会公平。在城市层面，城市交通拥堵、环境污染、公共服务供给水平不足、效率低下，"住房难""看病贵""上学难"等问题日益严重，这些矛盾已经成为社会不满和群体冲突的导火索。在社区层面，城市发展中的"大拆大建"带来历史文物古迹、历史街区的破坏令人扼腕叹息。我国已进入了城市化发展的新阶段，同时站在一个历史和时代的岔路口上。在经济新常态下，站在时代的岔路口，走向治理是必然的选择。城市治理的现代化，不仅是城市管理者和实践者的职责，也是城市研究者的时代责任和担当。面对城市群无序建设、投资重复浪费的现状，有必要进一步研究经济新常态下城市群发展的新特征，进而探讨其协调发展机制及实现路径。

本书以经济新常态下中国城市群协调发展机制为研究对象。我国经济已步入新常态，新常态是当前我国经济呈现出来的一种新的发展状态，它不同于以往的经济高速增长，经济增长相对稳定、经济结构更趋合理、社会更加和谐，经济增长方式更强调科技的投入，与传统的高投入、高消耗的粗放增长模式具有本质的不同，整个社会经济及生态环境发生了重大转变，呈现出诸多不同于以往的特征。经济新常态下，城市群的协调发展尤为重要。伴随着经济新常态的到来，城市群在国民经济发展中的影响力及其所占的份额越来越大。其中，以长三角、京津冀、粤港澳大湾区和长江中游城市群等为代表的城市群发挥着越来越重要的作用。这些具有代表性的城市群之所以能够在经济发展过程中脱颖而出，主要源于自然资源禀赋及国家政策的倾斜。依托已有的自然资源禀赋，加上政府的政策支持，这类城市群不仅自身的经济发展水平和发展质量迅速提升，而且在发展过程中不断强化对周边地区的辐射效应。尽管它们对周边地区的辐射效应不断强化，但由于城市群先天条件的差异，加之得到的政策支持不可同日而语，城市群间的经济发展不协调、不平衡问题日益凸显。城市群的发展伴随着生产要素、产业、城镇及人口的高度聚集等现象，这种高度聚集改变了区域原有的景观格局，破坏了原有的生态环境，容易引发资源过度消耗、环境污染等问题。同时，城市群间以及城市群内部不同城市间恶性竞争，产业同质化、重复建设、资源浪费、城市空间分布不合理等成为城市群发展中司空见惯的现象。由于城市间缺乏协调发展的机制，失衡状况一时之间难以扭转。城市群经济发展的严重不均衡，对提升整体城市化水平及经济发展质量造成了巨大障碍，不利于在全国范围内实现城市群协调发展目标。因此，为了推动城市群协调发展，必须正确处理在城市间、城市群间出现的矛盾。探寻城市群协调发展的内在机理，通过相应的治理路径来化解当前城市群经济协调发展面临的困境，进而不断提升城市群协调发展的水平，是当前我国城市群协调发展和城市群治理的首要任务。

经济新常态下经济空间组织最重要的形式是城市群。本书将城市群看成一个资源－环境－经济－社会的复合生态系统，从整体系统出发，赋予城市群协调发展在经济新常态时代下全新的内涵，探析城市群协调发展的内在机理，从资源、环境、经济、社会四个维度出发，构建城市群协调发展评价的指标体系，结合计量工具构建城市群协调发展评价模型，在实证研究和计量分析的基础上提出经济新常态下城市群协调发展的模式及机制架构，最终结合城市群发展现状提出城市群协调发展的实现路径。总体来说，在构建城市群协调发展的理论研究框架的基础上，选取国内知名的几大城市群做实证分析，并在此基础上提出城市群协调发展的模式选择以及对策建议。

经济新常态下，城市群迎来了难得的发展机遇，对于城市群协调发展的研究也日益深入。本书在文献回顾与梳理的基础上，重新界定了城市群协调发展概念，以实现城市群协调发展、可持续发展为目标，以可持续发展理论、循环经济理论、治理理论等为指导，运用抽象分析法，研究城市群复合生态系统特性、系统演进的自组织机理和超循环演进模式及实现途径，具体分析城市群系统的协调发展机理，从而构建起城市群协调发展的理论分析框架，在此基础上探析可行的城市群协调发展模式及机制架构，最后结合长三角、珠三角、长株潭三大城市群的发展现状，提出城市群协调发展的实现路径。这些深刻的理论思考以及具有操作性的政策建议，无论对于城市群治理的研究者，还是推进城市群协调发展的管理者而言，都具有一定的借鉴意义。

本书有助于人们从新的视角认识城市群协调发展的机理及实现路径。本书基于系统整体观视角，探讨城市群协调发展内涵，剖析城市群资源－环境－经济－社会复合生态系统特性和演进规律，并在分析经济新常态下城市群协调发展新特征的基础上，探寻经济新常态下城市群协调发展机理。这些理论阐释有助于人们深入理解城市群协调发展的机理及实现路径，为全面认识城市群协调发展提供了新的视角，极大地丰富了城市群管理理论。

本书有助于政府在推动城市群协调发展方面拓宽问题视阈和政策工具，具有重要的应用价值。本书认为，城市群协调发展需要政府、市场、非政府组织等各方面力量合力推进，各类主体在推动城市群协调发展进程中蕴含巨大能量。本书有利于政府调动、引导从而发挥各类主体在城市群协调发展进程中的作用。

本书是笔者主持的国家社科基金项目成果。自2015年项目获批以来，团队成员一直关注城市治理以及城市群协调发展的理论研究和实践问题，参阅了众多国内外学者的大量研究成果，在此基础上形成研究逻辑，构建了本书的理论研究框架。可以说，已有的研究成果是笔者研究的起点和基础，衷心感谢各位前辈的指引。本书的出版既是对以往研究成果的总结，也希望借此建立学术交流的平台。由于水平所限，书中的错漏之处欢迎读者批评指正。

满怀对城市美好生活的向往，直面城市发展中的种种问题，我们不断探索城市群协调发展的机遇。在变革的时代，用行动成就未来。天行健，君子以自强不息；地势坤，君子以厚德载物。唯愿我辈始终践行！

目　录

第一章 引言

第一节 研究背景及问题的提出

一、研究背景

诺贝尔经济学奖获得者、美国著名经济学家斯蒂格利茨曾指出，"美国的高科技和中国的城市化将是影响 21 世纪人类社会进程的两大课题"[①]。相较于西方发达国家，我国的城市化进程起步较晚，但发展速度相当惊人。由于工业化进程的推动，改革开放后，我国城市、建制镇的数量快速增长，随之而来的是不断提升的城镇化水平。按照城镇常住人口为标准进行统计，我国的城镇化率 2018 年底高达59.58%，而城市数量以前所未有的速度在增长，相比 1978 年，2018 年城市数量增加了 479 个，而建制镇的数量更是呈几何级数增长，2018 年比 1978 年翻了 10倍[②]。在我国城镇化飞速发展的推动下，城市群形成的进程也加快了。

经济发展到一定水平之后出现了城市群，城市群是一种高级经济组织和城市组织形态。伴随着工业化和城市化的推进，经济发展水平的提高，特别是经济信息化、市场化和全球化的推进，城市群对于国家经济的持续稳定发展日趋重要，并已逐步成为一国跻入国际分工体系，参与全球经济竞争的最重要的空间载体。

[①] 吴良镛，吴唯佳，武廷海. 论世界与中国城市化的大趋势和江苏省城市化道路［J］. 科技导报，2003（9）：12-13.

[②] 张学良，杨朝远. 发挥中心城市和城市群在区域协调发展中的带动引领作用［N］. 光明日报，2020-01-14（11）.

　　城市群自出现后就以出人意料的速度发展，由此引发我国经济空间发展格局的巨大变革，核心城市的集聚功能日渐凸显，城市群的功能日渐完善，成为经济发展中的主要空间形式，并承担、承载经济发展过程中所需各种要素的责任。我国的区域经济发展出现了新的模式，即以核心城市引领城市群发展、以城市群经济拉动区域发展。因此，城市群的研究引起越来越多国内外学者的关注。与此同时，中国政府也高度重视推进城市群发展。2006 年我国政府发布的"十一五"规划纲要明确提出，"要把城市群作为推进城镇化的主体形态，逐步形成以沿海及京广京哈线为纵轴，长江及陇海线为横轴，若干城市群为主体，其他城市和小城镇点状分布，永久耕地和生态功能区相间隔，高效协调可持续的城镇化空间格局"。2010 年，我国政府颁布的"十二五"规划纲要进一步明确指出："促进区域协调发展，积极稳妥推进城镇化。"经济的高速发展推动城市群成为经济发展格局中最具活力和潜力的核心地域单元，经济新常态下经济空间组织的重要形式就是城市群。《国家新型城镇化规划（2014—2020 年）》指出，城市间的跨域治理问题单靠个别城市难以解决，在解决产业分工、基础设施、环境治理等跨域问题的过程中，要强化城市政府间的合作与协调，充分发挥城市群的协调作用。2017 年，党的十九大提出，要实施区域协调发展战略，要以城市群为主体构建大中小城市和小城镇协调发展的城镇格局。目前，在我国国民经济和社会发展中，城市群对全国经济发展的影响力及其所占的份额越来越大。其中，以长三角、京津冀、粤港澳大湾区和长江中游城市群等为代表的城市群发挥着越来越重要的作用。这些具有代表性的城市群，不仅自身的经济发展水平和发展质量迅速提升，而且在发展过程中不断强化对周边地区的辐射效应。其中，长三角、京津冀和珠三角三大城市群在全国经济中所占的份额及贡献最大，2017 年，三大城市群以占全国 23.51% 的人口创造了 38.86% 的 GDP[①]。

　　城市群是地理、历史、经济、社会和技术等多种力量交互作用，人口和社会

---

① 徐鹏程，叶振宇. 新中国70年城市群发展的回顾与展望［J］. 发展研究，2019（11）：17-18.

经济活动在特定地理空间集聚、分散并有机联系的产物。城市群的发展必然伴随着生产要素、产业、城镇及人口的高度聚集等现象，这种高度聚集改变了区域原有的景观格局，破坏了原有的生态环境，容易引发资源过度消耗、环境污染等问题。同时，城市群间以及城市群内部不同城市间的恶性竞争可能导致重复建设、浪费资源等一系列问题。因此，在为我国的城市群从无到有、快速发展欣喜之余，我们也必须关注城市群在协调发展中存在的问题。例如，由于自然资源禀赋及国家政策的倾斜，城市群获得的发展机遇不同，得到的政策支持也不可同日而语，由此导致城市群间的经济发展不协调、不平衡问题日益凸显。产业同质化、重复建设、资源浪费、城市空间分布不合理等成为城市群发展中司空见惯的现象。由于城市间缺乏协调发展的机制，失衡状况一时难以扭转。城市群经济发展的严重不均衡，对于提升整体城市化水平及经济发展质量造成了巨大障碍，也不利于在全国范围内实现城市群协调发展目标。

因此，为了推动城市群协调发展，必须正确处理城市间、城市群间出现的矛盾。探寻城市群协调发展的内在机理并通过相应的治理路径来化解当前城市群经济协调发展而面临的困境，进而不断提升城市群协调发展的水平，是当前我国城市群协调发展和城市群治理的首要任务。城市群协调发展涉及领域众多，而每个城市群都有其形成、发展的特殊性，本书在构建理论模型的同时，选取国内典型城市群做深入剖析，以期为引导我国城市群协调发展提供有益参考。

二、问题的提出

在全球经济一体化及信息化浪潮下，我国城市现代化的发展正在创造一个令人瞩目的奇迹。经过改革开放后的快速发展，2019 年，我国城市化率水平达到60.60%，我国城市人口在 2011 年首次超过农村人口，进入"城市时代"[①]。中国的城市化不仅是城市数量的增加，更是一个多层次的全面发展进程，城市群与区域、

---

① 韩云，陈迪宇，王政等.改革开放40年城镇化的历程、经验与展望［J］.宏观经济管理，2019（2）：29-34.

城市自身、城市社区都呈现出多姿多彩的面貌。然而，史无前例的经济增速和人口涌入在推动城市化迅猛发展的同时，也无可避免地带来了"城市病"等一系列问题。在区域层面，不同城市、不同区域之间的同质化竞争愈演愈烈，导致大量的重复建设和经济发展的低效率；地区之间、城乡之间、群体之间的贫富分化日益拉大，严重损害了社会公平。在城市层面，城市交通拥堵、环境污染、公共服务供给水平不足、效率低下，"住房难""看病贵""上学难"日益严重，这些矛盾已经成为社会不满和群体冲突的导火索。在社区层面，城市发展中"大拆大建"带来的历史文物古迹、历史街区的破坏令人扼腕叹息。我国已进入了城市化的新阶段，同时，也站在一个历史和时代的岔路口上。在经济新常态下，走向治理是必然的选择。城市治理的现代化，不仅是城市管理者和实践者的职责，也是城市研究者的时代责任和担当。面对城市群无序建设、投资重复浪费的现状，有必要进一步研究在经济新常态下城市群发展的新特征，进而探讨其协调发展机制及实现路径。

第二节　研究意义及目的

本书从全新视角认识城市群协调发展的机理及实现路径。从系统整体出发，对城市群协调发展内涵进行探讨，剖析城市群资源－环境－经济－社会系统及发展规律，在分析经济新常态下城市群演变的新特征基础上，探寻其协调发展机理。本书丰富了城市群协调发展理论，具有一定的学术价值。

本书研究具有重要的应用价值，有助于政府在推动城市群协调发展过程中拓宽问题视阈和政策工具。本书研究认为，城市群协调发展需要政府、市场、非政府组织等各方面力量合力推进，各类主体在推动城市群协调发展进程中蕴含巨大能量。本书成果有利于政府去调动、引导和发挥各类主体在城市群协调发展进程中的作用。

第三节　研究内容、研究思路、研究方法

一、研究内容

本书以经济新常态下中国城市群协调发展机制为研究对象。我国经济已步入经济新常态，新常态是当前我国社会经济呈现出来的一种新的发展状态，它不同于以往的经济高速增长，经济增长相对稳定，经济结构更趋合理，社会更加和谐，经济增长方式更强调科技的投入，与传统的高投入、高消耗的粗放增长模式具有本质不同，整个社会经济及生态环境发生了重大转变，呈现出诸多不同于以往的特征。经济新常态下，城市群的协调发展尤为重要。本书将城市群看成一个资源－环境－经济－社会的复合生态系统，从整体系统出发，赋予城市群协调发展在经济新常态下全新的内涵，探析城市群协调发展的内在机理，从资源、环境、经济、社会四个维度出发，构建城市群协调发展评价的指标体系，并结合计量工具构建城市群协调发展评价模型，在实证研究和计量分析的基础上提出经济新常态下城市群协调发展的模式及机制架构，最终结合城市群发展现状提出城市群协调发展的实现路径。总体来说，本书是在构建城市群协调发展理论研究框架的基础上，选取国内知名的几大城市群做实证分析，并在此基础上提出对策建议。具体研究框架如图 1-1 所示。

（1）理论阐释：主要阐释经济新常态、城市群协调发展机制等概念，剖析经济新常态下城市群协调发展的作用机理及实现路径，构建城市群协调发展评价模型和指标体系。

（2）实证分析：通过收集城市群协调发展的典型案例，运用数理统计和评价模型等方法，通过对其协调发展机制的动态变迁实证分析，归纳城市群协调发展机制在经济新常态下的新特征。

（3）对策研究：在探寻城市群协调发展机理以及构建城市群协调发展模式的基础上，从政府机制、市场机制、非政府组织机制三方面入手建立城市群协调发

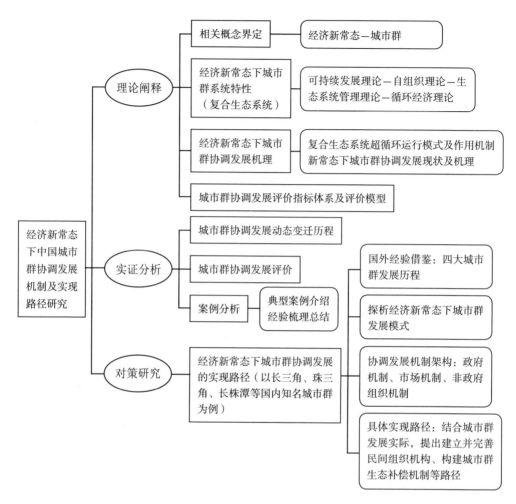

图 1-1　研究框架

展的机制架构，并结合长三角、长株潭、珠三角、中原、成渝等城市群协调发展现状及特征，提出推动城市群协调发展的具体对策及实现路径。

二、研究思路

本书首先以系统整体观视角下城市群的内涵为概念逻辑链，以经济新常态下政府等各种力量在城市群协调发展机理中的作用为思考中心，详尽剖析经济新常态下城市群协调发展内在机理及实现路径；其次构建城市群协调发展评价指标体系及评价模型，并在实证调查的基础上，运用该模型评价我国城市群协调发展的动态特征，探寻经济新常态下城市群协调发展的主要影响因素，梳理并总结城市群协调发展的典型案例和有益经验；最后提出推动城市群协调发展的对策与建议。

三、研究方法

本书采用了理论研究与实证分析相结合，理论思辨与数理统计、案例分析有机结合的方法，结合跨域治理理论、计量经济学、空间经济学等学科的理论成果，并依照规范研究与实证研究两种方法相统一的原则，对经济新常态下城市群协调发展状况进行了剖析。

（1）文献研究法：回顾历史文献资料，梳理勾画城市群协调发展的动态变迁历程。

（2）实地调研法：对典型城市群如长三角、珠三角、长株潭、中原、成渝等城市群协调发展历程进行调查研究，在收集原始资料、数据和特殊文献基础上，采用观察法、问卷调查法、访谈法等进行调研。

（3）数理模型法：在数学方法和计量基础上，建构评价模型，并确定一系列评价指标体系，以评价城市群协调发展的动态变迁及协调发展水平。

（4）专家意见咨询与调查法：邀请城市群协调发展领域的学者专家和政府官员组成专家顾问组，以专家顾问咨询、调查问卷、电子邮件等形式征询相关专家的意见，与计量研究方法相结合，以确保研究结果的科学性。

第四节　创新之处

（1）研究视角创新：基于整体观视角，界定经济新常态下城市群协调发展的系统内涵，建立了城市群协调发展概念模型。在经济新常态下，城市群的协调发展指政府、企业、市场、非政府组织等各种力量及要素有机结合，相互联系、作用与制约，经由某一形式与运动原理，促进城市群高效发展。城市群协调发展最终要实现城市群整体和单个城市的均衡协调、可持续发展。城市群协调发展的最终意义在于推动城市群整体与单体城市共同发展，这种发展既要考虑城市群整体发展的持续性，也要兼顾单体城市间发展的均衡性。

（2）学术思想创新：在研究城市群系统在经济新常态下的新特性以及城市群系统运行模式的基础上，详细阐述了自组织机理对于城市群协调发展的重大意义，并提出城市群协调发展的实现途径。本书认为，城市群协调发展实现的内部途径是构建城市群超循环结构，而其实现的外部途径是发展循环经济。

（3）学术观点创新：基于城市群的系统特性，提出经济新常态下城市群协调发展需要众多力量合力推进。基于跨域治理理论，并结合各城市群协调发展的现状，提出城市群协调发展需要政府合作、市场机制、非政府组织机制合力推进。

第二章　概念界定与理论研究综述

本章第一节介绍经济新常态的内涵，在此基础上重构城市群概念，并对城市群研究领域中的相关概念进行比较说明；第二节为理论研究综述；第三节围绕本书研究的主体内容，归纳分析国内外相关的研究方法、研究进程、现有研究尚待解决的问题以及薄弱环节，以便为研究主体部分的展开打下基础；第四节提出研究假设。

第一节　相关概念界定及重构

一、经济新常态

2013年12月，中央经济工作会议中首次提出了"新常态"的概念，提示我们要客观面对当前我国经济从高速增长进入中高速增长的新常态，要正确处理新常态下经济中出现的一些新状况，并采取措施来化解经济领域的地域性、系统性风险，还要防范一些局部性风险变成全局性风险的问题。

在当今的经济发展阶段，新常态的提出深刻反映了我国经济发展新阶段的特征，准确研判了中国宏观经济当下形势和未来发展趋势，有力证明了党中央高瞻远瞩的战略眼光和决策能力。

根据国际情况，在经济发展初期，发展中国家容易忽视结构优化、收入分配不公、城乡差别等问题。然而，伴随经济的增长，核心城市的集聚功能不断增强，大城市面临巨大的生态承载压力，城市间的经济发展水平差距越来越大，结构失衡愈演愈烈，最终导致经济停滞。为了避免这种情况，需要根据经济新常态的特点，精准定位，争取实现转型升级。

关于"新常态"的重大战略研判，是中国经济改革开放 40 多年来，进入新阶段的战略思考和深远分析。这一战略研判来自我国正处在"三期叠加"的特殊历史阶段。我国经济曾一直保持 10% 左右的高速增长，到了 2012 年进入了换挡期。国家统计局的数据显示，2015 年我国的经济增长率为 6.9%，2016 年我国的经济增长率为 6.7%，2017 年我国的经济增长率为 6.9%，2018 年我国的经济增长率为 6.6%，2019 年我国的经济增长率为 6.1%。自 2010 年经济超越日本成为全球第二大经济体之后，我国 GDP 增速持续下滑，多年来经济高速增长所积累的矛盾和风险正在逐步凸显，明显呈现出不同于过去的新特征——经济增速下滑、风险凸显和红利转换。但是，新特征究竟是受外部因素影响，还是意味着我国经济已进入到和过去完全不同的发展新阶段，政界、企业界和学界分歧很大。

本书从以下几方面对"新常态"做了阐释：

首先，新常态下，我国经济发展呈现出新特征：一是经济增长摆脱高速增长，转为以适宜的速度增长；二是适应消费需求变化，第三产业的发展提高到主体地位，国内经济结构需要持续优化升级；三是创新取代要素和投资双驱动，经济增长不再依靠投入的增加。多年的经济高速增长给我国带来了翻天覆地的变化，中国已不再是那个籍籍无名的弱小国家。无论是基本面、基本发展模式、产业业态，还是经济增长的动力，都已经发生了很大的变化。目前我国经济发展在全球名列前茅，是仅次于美国的第二大经济体，已经摆脱了小经济体、短缺经济以及工业基础薄弱的标签，并成为全球第一制造业大国，国民经济基本达到小康水平。这一系列变化意味着，我国经济的基本面在数量、规模上已经发生巨大变化，并且实现了质的飞跃。如果仍然沿用过去的眼光看待我国的经济发展、用过去的思维方式思考我国经济的现状和问题，则既不准确也不现实。单以经济发展的增速来看，经济增长速度将维持在 6%~8% 运行，说明我国经济已进入到"常态增长"，正式告别了过去持续多年的高速增长。

其次，新常态下依旧充满新的战略机遇。很多学者认为，我国经济进入新常态，可能意味着更多的是挑战而非机遇。事实上，新常态仅表明我国经济进入到一个新的发展阶段，但并不等于说中国发展的黄金时代已经结束，"中国依旧处于重要的战略机遇期"。在新常态下，经济增长质量的关键在于实现经济驱动力的转换。新形势下以创新驱动带来的增长，经济含金量会高于过去的粗放式增长。在新发展阶段，面对部分制造业产能过剩，我国可大力发展服务业；面对对外贸易的下降，我国可以采取各种措施扩大内需，促进内需消费升级，构建服务国内市场和面向国际市场的两个循环的新发展格局。在增长目标上，我国可以实现包容式的新增长，让经济建设成果惠及更多的人民大众。

最后，新常态下经济中充斥着各种风险。从高速增长到新常态下的常态增长，各种不适应的现象频繁出现在经济生活中。如何转换思维、认识新常态、适应新常态，十分重要。因为在新常态下，我国经济可能面临的最大风险是各级政府及经济界无法摆脱老套路，过度依赖高速增长和增加投资。这种风险体现在四方面：一是过度依赖刺激的思维定式，难以走出经济一下滑就刺激，一刺激就见效，然后又加速下滑的"周期律"；二是改革停滞的风险，政府改革计划能否恢复民间资本对我国未来经济发展的信心，不仅取决于改革方案本身，更取决于配套实施办法以及执行力；三是长期采取刺激措施导致的产能过剩问题和企业债务问题；四是房地产泡沫和失控风险。经济新常态下，面对这些风险，是继续传统人为刺激带来漂亮的经济数据，还是痛下决心，通过改革创新安全渡过激流险滩，是新时期攸关我国经济发展全局和改革命运的选择。中央领导人发出号召，"敢于啃硬骨头，敢于涉险滩，敢于向积存多年的顽疾开刀"，这是当代经济管理者的历史使命与责任担当，也是推动经济持续、稳定发展的必由之路。同时，房地产泡沫、财务杠杆过高和金融体制改革的滞后，都是新常态下我国经济潜在的风险。从中长期而言，我国经济不会出现海外机构及媒体预测的"崩盘"，但各种系统风险却真实存在，随时可能爆发。而这些风险，很大程度上是由于过去一再延误改革时机、长期累积下来的，现在是痛下决心大力改革的时候了。

在经济新常态下，我们必须深刻认识新常态的特点和规律，用新思维调整宏观政策，正视经济发展中的风险，努力抓住战略性改革的机遇。例如，在宏观政策层面，尝试用更多元、更综合的指标考量我国的经济，而不再一味强调经济增长；集百家之长，优化顶层设计，构建创新型政策框架，切实提高各类经济体的创新能力；通过政策扶持、金融支持等方式让企业家分享改革红利，并认准改革的方向，选对改革的路径。以上这些对于我国经济的未来发展至关重要。

本书项目组认为，经济新常态的到来并不意味着我国的经济失去了发展的机遇，相反，未来30年，仍然是经济发展的黄金时期，我们必须抓住这次至关重要的机遇期，制定科学的发展战略，以推动我国经济增长。新常态下，经济增长方式将告别过去的高速增长，走向科学合理的增长模式，相信在这个黄金发展期，我国的产业布局将更加合理，国际竞争力会有大幅提升，国内居民的幸福指数也将得到提高，我国经济增长对全球经济的影响将更为深远、更为全面。

二、城市群

（一）城市群的概念

城市群作为描绘城市空间聚集形态及现象的词汇，尽管在实践和经济研究中被广为接受并使用，但截至目前并没有关于城市群的统一、规范的表述。城市化进程始于近代英国的工业革命，工业革命在提高生产效率、改变生产方式的同时，也改变了人们的生活方式。自工业革命之后，不仅城市数量快速增加，城市空间也在不断蔓延拓展。伴随着城市化浪潮，城市空间形态不断演进变化，西方发达国家的城市化进程不断推进，城市群逐步出现，并且城市群自出现后就不断加速发展，由此带来人类经济、社会发展格局的深刻变革。城市群快速发展的同时也带来了一系列治理难题，19世纪末，面对随英国工业化进程而不断涌现的城市治理问题，研究者提出了田园城市概念[1]，即将城市与周边乡村有机整合起来，构建城乡功能互补的"城市集群"（Town Cluster），以通过城市群的协调发展来解决当时迫在眉睫的大城市病问题。为便于统计，美国政府提出了"大都市地区"（Metropolitan Area）概念[2]，将大都市地区作为国家统计的基本单位之一。大都市地

---

[1] 张京祥. 西方城市规划思想史纲［M］. 南京. 东南大学出版社，2005：95.
[2] 许学强. 城市地理学［M］. 北京. 高等教育出版社，1996：22.

区概念与城市群概念类似，其内部通常包含着数量众多的城市或行政区，是指由一个较大的人口中心或核心城市以及与其有高度经济联系和社会文化交往的周边城市组合而成的区域。1957 年，在对美国大西洋沿岸的都市密集区现象进行分析和研究的基础上，著名的法国地理学家、城市群研究的开拓者及引领者戈特曼在"Megalopolis or the Urbanization of the Northeastern Seaboard"一文中首次提出了"大都市带"（Megalopolis）[1]。自戈特曼提出"大都市带"概念后，各国学者开始从不同的视角对城市空间蔓延现象及其所形成的城市群进行了研究。例如，霍尔提出了"巨型城市区域"的概念[2]。

科学界定城市群协调发展的概念内涵和特征，是做好研究的基本前提和重要保障。从已有文献看，对于不同空间尺度的城镇群体空间，西方发达国家普遍采用都市区、都市圈、大都市带等概念定义。都市区、都市圈属于城市发展中出现的区域化现象，二者的显著差异在于核心城市的数量不同，只有一个核心城市的是都市区，而都市圈拥有多个核心城市，这是一种区域城市化现象。

众多学者基于对城市群发展现象的观察和抽象，重新归纳并界定了城市群概念。例如，有学者认为，城镇高度密集的地区就是城市群。类似的定义还有认为城市群是大都市连绵区或城镇密集地带，持这一观点的有地理学家周一星、南京大学的崔功豪。其中，影响最为广泛、被大家广为接受的是姚士谋对城市群的定义。姚士谋的定义充分考虑了城市群的经济职能，而不只是局限于城市群的地域边界等自然概念。在《中国城市群新论》一书中，他将城市群定义为[3]："在特定的地域范围内具有相当数目不同性质、规模、等级的城市，依托一定的自然环境条件，以一个或两个超大或特大城市作为区域经济的核心，借助于现代化的交通工具和综合运输网的通达性，以及高度发达的信息网络，发生与发展各城市个体

---

[1] Jean Gottmann. Megalopolis or the Urbanization of the Northeastern Seaboard［J］. Economic Geography, 1957（3）：22-25.

[2] Peter Hall, Kathy Pain (eds). The Polycentric Metropolis: Learning from Mega-City Regions in Europe［M］. London: Earthscan Publications, 2006: 54-56.

[3] 姚士谋，周春山，王德，修春亮，王成新，陈明新等. 中国城市群新论［M］. 北京：科学出版社，2016：54-58.

之间的内在联系，共同构成了一个相对完善的城市'集合体'，该集合体就是城市群。"整个概念丰满完整，被广大学者所普遍接受。

关于城市群概念，众多学者的表述不尽相同，但基本认识却日趋一致，即城市群是城镇化发展过程中形成的一种地域空间组织形式的高级形态，由众多城镇组成，其中有一个或几个核心城市，城市之间的经济关联度比较高，城市化水平以及发展质量较高。由于规模等级和空间结构差异，不同的城市在城市群的演化中扮演的角色不同、功能分工不同，由此引发城市间激烈的竞争。城市之间也存在共同发展利益，也会为了共同的利益目标协调彼此之间的行为。正是这种既竞争又相互协作的关系，推动着城市群结构和功能的演化，并协调和制约不同城市为城市群共同利益采取集体行动。

在经济新常态下，伴随着全球经济一体化进程，城市群的概念和内涵都较以往有所发展。城市群不再仅仅是一种地理现象，而是国家参与全球竞争的一种空间地域单元。与之有同样功能的是产业集群，二者在空间上相互依存，协调发展，决定着一国的国际竞争力以及国际影响力。尤其随着经济的发展，在市场分工和专业化盛行的新形势下，每一座城市都必须与其他城市相互合作，共同参与全球竞争。在全球经济一体化的浪潮中，没有哪个单个城市能够容纳所有的功能，孤立存在。

本书认为，城市群是在特定地域范围内，由众多城市构成的、彼此之间密切联系的城市集合体，它是随着城镇化演进逐步形成的一种地域空间组织的高级形态，是包含资源、环境、经济、社会四个子系统的复合生态系统。其本质特征是以一个或多个城市为核心，以良好的自然环境、经济条件和发达的交通网络、通信网络为依托，由若干功能各异的城市集聚而成，群内规模各异的城市间保持紧密的联系，具有较高的对外开放性和较高的对内融合度。

（二）城市群的特征

城市群的发展伴随着时间的推移呈现空间动态演化特征，不同的发展阶段具有不同的结构形态。城市群一般有明显的中心城市，中心城市对本城市群内其他城市有较强的辐射、带动和凝聚作用。城市群特征可以归纳如下：

（1）整体性。城市群是在一定地域范围内的资源、环境、经济、社会四个子系统耦合而成的整体。城市群不仅仅由城镇构成,还包括城郊和广大的农村。在经济新常态下,新农村已经逐渐发展成为城市人口分流、产业转移的大后方,因此,在城市群的协调发展过程中,不能忽视农村的建设。城市群在空间分布上体现为城市与乡村一体化的空间格局。

(2)共生性。城市群是由规模各异且具有不同功能的城市集聚而成。经济发展随之而来的是城市内各种资源的高度聚集、人口规模的聚集,在资源高度聚集的基础上,各城市立足自身优势,形成特色产业,参与城市群的产业分工体系,由此导致城市间既竞争又协作的彼此依存关系。同时,城市间的跨域问题如生态环境治理、城市空间分布、基础设施建设也离不开城市政府间的合作。在竞争与合作中,城市间形成共生多赢、相互促进和扶持的发展格局。

(3)阈值性。在城市群这个复杂系统中,资源、环境系统是构建城市群的自然基础。城市群的发展及良性循环受制于资源、环境系统的生态阈值约束。人类活动必须在生态阈值范围内进行,一旦突破阈值范围,城市群系统的结构和功能会引发质变。

(4)循环性。城市群系统具有超循环性,是指建立在城市、乡村、城际和城乡四重空间之上,将四重空间彼此联结的城市群超循环网络系统,这一网络以城市、乡村循环为基础,在不同等级、不同功能的城镇循环、乡村循环之间搭建循环网络。

(5)网络性。在各类交通、通信和网络等基础设施物质基础上,辅以文化、传统等非物质网络关系,城市群通过人流、物流、信息流等将中心城市与其他城市彼此串联起来,实现城市与城市、城市群各要素和群外城市之间的自由交换,形成具有较高经济关联度、分工协作、整体功能有机融合的城市网络。

(6)动态性。城市群连续的发展进程是动态变化的,城市群的整体特征,因城市群功能分工、空间布局、对外联系等要素发生变化而改变。城市间的协调发展及多维联系,城市间的互动与合作,也会影响城市群的发展方向或使之产生联动效应。从发展维度上说,城市群从简单到复杂、从低级到高级,始终处于动态变化中。

（三）城市群的界定标准

城市群的边界随时间推移而发生变化，随之带来城市群的不断演化发展。因此，实践中不存在固定的、单一的标准判别城市群，也没有现成的精确模型可以套用。内涵是反映事物本质属性的总和，因此，有效把握城市群内涵，才能做出科学界定。城市群的内涵如下：

1. 核心城市已经形成，并且其竞争力得到提升

作为一国参与国际竞争的重要空间地域单元，城市群的整体竞争力取决于核心城市。城市群经济发展的引擎是核心城市，其核心与支配地位决定了其在城市群竞争中的重要作用。可以说，核心城市的竞争力代表了城市群的竞争力和发展方向。所谓核心城市或是一个或若干规模相近的大中城市，或是一个或多个超大或特大型城市。

2. 城市群内构建了完善的城镇结构体系

城市群既包括一个或多个规模较大、经济发达和辐射带动能力较强的大城市，也包括若干规模不等的小城镇。功能结构、规模结构合理的微小城镇，为彼此间的交流与合作提供了便利。城市群体由核心城市与中小城市（镇）相互串联而成，其结构合理、层次分明、产业协调、互助互补，城市功能通过城市网络逐级扩散到整个城市群，并形成城市群能级效应。

3. 一定空间范围内集聚相当规模的人口是城市群的基本特征

城市群内一般城镇密集且集聚了相当规模的人口。地域差异导致城市群的空间规模及人口密度存在差异，但依据我国城市群的发展历程以及国外城市群的发展经验，要成为城市群必须满足以下最低空间规模及人口密度标准：5万平方千米的空间范围内集聚的人口应超过2000万，同时拥有10个以上的中等城市，也就是城市人口密度约为400人/平方千米，城市聚集度为2万平方千米。

4. 城市群内分工协作水平及产业发展已达到较高层次

城市群的形成有利于形成一体化市场，优化资源配置。城市间在分工协作的基础上形成产业分工，产业协作水平较高。第三产业及其增加值在城市经济发展中占据重要地位。农业在城市群中所占份额较小，通常城市群中超过60%的产值

贡献来源于第二、第三产业。

5. 构建完善的基础设施网络是城市群发展的基础

城市群内基础设施网络具有综合性、一体化的特征，海、陆、空多种运输方式快速、高效地贯通了城市间以及城市群与区域外的联系。现代的交通及通信网络不仅密度高，而且技术先进，能够满足城市间大批量的联系需求，由此将不同城市紧密相连，形成有机整体。拥有成熟、完善的基础设施网络是城市群发展的基础。

核心城市的标准确定是城市群发展中的重要问题。作为全球经济中重要的新竞争力，城市群中必须拥有一定数量的核心城市。核心城市直接影响城市群在全球经济中的竞争力。人口的聚集程度可以反映城市的聚集功能以及在城市群中的影响力，因此，核心城市的人口密度要满足一定标准，同时要综合考虑其在城市网络中所起的作用。城市经济学理论认为，城市人口超过20万~25万人时效率将逐步提高，但当核心城市人口达到350万人以后，城市效率提高的速度将变缓。有专家预测，当人口达到500万人或600万人时，城市的效率将会下降。而欧洲经济统计调查表明，50万~150万人口的城市相对比较合适，也具有一定竞争力[1]。本书立足我国城市发展的特征，结合已有研究成果，可以确定我国城市群中核心城市的规模及数量。为了发挥较好的引领作用和较好的整体功能，城市群中至少要拥有1个200万或者2个100万人口的核心城市。

三、协调发展

协调既是过程也是结果，既反映了系统发展演进的协调合作过程，又反映了经历这一过程系统最终所实现的结构状态。它指构成系统要素的各组成部分之间，通过互动合作，不断调整，推动系统不断升级发展，最终实现整体功能大于各要素功能之和的系统结构状态。

作为目前高频率使用的专业词汇，尚没有文献明确界定城市群发展的内涵。

---

[1] Friedmann J, Miller J. The Urban Field [J]. Journal of the American Institute of Planners, 1965, 31（4）: 312–320.

已有文献中，城市群协调发展的概念主要借用区域协调发展，而对于区域协调发展的概念主要有五种观点：

（1）将区域协调发展视为持续、动态发展的"过程"。覃成林（1999）[1] 指出，区域经济协调发展是各区域经济实现均衡、持续发展的过程，这一过程是通过区域之间高度的经济联系以及持续的互动发展而实现的。张可云（2007）[2] 认为，在区域经济非均衡发展过程中，各区域不断追求区域间的协调发展，并将区域发展的终极目标确定为区域和谐，这也是构建和谐社会的重要内容之一。以上两种定义的差异主要在于，前者侧重从理论视角刻画区域协调发展过程的动态外在特征；后者侧重从现实意义视角阐述区域协调发展是两种不同战略过程的转化，即区域协调发展战略是以非均衡发展为起点，经过动态协调发展过程最终到达相对平衡发展的终点。可见，将区域协调发展视为不断调整的动态"过程"是两者的相同之处。

（2）将区域协调发展视为和谐发展的"状态"。张换兆和郝寿义（2007）[3] 认为：要素禀赋差异决定了不同的要素约束，不同区域依据约束条件确定各自的发展方向，并在此基础上发展特色产业，形成合理的协作与分工，同时通过政府调控，确保区域之间人民生活水平差距、经济发展条件等均控制在合理范围，实现人与自然的和谐，并推动区域经济发展。在此基础上，要素适宜度概念应运而生。区域发展既涉及区域性要素，也涉及非区域性要素，所谓要素适宜度是指两者的匹配度。区域协调发展中，要素协调处于第一层次，区域经济发展水平协调属于第二层次，社会收入水平协调属于第三层次[4]。可见，实践中对区域协调发展的认识逐步深化，并已上升到理论高度，该定义不再仅仅关注经济领域，而且将其关注点扩展到了人与自然的关系领域。要素适宜度概念的提出为区域协调发展提供了可供参照的评价标准，使人们对于区域经济发展路径以及要素禀赋间的关系认

① 覃成林.深圳高新技术产业发展中的市场与政府作用［J］.开放导报，1999（10）：13-14.

② 张可云.主体功能区的操作问题与解决办法［J］.中国发展观察，2007（3）：26-27.

③ 张换兆，郝寿义.国家综合配套改革区与制度的空间演化分析［J］.财经研究，2007（1）：66-75.

④ 张可云，何大梽."十四五"时期区域协调发展的空间尺度探讨［J］.学术研究，2021（1）：6-9.

识更加深刻。

（3）将区域协调发展视为动态协调"过程"，同时也是平衡发展"状态"。蒋清海（1995）[①]、彭荣胜（2007）[②]、王文锦（2000）[③]均提出类似的观点。随着时间的推移，学者们继承发扬了这一概念的基本思想。彭荣胜的定义延续了前人的观点，提出区域间良性互动的过程是区域协调发展的过程及状态，它是区域之间日益密切的经济交往、日趋合理的区域分工、不断开放发展的结果，是在控制经济发展差距的同时，维持整体经济的高效增长，并不断协调发展促使差距逐渐收敛的过程。该定义准确描述了区域协调发展的外在协调的详细特征，认为区域协调发展是"动"（过程）与"静"（状态）的结合。

（4）区域协调发展是一种"模式"。丁建军（2010）[④]认为，从效率与均衡的角度考虑，区域协调发展是一种区域经济发展模式。在经济的发展过程中，区域协调发展的目标是促进区域经济合理、适度发展，不断缩小区域间经济差异，发挥各区域优势，最终实现区域共同发展。与一般的均衡发展不同，区域协调发展是兼顾公平与效率的发展。在保持国民经济高效运转的同时，还必须兼顾共同发展。协调发展也不是整齐划一的同步发展，发展过程中要重视区域优势，适度倾斜，结合本地特色重点发展，其最终目标是共同发展。该定义内容丰富全面，但本质是一种模式。实际上，区域协调发展因区域间客观存在的差异性及多样性，并没有固定模式供大家照抄照搬。

（5）区域协调发展是一种经济发展"战略"。强调要注重推进区域间共同发展。在国民经济发展过程中，区域协调发展在保持区域经济整体高效增长的同时，促使地区间的发展差距逐渐收敛，保持合理适度的差距，并将其稳定在一定范围内，这是陈秀山和刘红（2006）[⑤]的观点。显而易见，这一定义将区域协调发展视

① 蒋清海.区域产业结构：趋同与调整［J］.当代经济科学，1995（1）：6.

② 彭荣胜.基于农村劳动力转移的河南省城市化进程实证分析［J］.商业研究，2007（1）：30-34.

③ 王文锦.世纪大战略、开发新思路、促进大发展——关于实施西部大开发战略的思考［J］.科学社会主义，2000（4）：16-19.

④ 丁建军.城市群经济、多城市群与区域协调发展［J］.经济地理，2010（1）：18-22.

⑤ 陈秀山，刘红.区域协调发展要健全区域互动机制［J］.党政干部学刊，2006（1）：26-28.

为区域经济发展战略，虽然给区域协调发展贴上了"战略"的标签，与政府的提法高度一致，但这一定义并未真正揭示区域协调发展的概念内涵。

我们借鉴区域协调发展内涵的相关研究成果，依据对城市群概念的理解，在经济新常态背景下对城市群协调发展概念进行重构，并将其界定为一个过程。这个过程主要涵盖以下方面：①城市群内部的各个城市之间互为开放系统，共同构建有利于资源和要素自由流动、实现资源和要素优化配置的环境；②通过竞争优胜劣汰或者政府政策扶持和推动，立足资源优势参与产业分工，彼此之间形成日益密切的经济联系，城市之间在经济发展上相互依赖、彼此促进；③在平等协商的基础上或依据上级政府的安排，城市间互助合作，共同解决跨区域的公共事务，例如通信、交通、资源开发、环境保护等问题。城市间跨域问题的及时有效解决，能够有效降低交易和治理成本。城市之间在以上三方面的合作以及统一行动，将产生一种集群力量，这种力量使城市群内生出超越单体城市的组织机制，能够高效完成单个城市难以实现的目标，城市群因此而充满活力，城市群协调发展指日可待。各城市间将分享随之而来的协调发展成果，合作增加了发展机会，合作促成了专业化分工，分工提升了城市地位、强化了城市功能，城市群内统一市场节约了交易成本等，这些将推动城市加速发展。

概言之，在经济新常态下，城市群的协调发展涉及政府、企业、市场、非政府组织等多方力量，需要多方力量发挥最大的合力促进各种生产要素有机结合、彼此联系，并经由某一形式，实现城市群高效发展。但城市群整体均衡协调发展才是城市群协调发展的最终目标，而不仅仅指单个城市的可持续发展。当然，各单体城市之间的关系也必须得到重视，但不能因此忽略单体城市与城市群整体之间的关系，在研究过程中，既不能忽略单体城市而空洞地研究城市群整体，也不能仅仅局限于单体城市，城市群的整体性利益必须高度重视。同时，必须高度重视彼此之间的联系，否则容易顾此失彼。城市群协调发展的最终意义在于推动城市群整体与群内各城市共同发展，是具有持续性的发展，并要兼顾单体城市之间发展的均衡性。

在经济新常态下，城市群协调发展并不完全等同于一般区域协调发展，其差异特征主要体现在以下方面：

（1）城市群是由一个或者几个核心城市主导的、内部众多不同等级规模的城市组成的空间等级体系。内部空间等级体系是城市群内部联系秩序形成和发展的空间基础，这一空间等级体系也是城市群内部要素流动、企业跨区域组织、产业分工等的重要依托。因此，规划和引导城市群内部空间拓展的方向，引导核心城市充分发挥集聚作用推动经济发展，在集聚到一定程度时，核心城市将通过扩散作用带动周边城市的发展，城市群空间将沿着一定轴线扩展，由此建立起合理的城市群空间布局形态，并发挥城市群中各个层级城市的作用，引导各个城市依据空间等级体系中的位置，依据自身优势，选择科学合理的发展方向，尤其有利于核心城市发挥辐射和组织作用。可见，科学合理的空间等级系统能促进城市群协调发展。

（2）城市群是城镇高度聚集的区域，城市之间往往在空间上邻近，交通便利、通达性好，完善的交通网络便于城市之间保持紧密的经济联系及社会交流，能促进内部联系网络的形成。换言之，城市群内部联系网络的发展，能引导并促进要素在城市间自由流动，优化资源配置。

（3）城市群内部各城市之间存在激烈的竞争，这种竞争比其他区域之间的发展竞争更为激烈。城市群内部城市间的竞争，客观上促成了城市之间的交流、学习、模仿和创新。竞争的结果，一方面因为学习或模仿容易产生产业同构、过度发展等问题，另一方面会在一定程度上激发各个城市努力改善发展环境，重点发展地方特色产业，实现与其他城市错位发展，进而与其他城市进行分工合作，推动城市群协调发展。

（4）城市群发展初期都是以牺牲生态环境为代价的，城市经济发展的环境负外部性显著，而这种负外部性造成的影响往往是全局性、整体性的，需要城市间相互协作才能解决，单个城市难以完美解决这一问题。随着经济的发展，生态危机日益严重，单个城市在所辖地域内很难解决诸如空气、河流和湖泊污染等问题，城市之间联合采取行动、共同解决环境问题的需求越来越强烈。现实状况决定了城市群内的各个城市必须采取集体行动，共同治理生态环境才能真正起到实效。

（5）城市群内部各城市之间无法避免的经济联系、社会联系、产业分工与合作、生态环境的整体性更加强调城市之间的协调与合作，因此，从城市发展层面看，城市群内的各城市是统一的整体，它们之间相互依存、共同发展。各城市之间的高度依赖使它们从利己的角度产生了协调发展的需求。各城市之间发展中的相互促进关系促使它们更加主动地要求协调发展和参与协调发展。

因此，城市群协调发展源于内生动力和外生动力的双重动力，城市群协调发展是形成内部秩序、整体发展能力不断增强的演进过程。内生动力和外生动力的双重作用，促成了城市群的协调发展。这个过程如图2-1所示。

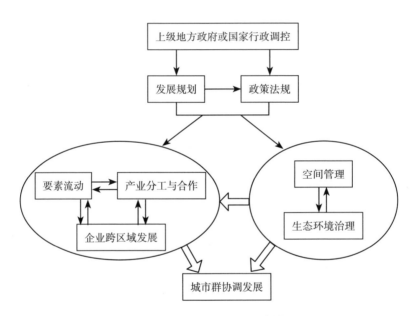

图 2-1　城市群协调发展概念模型

综上，本书认为城市群协调发展具有综合性，它的内涵丰富，主要涵盖以下内容：

（1）从经济维度看，城市群协调发展意味着在城市群内城市间建立统一开放的市场。城市经济的发展离不开要素的流动与聚集，统一开放的市场有利于生产要素自由流动，促进资源高效配置。鉴于我国城市的管辖主要依据城市边界，不存在凌驾于所有城市之上的城市政府，因此，要求各城市政府间打破行政边界，破除地方保护主义和贸易壁垒，推动生产要素在城市间自由流动，构建统一开放的市场秩序。同时，各城市在发展过程中，应立足本地资源优势，因地制宜发展特色产业，通过政策引导、资源禀赋等方式吸引生产要素在城市聚集，推动产业升级发展。产业集聚与扩散的过程是城市群形成产业分工体系的过程。城市群的协调发展意味着各城市以资源禀赋为基础，发展特色产业，并参与到城市群产业分工合作体系中，共同推动城市群协调发展。

（2）从城市群空间布局看，城市群协调发展意味着在城市群中形成以核心城市带动周边城市发展、城市空间沿交通轴线或圈层向外延伸拓展的空间布局。城市群中最初发展最快的是核心城市，核心城市因其集聚功能强大，能够集聚众多生产要素，因而首先获得飞速发展。当核心城市集聚到一定程度时，受城市生态承载能力等限制，不得不向外拓展生存空间。核心城市向外拓展的过程在带动周边城市经济发展的同时，在城市群中按一定方式形成了城市间的空间网络体系。城市间的空间网络体系包括城市人口的空间布局、城市群间交通网络设施的架构等。完善的空间网络布局能够推动城市群协调发展。

（3）从社会维度看，城市群协调发展意味着各城市与城市群整体保持协调发展，协调发展不仅是单个城市的发展，还具有整体特征，是城市群整体的协调发展。城市群中首先得到发展的是核心城市，核心城市的发展离不开其他城市的资源等各方面支持，在核心城市发展后，应通过辐射效应带动其他城市的发展，并依据各城市的资源优势，进行梯度转移，帮助其他城市在产业承接过程中获得发展机遇。所以，城市群协调发展是共同的发展，各城市间的经济发展水平以及居民生活水平的差距应该逐步缩小，最终实现共同富裕的社会经济目标。

（4）从可持续发展维度看，城市群协调发展应该重视经济的发展与生态环境保护之间的关系，不能以牺牲环境为代价来推动经济发展。城市群协调发展是长期、可持续的发展。

综上所述，在经济新常态背景下，城市群协调发展的内涵指：在政府、企业、市场、非政府组织等多方力量的合力下，在城市群内城市间建立统一开放的市场，促进各种生产要素自由流动、有机结合、彼此联系，达到资源的最优配置，推动城市群在核心城市的带动下，优化空间布局，在城市群间形成合理的产业分工，推动城乡融合发展，最终实现城市群的整体高效、持续、协调发展。

第二节　理论研究综述

城市群是新型城镇化进程中的热点话题，它是城镇化发展到中高级阶段的主要空间形态。目前，从各国经济的发展实践看，城市群因其集聚功能和扩散效应，在自身快速发展的同时带动了周边地区的发展，已经成为推动经济协调发展的重要动力和重要空间载体。1898年，为了解决大城市发展过度膨胀的问题，英国学者霍华德（E.Howard）[①] 提出了"田园城市"概念，旨在通过城市群体的协调发展来解决大城市过度负荷问题。改革开放以来，随着我国新型城镇化战略的提出，城市群的主体地位及其对经济发展的重要性日益为人们所认识。越来越多的学者开始研究城市群协调发展和城市群生态治理等跨域问题。

由此可知，国内外学者关于城市群协调发展以及治理相关问题的研究由来已久。本节将对国内外相关研究文献进行梳理，这不仅有助于化解我国城市群协调发展面临的困境，解决城市群协调发展过程中出现的各种问题，也有助于选择合适的城市群协调发展模式来推动我国城市群协调发展，不断提升发展质量，实现区域协调发展目标。

本章将从城市群协调发展相关研究入手，归纳现有研究取得的成果，分析其不足之处，在此基础上展开本书的研究。

一、关于城市群界定标准的研究

在城市群的界定标准上，学界众说纷纭，并无统一的标准。目前国内影响比较大的关于城市群的判定标准是由姚士谋、宁越敏、方创琳等提出来的。例如，

[①] Howard Ebenezer. 明日的田园城市［M］.金经元译.北京：商务印书馆，2010：15-45.

方创琳[1]等提出了识别城市群的 8 项标准[2]，即"城市群内都市圈或大城市数量不少于 3 个，其中作为核心城市的城镇人口大于 500 万人的特大或超大城市至少有 1 个；人口规模不低于 2000 万人；城市化水平大于 50%；人均 GDP 超过 1 万美元，经济密度大于 500 万元/平方千米；经济外向度大于 30%；基本形成高度发达的综合运输通道和半小时、1 小时与 2 小时经济圈；非农产业产值比率超过 70%；核心城市 GDP 伴随着城市化进程度 >45%，具有跨省际的城市功能"。

二、关于城市群城市间联系强度的研究

伴随着城市化进程的快速推进，城市间联系越来越紧密。在核心城市的集聚作用与分散效应下，核心城市不断带动周边城市协调发展。在此过程中，彼此间的联系强度越来越强，联系方式越来越多样。众多学者关注到城市联系强度对城市群协调发展的作用，分别进行了一系列研究。最初的研究只限于定性分析，重点在于对联系强度的简单描述。而随着经济的发展，计量方法逐步引入到城市群城市联系强度的研究中，西方学者强调运用计量模型定量分析城市经济联系强度对城市群协调发展的贡献，注重通过动态分解整个联系过程，以探析这种联系强度的大小，逐步由定性分析过渡到定量模型分析。西方学者的代表性研究内容如下：运用引力模型，针对苏联 12 个地区 1987~1996 年城市间的经济联系度及其随时间变化呈现出来的演变特征，Simcon Djankov[3] 做了详细的实证研究和时间序列分析；针对知识在城市的分布规律及流动特征，Edward L. Glaeser 等[4] 做了详细的计量分析，并基于此建立了知识溢出模型。20 世纪 90 年代，国内学者逐渐关注对城市群空间联系的研究。如程大林等[5] 通过空间叠置实证分析了南京都市圈的空

① 方创琳.中国城市群研究取得的重要进展与未来发展方向［J］.地理学报，2014（8）：27-29.
② 黄征学.城市群界定的标准研究［J］.经济问题探索，2014（8）：24-26.
③ Simcon Djankov. Caroline Freund Trade Flows in the Former Soviet Union，1987 to 1996［J］. Journal of Comparative Economics, 2002, 30（1）：76-90.
④ Edward L. Glaeser, Jesse M. Shapiro. Urban Growth in the 1990s: Is City Living Back?［J］. Journal of Regional Science，2003，43（1）：139-165.
⑤ 程大林，李侃桢，张京祥.都市圈内部联系与圈层地域界定——南京都市圈的实证研究［J］.城市规划，2003（11）：30-33.

间经济联系强度；顾朝林等[①]运用引力模型，分析了城市间的空间分布状态及空间联系强度；以环长株潭城市群为样本，陈群元等[②]分析了城市流强度结构，并测算了城市流强度值，建立了城市流强度理论模型。

三、关于城市群协调发展机制及战略措施研究

随着城市群的发展，城市群协调发展的水平和质量越来越得到重视。城市群作为经济增长的重要载体，其协调发展状况直接决定着整体经济发展水平和质量。现实经济生活中，由于城市群经济发展不协调，导致区域经济发展滞后衰退的情况非常多见，因此必须研究城市群协调发展机制，并制定相应的战略措施促进城市群协调发展。国外学者主张采用计量模型来定量分析和研究协调发展的运行机制。如格罗斯曼（Grossman）和克鲁格（Krueger）[③]等学者基于构建的计量模型定量分析和研究了协调发展的作用机制。在国外学者看来，计量模型能精准地分析城市群协调发展的作用机制以及作用大小。

不同于国外学者的定量分析，国内学者认为协调发展机制是一套完整的体系，这套体系的构建需要政府、企业及居民等各方力量的参与，整个体系涵盖从目标到内容，从内容到实际操作，必须以此为指导，建立城市群协调发展机制。其中比较有影响力的是方创琳的观点和研究。方创琳认为[④]，"中国城市群按照点－轴－面的空间结构模式，形成了由 23 个城市群（点）、3 大城市群连绵主轴带（轴）、6 大城市群集聚区（面）组成的国家城市群空间结构体系。需要通过组建国家级城市群协调发展管理委员会和地方级城市群协调发展管理委员会，建立城市群公共财政机制和公共财政储备制度，修订《城乡规划法》或出台《区域规划法》，增补城市群规划的内容等路径来化解我国城市群发展不协调的难题"。陈群元和喻定

---

① 顾朝林，吴莉娅. 中国城市化问题研究综述［J］. 城市与区域规划研究，2008（9）：4-6.

② 陈群元，宋玉祥. 中国城市群的协调机理与协调模型［J］. 中国科学院研究生院学报，2010（5）：10-12.

③ G.M. Grossman, A. B. Krueger. Economic Growth and the Environment［J］. The Quarterly Journal of Economics, 1995（2）：353-377.

④ 方创琳. 中国城市群形成发育的新格局及新趋向［J］. 地理科学，2011（9）：13-14.

权[①]提出，企业在城市群协调发展中的作用不容忽视，在构建权威的城市群协调机构的基础上，还应重视加强建设行业性的跨域协调组织，充分发挥企业的作用。

关于城市群协调发展战略措施，国内学者主要从我国不同发展阶段的各类城市群的发展实际出发，针对城市群在发展过程中出现的主要问题，展开一系列研究并提出对策建议。城市群空间结构的优化问题受到广泛关注。如张尚武（1999）提出了"建立跨行政跨部门的整体规划与协调机制"的建议。宗传宏[②]认为，"应通过发挥政府职能作用，建立各种合作机制与机构，在城市群一定范围内实现统一规划与协调"。阳彩平[③]提出，"应将昌九城市带的梯度分布结构划分为三个层次"。此外，城市群产业结构优化及建立跨行政区协调管理机制，也是众多学者在研究城市群协调发展问题中得出的结论。如阎小培等（1997）强调，"应加强各城市之间的分工与协作"。年福华等[④]提出，"实施产业跨区域整合战略，以促进单体城市经济要素的专业化、个性化，建立有效的跨区合作机制和协调机构，对城市群内部经济事务进行统一规划、协调和管理"。张京祥等[⑤]、郑瑛琨[⑥]等都提出，应适时进行行政区划调整及管治。建立跨行政区的管理机构和协调对话机制，合理进行产业分工定位，促进城市错位竞争。

四、关于城市群治理模式的研究

伴随着城市群的发展，出现了诸如生态环境污染、大城市聚集度过高等一系列问题，关于城市群治理的问题也日渐提上议事日程。

西方学者首先从造成城市病的原因着手进行研究。研究表明，城市群中各城市政府都是独立的利益主体，往往为了自身利益最大化，争夺发展资源，进

① 陈群元，喻定权. 城市群的协调机理与协调模型［A］//规划引领下的新型城市化研究——2009年湖南省优秀城乡规划论文集［C］. 2009.

② 宗传宏. 城市发展战略新思路——城市大规模定制（CMC）［J］. 软科学，2006（4）：71-74.

③ 阳彩平. 昌九城市带协调发展研究［D］. 江西师范大学硕士学位论文，2008：15-60.

④ 年福华，姚士谋，陈振光. 试论城市群区域内的网络化组织［J］. 地理科学，2002（12）：21-23.

⑤ 张京祥，刘荣增. 美国大都市区的发展及管理［J］. 国外城市规划，2001（10）：18-20.

⑥ 郑瑛琨. 长三角城市群的协调发展研究［D］. 吉林大学硕士学位论文，2009：10-50.

行恶性竞争，由此造成城市群不协调发展。例如，唐纳德（Donald）与米尔沃奇（MilWaukee）[1]认为，"为了实现本地区利益最大化的目标，独立的各城市政府，通常会对其他城市政府采取不合作甚至是敌对的行为策略，进而影响城市群协调发展"。保罗·多梅尔（Paul Domeier）指出，"各城市政府是理性的利益主体，政府在追求本地区利益最大化的过程中，往往忽视生态环境或者在治理过程中各自为政，导致难以及时并有效治理跨行政区的污染问题"。

其次是关于化解城市群协调发展困境的路径研究。史蒂芬森（Stevenson）和波克森（Poxson）[2]认为，必须推动各城市政府间开展联合治理，以实现城市群协调发展。诺特（Nott）[3]认为，地方政府间的协调与合作是化解城市群协调发展的重要途径。克里斯·泰勒[4]认为，建立良好的府际关系是化解城市群治理难题、提高城市群协调发展质量的重要途径。总体而言，西方学者认为，要解决城市群协调发展问题，必须加强政府间合作，建立跨域治理机构。

国内学者关于城市群治理模式研究主要集中在三个方面：

首先，介绍和引入西方学者关于城市群治理模式的研究。张紧跟[5]认为新区域主义关于在城市政府间建立协调机制对于提升城市群竞争力具有重大意义，值得我国借鉴。陶希东[6]认为我国长三角、京津唐、珠三角三大都市圈的跨界治理过程中，可以借鉴美国大都市区的跨界治理经验。张衔春等[7]、高薇分别介绍了法国和德国城市群治理的经验，认为其组织机制和法治保障值得我国借鉴。

其次，关于城市群治理模式的研究。国内众多学者根据我国城市群发展的实

① Donald, MilWaukee. A Public Management for All Seasons? [J]. Public Administration, 2006 (1): 57–60.
② Stevenson, Poxson. Varieties of City Regionalism and the Quest for Political Cooperation: A Comparative Perspective [J]. Urban Research and Practice, 2007 (2): 15–18.
③ Nott. Intergovernmental Cooperation, Metropolitan Equity and the New Regionalism [J]. Wash. L. Rev, 2006 (7): 21–23.
④ Chris Taylor. Intergovernmental Cooperation: An Analysis of Cities and Counties in Georgia [M]. Public Administration Quarterly, 2009: 68–70.
⑤ 张紧跟. 新区域主义：美国大都市区治理的新思路 [J]. 中山大学学报（社会科学版），2010 (1): 23–24.
⑥ 陶希东. 20世纪美国跨州大都市区跨界治理策略与启示 [J]. 国外规划研究，2016 (8): 26–28.
⑦ 张衔春，胡映洁，单卓然等. 焦点地域·创新机制·历时动因——法国复合区域治理模式转型及启示 [J]. 经济地理，2015 (4): 16–18.

际，提出了一系列城市群治理模式。曹海军等[1]提出构建城市治理体系和新型的城市群府际关系，从优化治理体系着手解决城市群治理问题。锁利铭[2]指出，应从创新区域协调组织和机制入手来完善府际合作。董树军[3]分析了府际博弈的化解路径。

最后，众多学者对单个城市群治理进行了研究，并提出了对策建议。例如，金太军等[4]、张学良等[5]、郁鸿胜[6]、张雨[7]、赵峰等[8]、庄士成[9]等对长三角城市群一体化发展状况进行了探讨，解艳波等[10]分析了长三角一体化进程中存在的制度障碍，提出了化解对策及城市群发展思路，探究了长三角城市群合作中的利益分配格局及调整机制。

五、从核心城市与城市群内其他城市的关系探讨城市群协调发展

薛凤旋[11]，谷人旭等[12]、胡序威等分别分析了香港与珠三角城市群、上海与长三角城市群的发展关系，他们从规模效益、发展平台、比较优势方面着手分析，强调在核心城市与城市群内其他城市进行合理分工的重要性，并指出，城市群协调发展过程中应充分发挥核心城市的作用，核心城市不仅要加强自身的发展，还要积极发挥辐射效应，带动和促进其他城市的发展，并促成核心城市与其他城市以及其他城市相互之间的联动发展，真正做到城市群内生产资源共享、基础设施共建共治、产业间优势互补，形成经济发展、社会协调、环境优美的城市群协调发

① 曹海军，霍伟桦.基于协作视角的城市群治理及其对中国的启示［J］.中国行政管理，2014（8）：22-25.
② 锁利铭.面向府际协作的城市群治理：趋势、特征与未来取向［J］.经济社会体制比较，2016（6）：11-12.
③ 董树军.城市群府际博弈的整体性治理研究［D］.湖南大学博士学位论文，2016：56-59.
④ 金太军，张开平.论长三角一体化进程中区域合作协调机制的构建［J］.晋阳学刊，2009（4）：16-17.
⑤ 张学良，林永然，孟美侠.长三角区域一体化发展机制演进：经验总结与发展趋向［J］.安徽大学学报（哲学社会科学版），2019（1）：64-68.
⑥ 郁鸿胜.制度合作是长三角区域一体化的核心［J］.中国城市经济，2010（2）：78-80.
⑦ 张雨.长三角一体化中的制度障碍及其对策［J］.南京社会科学，2010（11）：85-87.
⑧ 赵峰，姜德波.长三角区域合作机制的经验借鉴与进一步发展思路［J］.中国行政管理，2011（2）：15.
⑨ 庄士成.长三角区域合作中的利益格局失衡与利益平衡机制研究［J］.当代财经，2010（9）：16-17.
⑩ 解艳波，陆建康.长三角地区一体化发展思路研究［J］.江苏社会科学，2010（2）：21-22.
⑪ 薛凤旋.都会经济区：香港与广东共同发展的基础［J］.经济地理，2000，20（1）：37-42.
⑫ 谷人旭，李广斌.区域规划中利益协调初探［J］.城市规划，2006，30（8）：42-46.

展空间。

宁越敏等[①]从跨行政区域的管理、协调机制着手探讨城市群协调发展问题。宁越敏等认为，城市群协调发展必须建立跨行政区的管理协调机构，这是经济社会发展的必然要求。张京祥[②]在评估了行政区划调整对城市群协调发展影响的基础上，提出了我国都市密集地区区域管治体系框架。有学者提出建立跨市域并有非政府组织参与的合作机制和合作机构，推动政府职能转变，借助制度整合，最终实现城市群一定范围内协调统一的规划和公共服务供给。有学者提出了建立三种不同模式的高层次常设协调机构的设想，即建立大都市带联合组织、具有有限行政权力的都市联盟以及数字大都市带组织。靖学青[③]主张为了协调长三角城市群发展，必须创建长三角城市群发展协调管理委员会。

众多学者从不同角度探讨促进城市群协调发展的具体对策。阎小培等[④]认为，为了促进穗港澳城市群协调发展，可以采取加强规划管理、严格控制建设用地、保耕地等措施。张尚武[⑤]强调，在协调长三角城镇的发展过程中，应运用区域整体发展规划和协调机制，建立以综合交通为先导的整体发展模式。张祥建等[⑥]提出了一系列促进城市群协调发展的对策，如建立区域性投融资管理机制、加强区域政策的整体性、进行合理的产业定位和分工、建立区域利益协调机制等。石忆邵等[⑦]提出了长三角地区协调发展的对策，主要从行政管理体制、整体利益和地方特殊利益的协调机制、市场作用、规范地方政府行为四个方面入手。

关于城市协调发展的制度安排与创新，有学者认为，区域合作制度的基本架

① 宁越敏，旋倩，查志强.长江三角洲都市连绵区形成机制与跨区域规划研究 [J].城市规划，1998，22（1）：16-20.

② 张京祥.中国都市密集地区区域管治中行政区划的影响研究 [J].城市规划，2002，26（9）：16-21.

③ 靖学青.西方国家大都市区组织管理模式——兼论长江三角洲城市群发展协调管理机构的创建 [J].社会科学，2002（12）：22-25.

④ 阎小培，郭建国，胡宇冰.穗港澳都市连绵区的形成机制研究 [J].地理研究，1997，16（6）：22-29.

⑤ 张尚武.长江三角洲地区城镇空间形态协调发展研究 [J].城市规划汇刊，1999（3）：32-35.

⑥ 张祥建，郭岚，徐晋.长江三角洲城市群的空间特征、发展障碍与对策 [J].上海交通大学学报（哲学社会科学版），2003（6）：57-62.

⑦ 石忆邵，章仁彪.从多中心城市到都市经济圈——长江三角洲地区协调发展的空间组织模式 [J].城市规划汇刊，2001（4）：51-54.

构由基础制度环境、规划和政策、制度实施机制构成。

六、城市群协调发展评价方法研究

城市群发展到一定阶段，必然涉及定量方法以便准确测度其发展水平。城市群协调发展的定量评价研究主要涉及两种方法：

（一）系统协调测度方法

城市群系统协调的定量评价研究始于20世纪60年代。其中，具有里程碑意义的是列昂惕夫（Leontief）将投入产出模型运用到城市经济的研究中。此后，投入产出模型在区域经济、城市经济的研究中得到不断推广，成为重要的分析方法之一。克姆伯兰德（Cunmberland）、斯特拉姆（Stram）在研究环境约束下的城市经济政策时，运用了投入产出分析方法；缪勒（Muller）等运用投入产出模型分析污染排放问题。

20世纪90年代，国内诸多学者基于系统动力学构建出系统协调测度模型。目前，主要有两类模型：一类是基于模糊隶属度函数建立的协调发展测度模型。例如，有学者构建了协调度评价函数，提出了多系统集成层次的可持续发展观念。有学者借鉴可持续发展的系统分析与评价，引入模糊数学隶属函数，修正了已有的协调发展测度模型。另一类是基于协调理论建立的协调发展测度模型，应用于各城市群的协调发展研究中。廖重斌[1]、张海峰[2]分别利用协调发展度模型测度了珠三角城市群、山东半岛城市群经济与环境两个子系统的协调发展水平。党兴华等[3]针对构成城市群的五个子系统的协调发展水平进行了研究，与仅测度城市群内两个子系统之间的协调发展程度的研究不同，他们的研究对测度对象进行了拓展。

（二）区域差异评价方法

随着城市群经济的发展，城市群间经济发展差异日渐凸显，区域经济发展差

---

① 廖重斌.环境与经济协调发展的定量评判及分类体系［J］.热带地理，1999，19（2）：171-177.

② 张海峰.山东半岛城市群生态环境与经济协调发展模式研究［D］.中国海洋大学博士学位论文，2005：20-60.

③ 党兴华，郭子彦，赵王景.基于区域外部性的城市群协调发展［J］.经济地理，2007，27（3）：463-466.

异问题逐渐进入学者们的研究视野。国外学者鲍莫尔（Baumol）、迪朗（Delong）等运用计量模型，反复检验并分析了各国区域经济的非均衡发展。受国外学者研究启发，国内学者逐步将研究重点放在城市群内部城市间经济增长差异上，并用城市间经济发展水平的差异来评价城市群协调发展度。相关评价方法总体上包括两种类型，即单一指标法和复合指标法。国内学者通过上述两种方法，利用经济增长率等常用评价指标或构建复合指标对城市群的协调发展进行测度。例如，裴玮[①]测量成都平原城市群内部各城市经济发展的绝对差异和相对差异时，主要采用人均国内生产总值指标。有学者主要从三个角度，即地区发展水平、地区收入水平、公共产品享用水平对城市间的经济发展不均衡及差异度进行了测度，进而判断城市群的协调发展状况。

上述两类城市群协调定量评价方法均存在一定缺陷。第一类城市群协调发展的评价方法研究实质上测度的是城市群可持续发展水平，对城市群协调发展概念存在理解偏差是引起这种研究偏颇的主要原因。第二类方法虽然评价了城市群经济协调发展水平，但这类评价方法仅测度了城市群内城市经济发展水平之间的差异程度，没有考虑城市间的经济联系与经济增长，评价结果只反映了城市群经济协调发展的一个侧面，没有做出全面评价。

第三节　国内外研究观点评述与本书的出发点

城市群协调发展问题最早在英国受到关注。英国是最早完成工业化革命的国家，经济的高速发展推动了城市化进程的脚步，加速了城市的聚集。城市的高密度聚集使得城市的承载能力受到威胁，出现了一系列城市病，并严重影响到城市群经济的发展。为此，西方学者开始研究化解城市群协调发展中面临的困境，探寻新的城市群协调发展路径。20世纪90年代开始，国外学者对城市群协调发展机制及实现路径的研究逐渐增多，主要观点如下：

[①] 裴玮.成都平原城市群经济协调发展研究［D］.四川大学硕士学位论文，2007：1-45.

（1）强调政府的宏观调控作用，如姆恩（1996）通过内生经济增长模型论述了政府宏观调控对于城市群协调发展的作用。

（2）从系统整体观出发，强调城市群各个子系统间的协调发展，开始探寻系统间相互作用及反馈机制对城市群协调发展机制的重大影响。例如，卢兹和薛波弗（2000）基于交互式计算机仿真模型，探讨人口、环境、社会经济发展及农业之间的影响机制。

（3）关于城市群治理模式，认为联合治理以及良好府际合作关系的构建是城市群协调发展的重要途径。

国内关于城市群协调发展的研究开始于20世纪90年代。随着我国城市化进程的推进，城市发展进程中的内在矛盾日益凸显，城市群协调发展的重要性为越来越多的学者所认识，越来越多的学者投身到城市群协调发展的研究中。学者们不断将西方先进的研究成果以及城市群治理经验引入国内，为我国推动城市群协调发展奠定了基础。对于城市化进程起步较早的西方发达国家而言，随着城市化进程的演进和发展，它们一方面积累了丰富的治理经验，另一方面理论研究得到快速发展，积累了丰富的理论研究成果，这些理论成果和实践经验值得我国认真学习及积极借鉴。学习和借鉴西方发达国家城市群治理方面的理论研究成果及成功治理经验，能够提升我国城市群协调发展水平和质量，提高城市群协调发展度。作为复杂的系统工程，要推动和实现城市群协调发展，需要充分调动系统内各个要素的积极性，例如推动城市间政府的密切合作，推动人口和生产要素在城市群内部实现无障碍流动，提升资源配置效率，优化资源配置等，进而有助于城市群协调发展目标的实现。

目前，国内城市群协调发展及实现路径的相关研究集中体现在以下方面：

（1）区域与核心城市关系的协调研究。观点主要有：①应以规模效益、发展平台、比较优势为依据界定核心城市功能，核心城市通过集聚与扩散效应，在自身得到发展的同时，带动其他城市协调发展。整个集聚与扩散的过程就是城市间通过产业分工实现资源最优配置的过程（姚士谋、薛凤旋等，2011）。②"核心地区与都市经济区的协调重点分别是增强核心地区的辐射功能和国际竞争力以及加强核心地区对其外围经济腹地的促进和带动作用"（胡序威，2005）。

（2）跨行政区管理机构的协调机制研究。观点主要有：①通过采取政府职能转变和制度整合的措施，同时建立跨域合作机构和机制，非政府组织必须参与其中，才能在一定范围内实现城市群的协调统一规划以及公共服务供给（曹现强，2011）。②强调优先建立以综合交通为主体的总体发展模式，辅以区域整体发展规划和协调机制来实现城市群协调发展（张尚武，1999）[①]。③区域政策的实施必须强调整体性，同时对区域之间的利益关系进行协调，明确产业科学定位和合理分工，采取建立区域性的投融资管理机制等促进城市群协调发展（张祥建等，2015）。④建立高度集权的都市区政府、松散的非政府协调机构、仅限于跨界职能的联合政府三种方案用以解决城市群管理中存在的问题（刘君德，2014）[②]。⑤建立大都市带联合组织、具有有限行政权力的都市联盟以及数字大都市带组织三种不同模式的高层次常设协调机构（宗传宏，2001）。

（3）城市群协调发展的制度创新研究。观点主要有：①基础制度环境、规划和政策、制度实施机制形成了区域合作制度的基本架构（庄士成，2007）。②城市群内各城市应成为平等竞争主体，主张建立对城市政府兼具激励和约束效应的平衡的委托－代理关系、深化自然资源产权制度改革等（谢涤湘，2013）[③]。

（4）城市群协调发展的实现路径研究。观点主要有：①制定和实施城市群发展战略与规划，以便用统一的战略和规划引导城市群协调发展。②以城市群为对象，制定专门针对城市群发展的政策法规。③对城市群的空间开发、生态环境利用与保护等进行调控。④要素自由、有序地流动是促进城市群协调发展的重要途径。⑤企业跨区域发展是促进城市群协调发展的重要路径。

综观国内外现有研究，主要针对城市群的个性特征展开实践性探讨，大多就特定城市群协调发展中存在的主要问题，提出一系列政策建议（包括构建协调机制或提出协调发展战略）。现有研究的不足及薄弱环节集中体现在以下方面：

---

① 张尚武. 区域整体发展理念及规划协调机制探索 [J]. 城市规划，1999（11）：15-17+50-64.
② 刘君德. 论中国建制市的多模式发展与渐进式转换战略 [J]. 江汉论坛，2014（3）：5-12.
③ 谢涤湘. 我国城市更新中的权益博弈研究述评 [J]. 热带地理，2013，33（2）：231-236.

（1）城市群协调发展机制规律性的研究相对薄弱。学界应该加强城市群协调发展阶段划分标准、协调模式及内在运行机理等规律性问题的深入探讨，为政策制定提供理论支撑。现有研究在分析阻碍城市群协调发展的因素时，没有将城市群视为一个复杂的生态系统。实际上，政府的政策、政府间的合作甚至生态问题都可能影响城市群协调发展。以政府间关系为例，现有研究主要从横向政府间关系出发，认为城市群发展不协调的主要原因是地方政府间基于自身利益最大化，恶性竞争、缺乏合作意识。实际上，在城市群发展过程中，纵向政府间的关系不容忽视，对城市群的发展具有非常大的影响。我国政府的行政管辖基本属于垂直直线式的分权管理模式，上级政府对于下级政府的绝对管辖权，决定了上级政府可以通过各项政策制度来影响下级政府的行为。城市群内部的各地方政府在推动城市群协调发展上所采取的决策动机和行为策略，与城市群上级政府和内部各地方政府之间的权力配置及利益分配格局有着非常密切的联系。城市群内的权力配置和利益分配模式，决定了城市群内各城市间产生联系的方式以及广泛程度，进而在城市间形成分工体系及关系格局，影响城市群协调发展。这些分析的片面性主要是由于对城市群协调发展机制的普遍规律理解不透彻导致的，因此，有必要对城市群协调发展机制的普遍规律进行深入研究，把握其内在运行机理及规律性，以便为城市群协调发展政策制定提供理论基础。

（2）城市群协调发展机制及实现路径在不同经济背景下有不同的体现，已有研究得出的结论在经济新常态下并不适用。因此，有必要研究在经济新常态下城市群发展的新特征，进而探讨其协调发展机制及实现路径。我国已有相关研究过于注重研究西方相关理论成果，而对于符合我国国情的城市群协调发展机制及实现路径方面的研究还有待增强。城市群经济发展不协调、区域内重复建设和资源浪费、区域性公共事务等问题是世界各国跨域事务治理中均要遇到的难题，因此，西方发达国家在城市群治理方面的理论成果值得我们学习和借鉴。但是，由于各国国情不同、行政管理体制不同、城市群经济发展的差异性等客观存在的因素，西方发达国家先进的理论及实践经验无法完全适用于我国，在实践过程中不能完全照抄照搬。尤其在我国进入经济新常态后，经济发展呈现出不同以往的新特征，这就要求我们在认真学习和借鉴西方先进经验的同时，还需要紧密结合我国的国情及经济发展阶段，努力探索有中国特色的城市群治理模式，推动城市群协调发展。

（3）关于城市群协调发展水平，目前还没有统一的评价标准，因此，有必要构建可行的城市群协调发展状态评价模型及指标体系，为城市群协调发展状态的评价提供可行方法及统一标准。关于城市群协调发展状态的评价，现有研究并未提供统一可行的评价标准，众多学者从不同的角度提出了多种多样的评价方法和分析指标[1]。为了科学、合理地评价城市群协调发展状态，为后续的对策建议提供依据，有必要基于一定的原则构建评价指标体系，最终构建可行的评价模型。

综合考察已有研究成果，本书认为，对城市群协调发展在研究思路上尚存在一定的缺憾，即对城市群协调发展的内涵、特征等还没有进行必要的研究。如果对这个最基本的理论问题缺乏认识，就意味着关于城市群协调发展的研究工作缺少了必备的理论认识基础。因此，本书首先讨论城市群协调发展的内涵，认清城市群协调发展的特征。在此基础上，从系统整体的角度揭示城市群协调发展的内在结构与关系，从中获得促进城市群协调发展的启发，进而探讨促进城市群协调发展的路径。

第四节　研究假设

在综合分析前人研究成果以及考虑本书研究目的基础上，本书对研究假设做如下界定：

（1）城市群是一个复合生态系统，由资源、环境、经济、社会四个子系统组成，它是自然与社会多种要素相互影响、交互耦合而形成的复杂系统。城市群是在特定地域范围内，由众多城市构成的、彼此之间密切联系的城市集合体，它是

---

① 赵璟.中国西部地区城市群协调发展机理及实现机制：理论分析与实证研究［D］.西安理工大学博士学位论文，2008：1-60.

随着城镇化演进逐步形成的一种地域空间组织的高级形态，是包含资源、环境、经济、社会四个子系统的复合生态系统。其本质特征是以一个或多个城市为核心，以良好的自然环境、经济条件和发达的交通网络、通信网络为依托，由若干功能各异的城市集聚而成，群内规模各异的城市间保持紧密的联系，具有较高的对外开放性和对内融合度。

（2）城市群复合生态系统是构建在城市－乡村－城际－城乡四重空间之上的超循环系统。这一超循环网络系统以城市、乡村循环为基础，在不同等级、不同功能的城镇循环、乡村循环之间搭建循环网络，并将它们联结起来，彼此间进行功能互补，不断循环发展，推动城市群在更高层次实现协调发展。

（3）在经济新常态背景下，城市群协调发展的内涵是：在政府、企业、市场、非政府组织等多方力量的合力下，在城市群内城市间建立统一开放的市场，促进各种生产要素自由流动、有机结合、彼此联系，达到资源的最优配置，推动城市群在核心城市的带动下，优化空间布局，在城市群间形成合理的产业分工，推动城乡融合发展，最终实现城市群的整体高效持续协调发展。

（4）经济新常态背景下，任何城市或城市群都无法孤立存在。城市群协调发展既包括城市群内城市与城市、城乡之间的融合发展，还包括城市群与城市群间的合作与共同发展。城市群协调发展不仅仅指在城市群内部实现协调发展，其最终目标是推动国内所有城市群的整体协调发展。

第三章 城市群复合生态系统超循环 运行模式及作用机制

城市群是一个复杂运动的矛盾体，随着时间的推移，在不断的发展演变过程中，自然与社会不断融合，逐步形成复合生态系统。本章将阐述城市群作为复合生态系统的特征、剖析其功能，并探究其运行模式及自组织机理。

第一节 城市群（复合生态系统）及其功能特征

一、系统内涵

人类的各项活动都在特定的自然环境中进行，在这个过程中，社会与自然不断融合发展。伴随着各项生产生活活动，人类不断与自然界中的各种基本要素之间交互耦合，由此形成的系统就是复合生态系统。所谓复合生态系统，顾名思义，它不仅仅是自然生态的，而且是复合了人类的生产生活活动的复杂整体。这一整体之所以功能全面，是因为其涵盖了自然－经济－社会系统。城市群系统由资源、环境、经济、社会四个子系统组成，它是自然与社会多种要素相互影响、交互耦合而形成的复杂系统。城市群的形成是人类生产生活活动改造自然的结果，标志着人类聚居生活品质和水平的提升，也是人类文明走向更高阶段的重要标志。

一定空间范围内的自然生物和自然环境构成了自然生态系统。自然资源和自然环境为人类的生产生活等各项活动提供了条件，是人类各项活动顺利进行的基础系统。没有自然与环境的良性发展，人类就没有未来。就资源与环境的关系而言，学者们根据不同的研究目的，将其分成了两大领域：一种是将环境纳入资源的范畴，认为资源（包括自然资源、社会资源、人力资源以及环境资源等）对于人类的生产生活来说，因其稀缺性而具有一定的经济价值；另一种是将资源视为环境的组成部分，环境优良的地方其各项资源也是丰富的，能够满足人们生产生活的各项需求。

为整个复合生态系统提供物质基础的是资源子系统。值得注意的是，这一物质基础是动态概念，随着人类改造自然能力的提升，资源环境的外延也不断拓展更新。资源与社会经济发展之间存在对立统一的特点：随着经济的发展、技术的进步，由此推动资源利用效率提高，在生产生活的过程中，表现为生产同等数量的产品，其资源耗费少了，尤其是在经济新常态下，将彻底改变过去高投入、高消耗的粗放式增长模式，从而带来资源的节约并提高资源存量；但同时，随着经济的发展、社会的进步，劳动生产率的提高导致整体生产规模不断扩张，资源的总体消耗量也不断增加，资源存量不断减少。

资源的载体是环境子系统。环境本身是一个复杂巨系统，其范围广泛，包括以人类社会为中心的所有外部世界。环境系统内部各要素组成一定的结构体系，由此决定其功能。环境系统是人类改造自然的成果，人类改造自然的目的是打造更良好的生存空间。环境作为人类活动的空间，提供了人类生活所必需的资源及能源。可以说，环境是人类美好生活的基础。人类在改造自然创造生存环境的过程中还应注意，环境的承载能力有限，人类的一切生产生活活动，都必须在环境的承载限度范围内进行，一旦无视环境发展规律，必将影响系统整体的协调发展。

经济子系统为其他子系统的发展奠定了物质基础。经济子系统内涵丰富，是由彼此关联、相互作用的经济要素组成的，在人类发展过程中逐步演变而成的各种经济关系、经济制度及经济组织体系。城市经济系统是在城市经济发展过程中形成的产业分工体系、经济制度、经济组织等。城市经济系统随着人类改造自然的生产生活活动不断升级，推动城市群协调发展，不断提高城市化水平。① 因此，动态性、开放性是经济子系统的典型特征，在发展过程中，经济系统不断与其他系统发生紧密联系，并不断调整其结构与功能，在不同阶段、不同地域呈现不同的特征。随着经济系统的不断强化，经济发展水平不断提高，其他子系统才能有充足的发展资金，环境保护的投入才有可能增加。

社会子系统是层次最高、要素庞杂的复杂系统。社会子系统的主体是人，人在生产生活中的一切活动都能发挥主观能动性，这决定了人的行为具有复杂性、多变性，同时也决定了社会系统的复杂性。社会子系统的不断演变发展，主要依赖于人的推动。人作为社会的主宰，不断要求改善自身居住环境，提高生活水平，由此推动社会系统不断与外界环境交流，并推动社会系统不断升级改善，提高经济发展水平和经济发展质量，成为更有利于人类居住的复杂系统②。家庭是城市社会系统的基础单元，城市的发展也是在家庭关系的和睦共处、人口素质提高等推动下不断实现的。

上述四个子系统共同构成复合生态系统。它们彼此联结、相互依存，彼此间形成一定的网络结构共同推动城市复合生态系统发展。

系统内若干相关要素之间联系和作用的组成方式是结构，结构是系统物质循环和能量流动的基础，也是系统功能正常发挥的基础。复合生态系统是由具有不同属性的子系统构成的、开放统一的、内部形成一定结构的、具有特定功能的复杂动态系统。由于其动态性，决定了系统各组成要素间不断互动交流，并由此推动系统整体不断协调发展。

二、复合生态系统的功能特征

复合系统因其内部错综复杂的结构、子系统间纷繁复杂的联系，而具备了一定的特征和功能，其功能并非内部各子系统功能的简单相加。具体如下：

---

① 苏晓静，盛蓉，孔铎.我国城市群的现状、问题、趋势与对策——《中国城市群发展报告2016》发布及研讨会综述［J］.全球化，2016（7）：108-117.

② 苏明城，张向前.海峡西岸经济区人口资源环境经济社会协调发展研究［J］.科技管理研究，2008（12）：203-206.

第一，复合生态系统具有综合性。从复合系统的组成看，整个系统由资源-环境-经济-社会共同组成，其构成要素和功能结构均具有较强的综合性。自然系统的复杂性与综合性不必言说，尤其是在社会系统中，由于有特殊主体人的参与，使得整个系统间的关系更加微妙和复杂。人类在生产生活过程中与自然、环境间的关系微妙，在遵循自然规律的前提下，还肩负着改造环境、创建美好家园的重任。而人类自身在各项活动中彼此间形成复杂的人际关系、组织架构、经济制度等，彼此相互关联、相互作用，不断表现出新的功能。要全面把握复合生态系统，必须对所有因素及其彼此间的关系进行梳理，从宏观层面全方位把握。

第二，复合生态系统具有层次性。构成复合生态系统的要素尽管具有较强的综合性，但与此同时，各构成要素又因分化而表现出明显的层次性。例如，资源-环境-社会-经济都是处于不同层次的子系统，四个子系统在时间和空间上有不同的排序和层次性。自然资源是最早存在的子系统，环境与资源相互共生，而环境在有了人类之后，随着人类的生产生活活动不断随时间变迁，表现出不同的特征。经济和社会两个子系统以自然环境为基础而存在，伴随着人类改造自然的活动而不断呈现新的空间分布格局，同时自然环境也不断发生改变。从城市群复合生态系统看，城市群是城市发展过程中因分工合作而构成的空间等级系统，呈现明显的空间和组织层次性。

第三，复合生态系统具有非线性。所谓非线性是指构成复合生态系统的各要素间相互作用，形成了非线性的复杂关系。由于其内部包含的各因素性质不同、结构不同，因而作用方式和作用能力也不同，由此导致各个要素间存在非线性的相互作用。非线性关系各要素间的相互作用具有非均质性、非对称性，由此导致整体大于部分之和的现象。这种非线性关系表现在复合生态系统与外界进行物质、信息等交流的过程中，形成的经济效益、生态效益和社会效益等方面。非线性还体现在各子系统间的耦合关系将改变不同时期在整个系统中起主导作用的机制，由此导致不同的系统行为呈现出不同的阶段性特征。

第四，复合生态系统具有动态性。复合生态系统内部各要素间始终处于不停的运动状态，其内部并非静止不动的，而是不断更新换代，其结构不断调整，内容不断演化，边界也不断出现新的突破。尤其在城市群生态系统中，这种边界的突破与拓展表现得更为明显。因此，动态性是复合生态系统的典型特征，没有哪个系统是一成不变的，随着时间的推移，复合生态系统不断演化更迭。

第五，复合生态系统具有不确定性。复合生态系统的演化过程具有随机性。以城市边界为例，城市群复合生态系统的边界在演化过程中具有模糊性，因此必须运用更先进的随机系统计算方法，探寻系统内部的结构与行为，才能从根本上对其边界的演化过程进行还原跟踪，并准确划定城市群的边界。

第六，复合生态系统具有主体性。在复合生态系统中，人是系统的主体和调控者。人类作为宇宙的主宰，具有超强的主观能动性，正是由于这一特征，随着人类活动对自然系统的参与程度越来越深入，更加剧了系统演化的复杂性。复合生态系统的演进不仅受自然规律的影响，更多时候，它的发展还受人的主观意志和决策环节的影响。无论是人的理性活动还是非理性活动，都将通过人的决策和行为对复合生态系统产生重大影响。

第七，复合生态系统具有分异性。复合生态系统中包含资源－环境－经济－社会四个子系统，它们彼此依存，各司其职，共同推动复合生态系统的协调演进。其内部由不同的要素组成，在整个系统中起着不同的作用。如资源子系统是整个系统的物质基础；环境子系统是最重要的载体；经济子系统为整个系统提供物质和资金支持。各子系统的结构、功能和作用机制各有不同，并受到其他子系统结构和功能的制约，因而体现出不同特征，呈现明显的差异性。从城市群复合系统看，由于构成城市群的不同子系统间存在着差异，并且这些差异在特定的时间和空间上耦合，必然使得城市群的地域特征出现分异性，使得城市群系统具有特定的位置和边界。这种分异性说明，不同城市群在发展过程中具有不同的地域特征，城市群的发展必须立足本地特色，结合本地的资源优势，发展主导产业，方能推动城市群协调发展。

第八，复合生态系统具有开放共生性。复合生态系统具有开放性，不断地从系统外引入或输出物质、能量以及信息，与外界互动交流，因而整个系统一直处于变化状态，这是推动复合生态系统升级演进的重要因素。同时，构成复合生态系统的各子系统间表现出较强的共生性。这种共生性表现为自然与社会的不断融合，进而推动复合生态系统整体协调发展，不断演化升级。因此，开放共生性是复合生态系统的普遍现象。

第九，复合生态系统具有循环性。在复合生态系统中，有限的物质总量决定了生产和生活过程中涉及的各种物质必须循环高效利用，以维持系统的长期稳定发展。这种循环建立在自然循环基础上，主要由经济系统和社会系统的循环组成。当自然系统与社会经济系统耦合后，这种循环就实现了物质和能量的多梯次利用，以及信息的有效传递。

综上所述，构成复合生态系统的各要素间彼此依存、相互关联，内部结构错综复杂，由此导致复合生态系统具有特定功能并表现出上述特征。整个系统是一个开放共生的综合性系统，同时表现出非线性特征，系统主体对整个系统的发展方向起着引导作用，复合生态系统在发展过程中体现出分异性和循环性。

第二节　城市群（复合生态系统）的特性及内部组织机制

城市群复合生态系统属于开放系统，对城市群系统特性的研究和把握，有利于我们揭示城市群发展的内部机理，从而进一步研究如何推动城市群协调发展。基于前述的复合生态系统的概念、结构及功能，本书认为城市群属于典型的复合生态系统，由自然生态系统和社会经济系统耦合而成，自然生态系统包括资源、环境两个子系统，而社会经济系统可以分为经济、社会两个子系统。因此，可以认为城市群复合生态系统由四个子系统（资源－环境－经济－社会）耦合而成，各子系统间相互依存，共同推动城市群演化发展。

一、城市群（复合生态系统）的特性

城市与生态系统之间，彼此依存、相互作用，通过各种能量的交换，促进了城市群复合生态系统的形成。为了便于分析城市群复合生态系统的特性及演进过

程，我们认为城市群作为一种复合生态系统，可以简化为自然生态系统和社会经济系统两个组成部分。自然生态系统涵盖资源、环境系统的全部内容，这是人类各项生产生活活动的物质基础，也是人类改造自然的最直接的成果。社会经济系统涵盖社会和经济两个子系统的内容，在经济的发展过程中形成了各种复杂的社会关系，所以社会和经济本就密不可分。

自然生态系统指以占据大片面积的自然生态空间为基础、提供物质循环和能量流动等的实体空间系统，它是城市空间赖以生存的基本自然环境①。而社会经济系统是人类居住和生产的空间载体，主要由规模不一、形态各异的城镇组成。城市是人类按照自己的需要和意愿，对大自然进行改造的成果。人是城市的主宰，人类的生产生活产生了工业、商业、金融等各行各业，各行各业的发展过程中，推动城市与外界进行物质、能量、信息等交换，由此推动城市持续扩张、不断发展。从城市到城市群的发展演进过程，其实是城市空间不断演化、不断集聚、不断拓展的过程。城市空间的集聚和拓展往往伴随着大量生产要素在空间的聚集，以及城市间资源的交流，这将推动城市功能的自组织效应，自我复制、重新组合，推动城市的聚集和增长，并在此基础上形成新的城市功能和分工体系。

因此，自然生态系统的参与是城市群不断发展演化的基础，同时，城市群也是人类改造自然环境、打造美好生存空间的成果。可以说，在漫长的时间长河中，两个系统不断相互作用、互相促进、协调发展，最终形成了城市群系统。而从区域空间分布看，城市群可以认为是由城市系统与乡村系统耦合而成的，城市的发展离不开乡村，城乡共同发展才能推动城市群协调发展。

（一）城市群是两个子系统（自然生态系统与人工生态系统）在漫长发展历程中的耦合

在一定的时间和空间范围内，自然生态系统由于其自身的自组织性和动态调整性，以及其内在的发展规律性，可以依靠自身的调节能力维持在相对稳定状态。

---

① 张贞冰，陈银蓉，赵亮，王婧.基于中心地理论的中国城市群空间自组织演化解析［J］.经济地理，2014（7）：19-21.

与之相比，人工生态系统更加多变。人工生态系统是以人类的意愿通过人类改造自然的一系列活动形成的。人类的活动必须遵循自然生态系统的发展规律，才能维持城市群整体的稳定和协调发展。

自然界的生态关系不同于人工生态系统，前者主要是生物链中的食物关系，竞争性才是其本质，后者的鲜明特性是社会性，人工生态系统中涉及社会个体之间、不同群体之间以及它们与外部环境的交流竞争等一系列复杂的社会联系，为了求得效用最大化，彼此间在竞争的过程中必须采取各种形式合作，所以，合作性才是其内在本质。

尽管自然生态系统是城市群复合生态系统的物质基础，但这一系统中的主体是人，也正是人的一系列生产活动和行为改变了整个生态系统的结构以及物质交流循环模式，并由此推动自然生态系统不断进化演变。城市群的形成发展过程是大量物质聚集、人口集聚以及各种要素资源聚集的过程，在此过程中，城市基于自身资源优势发展特色产业，并在城市间形成功能分工与协作，由此逐步形成城市间的分工合作体系，并直接决定城市系统的空间分布秩序。

资源－环境－经济－社会四个子系统在特定空间的聚集和发展，逐步形成城市群。城市群的特征受空间分布的影响，空间的特性决定了城市群的地理位置具有唯一性。作为城市群形成和存在基础的自然生态系统，主要通过自身的天然条件和环境影响要素在城市空间的聚集程度，由此影响城市的规模及城市群的空间布局。自然子系统的资源禀赋和天然环境决定了城市群演进的路径与方向。每个城市发展的基础都是自然子系统初始的自然条件和各种发展要素的基本禀赋，最初城市以此为基础，发展特色产业，并逐步融入城市群的产业分工体系。所以说，自然子系统影响甚至制约着城市群的发展方向。而作为城市群中唯一具有主动性的主体人，虽然人类的活动过程中可以充分发挥主观能动性，按自己的意愿改造自然并打造自己的理想城市，但人类活动无法完全摆脱自然的束缚，人不可能随心所欲地改造自然或创造城市，人类的活动必须在自然生态系统承受的范围内进行，否则终将因违背自然规律、超出生态阈值范围而受到自然的惩罚。因此，在城市群演化发展的过程中，既包括社会、经济、文化等以人为主体的社会经济系统的演进，也包括自然环境的不断升级改造。随着社会经济的发展，自然生态系统在人类的生产生活各种活动中，不断得到改造和发展，逐步成为适合人类生存和发展的环境。而自然生态环境的改善又为社会经济的协调发展，人类生活水平和生活质量的提升奠定了基础。两个系统互相促进、彼此依存、协同发展，并由此推动城市群的协调演进。

自然生态系统与社会经济系统相互交织、耦合，由此形成城市群系统。其必然性主要体现在：社会经济活动必须在一定的地域空间进行，并依赖自然生态系统的要素和资源供给。自然生态系统一旦被纳入人们的社会经济活动范畴，就会因人们的主观性劳动而逐步被有意识地改造，其最初的结构和功能也将随人们的意愿而被改变，以便适合人类生存和发展的需要。因此，人类活动所触及的自然生态系统，在人类有意识地对其加以改造时，早已不再是纯粹的天然系统，而是打上了人类劳动的印记，是反映人类需求的不断改造升级的自然生态系统。因此，社会经济系统与自然生态系统的耦合发展并不是简单叠加在一起，而是经过物质、能量的交换，相互作用、彼此依存、共同发展的复合生态系统，二者的交互耦合就形成了城市群复杂系统。

（二）城市群是两个系统（城市系统和乡村系统）的生态耦合

就空间地域而言，城市群不仅由城市组成，还包括县镇和农村，是城市系统和乡村系统的生态耦合。自古以来，城市和乡村本为一体。最初，并不存在城市的概念，只是随着工业化进程的推进，大批农民变为工人[①]。工业化大生产带来规模经济和城市化进程的加速，而随着城市经济的飞速发展，城乡之间的差距逐渐拉大，才有了真正意义上的城乡差别。从整体系统看，在经济新形势下，城市与农村都无法孤立存在，它们之间相互依存、相互牵制、共同发展。从人类的发展史看，城市对农村具有较强的依赖性，城市居民以及劳动力来源于农村的剩余劳动力，同时广大农村也是城市的巨大产品市场和原材料产地，城市

---

① 戚义明.十六大以来党中央深入推进城镇化的历史进程述要［J］.中国浦东干部学院学报，2013（9）：11-12.

在生产、消费过程中产生的大量废水、废气、废物需要农村来化解。可以说，农村为城市提供了生态保障，没有农村，城市的可持续发展和循环经济就无从谈起。随着经济的发展，城市与农村之间的经济关联度更加密切，由于新农村建设带来的良好发展条件，农村已经成为承接城市产业转移和人口分流的大后方，城市对新农村的依赖度不减反增，随着新农村的建设，城市与农村日渐发展成为不可分割的整体[①]。城市群系统从本质上说是城市和乡村间以生态功能耦合为基础形成的共生稳定组织。这一生态耦合并不是否定城乡差别，恰恰相反，它是在承认城乡差别的基础上，说明乡村建设的重要性，不能为了城市的发展而忽视乡村的建设，在发展过程中必须寻求两者之间平衡，促进城市与乡村互帮互助、互通有无、协调有序发展，最终推动城市群整体系统的协调发展。

通过他组织和自组织的交互作用，城市群随着经济的发展不断磨合，并推动城市群发展演进。

所谓"自组织系统"，是指系统在演化发展过程中，在没有外力介入的情况下，通过自我组织、自我协调、合作共存的演化路径，实现生态系统发展的良性循环。复合生态系统实现了经济效益、生态效益和社会效益的统一[②]，也就是要在环境、资源、经济、社会子系统之间建立起功能上互相约束、互相促进、协调演进的联系。首先，自循环是存在于开放的复合生态系统各个子系统中的循环，通过自循环各子系统间不断地进行物质、能量和信息的交流，并在各子系统之间形成更大规模的循环，自循环推动子系统间互助增强，形成不可分割的整体。其次，自循环最终推动各子系统间以生态价值为纽带进行功能分工，并在各子系统间建立分工合作体系。各子系统在分工合作体系基础之上，发生经济关联，并履行相应的职责和功能[③]。自然生态系统为社会经济系统的发展准备了各种资源和要素，

① 王浩，李新春，沈正平. 城市群协同发展影响因素与动力机制研究——以淮海城市群为例 [J]. 南京社会科学，2017（5）：17-25.

② 孙建. 福建省区域系统协调发展研究及对策分析 [D]. 华侨大学硕士学位论文，2004（4）：20-80.

③ 任星，郭依. 区域经济与资源环境协调发展分析——基于PSR模型的实证研究 [J]. 河南社会科学，2016（8）：51-59.

是其发展的基础；而社会经济系统的发展，为人类改造自然以及增加环保投入奠定了经济基础。最后，协调发展推动了新的超循环在自然、经济、社会子系统间形成。所谓超循环是指建立在城市、乡村、城际和城乡四重空间之上，将四重空间彼此联结的城市群超循环网络系统，这一网络以城市、乡村循环为基础，在不同等级、不同功能的城镇循环、乡村循环之间搭建循环网络，将它们联结起来，彼此间实现功能分工和互补增强的状态，进而推动城市群整体不断协调发展。

因此，总体来说，城市群系统的演化过程，是各种组成要素相互依存、相互作用、耦合发展而成的，而其中具有决定性作用的是自组织规律。可以说，复合生态系统演化的基本规律是自组织规律。在复合生态系统的演进发展过程中，众多规律及机制起着至关重要的推动作用。

二、城市群（复合生态系统）空间演化的内部组织机制

城市群（复合生态系统）是在内部各种组织机制的作用下不断发展演进的，要了解城市群系统的发展演变特征，有必要深入了解其内部组织机制。具体来说，主要包括自组织机制、路径依赖机制、突变机制、自然选择机制和协同进化机制。

（一）自组织机制

自组织机制是内部组织机制的基础，是其他内部机制（包括路径依赖、突变、自然选择和协同进化等机制）得以发挥作用的前提条件。

彼此联系、相互作用的要素结合，能实现某种功能，这种组合称为系统。系统的整体功能一般大于各部分功能之和，是各组成要素之间的有机整合。系统有自组织和他组织之分，其划分依据是系统内部各要素之间组合联系方式以及演化机制的不同。

所谓"自组织"，是指在形成有序结构的过程中，系统通过自我演化、自我组织，从无序向有序演进的自发过程。整个演化过程中，没有外界的干预，也不存在来自外力的作用。而"他组织"是通过外界的指令或力量来完成系统的演化并

达到有序状态的。整个演化过程中，来自外界的指令或力量的作用至关重要，没有外力将无法完成这一演化过程。

作为一个复杂巨系统，城市群内部包含多个自组织和他组织系统。自组织和他组织系统分别按自身规律，不断演进变化，由此推动城市群的协调发展，但其中起关键作用的是自组织系统。自组织系统可以说是系统演进的内在原因，而他组织系统类似于系统演进的外部原因。内因是起决定性作用的，外因通过内因起作用，可以加速自组织的过程。因此，自组织和他组织之间彼此依存、相互转化（见图 3-1）。以城市群中具有主观能动性的人类活动为例，如果将人的活动视为内生力量，那么，这一力量将与环境资源禀赋、经济基础等其他内生力量共同推动城市群自我演化。如果将人的活动视为外生力量，那么，在人类活动这一外力干预下，城市群系统将通过他组织系统进行演化发展。在人为因素中，政府是最具代表性、最具干涉力的因素。政府作为市场主体的一部分，通过自身活动推动城市群自组织演化；同时，政府也是城市群进行组织演化的最重要的外部推动力。可见，在城市群协调发展演进过程中，必须充分重视政府的力量。

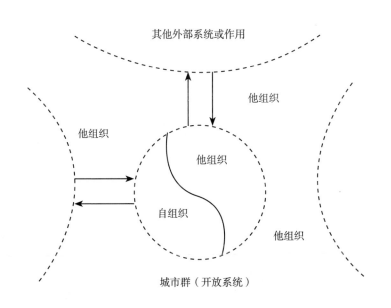

图 3-1　城市群自组织和他组织系统

城市群作为一个异常复杂的系统，在自身发展演化的过程中必定会出现很多矛盾和问题，从而造成整个系统的不稳定性。因此，城市群必须从外部引入相应的干涉力量，如各种协调机制来规范内部各城市的行为，从而实现整个城市群的健康发展。

从自组织与他组织作用的规律中可以发现，自组织是系统演进的内在原因，即系统演进的核心和关键因素在于系统内部各要素间的相互作用。具体到城市群的演变过程中，城市群之所以能够不断从低级向高级演化发展，是自组织和他组织共同作用的结果，而其中起关键作用的是自组织机制。最初，城市群中的核心城市，由于自身区位优势、资源禀赋等各种优越条件，最先获得发展。这个过程中主要是自组织机制在起作用。当核心城市发展到一定程度，政府想利用核心城市带动整个城市群经济的发展时，就会制定相关政策支持核心城市进一步发展，将其打造为城市群经济的中心。这个过程中由于有政府外力的干预，主要起作用的是他组织机制。而核心城市的聚集度达到一定程度，超过城市生态承载力时，核心城市将不断向周边城市拓展，以寻找新的生存空间，此时，政府将制定政策引导产业转移以及人口的分流。这个过程是自组织和他组织同时起作用。可以说，自组织机制是城市群形成的基础，而自组织演变的结果需要他组织来强化或修正。可见，城市群的协调发展过程中外部干预力量的影响重大。政府的政策不仅可以直接引导和干预城市群演变的方向，而且会影响内部各要素间的相互作用方式，会影响发挥自组织机制的作用。例如，政府可以通过税收优惠政策等措施，增强城市的集聚能力，同时改变自组织作用机制，推动城市群协调发展。

城市群是一个开放系统，与外界不停地进行物质、能量和信息的交流，由此推动城市群不断升级扩张。城市群在发展过程中具有明显的非均衡性，城市群内各城市间基于自身资源禀赋优势，发展特色产业，由此形成城市群的产业分工体系。这一分工体系的形成是城市集聚发展向扩散转移，又再次在新的中心形成集聚的循环往复的过程。可以说，城市群的发展过程中表现出明显的随机性和非线性，这些是城市群系统自组织演化的前提条件。最初，城市群是在核心城市的带动下，通过集聚作用不断发展的。随着核心城市生态承载压力越来越大，城市群不断向外拓展延伸。在城市群系统的自组织演化过程中，城市群的空间格局不断被打破，不断形成新的城市空间布局。

（二）路径依赖机制

路径依赖，一般指人们一旦选择了某种事情处理的方式和规则，就会产生接受和重复这种方式及规则的心理，并产生自我强化机制，以强化这种选择。

研究发现，城市群的发展演进过程中也存在着路径依赖，并且受各种因素影响，产生自我强化机制。系统中的城市群主体，一旦认准某个发展方向、某种发展策略、某条发展路径，其行为就会受这一选择影响，表现在资源配置过程中会集中所有资源以实现目标，并且不断加大投资，形成规模经济效应，为后续发展奠定经济基础。假定在后续发展过程中，发现原有的方向、策略和路径并不适合城市群的发展，则城市群主体一时间也很难放弃，主要源于前期巨大的沉没成本，以及未来发展的不确定性。面对前期巨大的沉没成本，城市群主体很难立刻改变发展路径，同时，未来发展的不确定性也是城市群主体犹疑的原因，如期待在城市群发展过程中能够出现奇迹，不至于使前期的投入全部无法收回。这些都属于强化机制发生作用的方式。在城市群发展演变过程中，如果城市群主体选择了正确的发展策略，那么与之相应的各种措施就能够迅速提升城市群的竞争力，促进经济发展，城市群主体在这一良好势头推进下同样会追加投资，进一步推动城市群经济增长。可见，路径依赖机制与城市群主体所做出的选择是否正确无关，它强调主体基于前期做出的选择，出于种种原因无法改变策略，只能延续原有选择的状况。可见，出于路径依赖的存在，我们在制定或选择城市群发展战略过程中，必须综合考虑各方面因素，慎重选择。因为一旦做出选择，影响的不仅仅是当期经济发展，甚至会影响后续多期经济发展，而且会影响后续主体的选择。

（三）突变机制

突变机制是指在进化过程中，外部环境突然发生一些状况，导致原有进化路径或发展方向发生改变的机制。城市群的空间演化过程属于进化过程的一种，在这一过程中，如果出现外部环境的改变或人为的干预则有可能引起变异甚至突变，从而改变城市群原有空间发展的方向或形态。

现代社会经济生活瞬息万变，充满了不确定性，而不确定性是产生变异的源泉。在面对不确定性时，行为主体会依据当下情况做出判断，并采取措施应对，而这种应对措施很可能会改变城市群原有的发展路径和发展规划，即不确定性引发了变异。行为主体在经济发展过程中采取的行为取决于其对经济发展趋势的判断，而这种判断主要源于个人的经验积累以及掌握的信息。现实中，行为主体由于自身经验的差异以及市场中信息的不完全，导致不同行为主体对同一经济未来发展趋势的判断存在差异，由此导致他们采取不同的行为。这些不同的应对行为对于城市群发展演变而言就是不确定性，而这种不确定性很有可能产生变异或突变。突变是行为主体应对不确定性引发的结果，导致产生新的经济现象。例如，在城市群空间演化过程中，一旦发生重大机遇或者遭遇重大变故，由于不确定性引发突变，而突变将改变城市群空间演变的方向或形式，甚至在新的应对措施下引发产业、人口等要素在新的城市空间聚集，由此导致新城镇的出现。

（四）自然选择机制

依据达尔文的进化论中自然选择机制"适者生存，优胜劣汰"，可以知道，任何物种的生存和繁衍都是物竞天择、自然选择的结果，只有能够适应环境的物种才能获得生存和发展。在自然界，一个种群中个体繁殖能力和后代存活能力越强，说明该个体的适应性越高。与适应性较低的个体相比较，种群更具有生存优势。并且，个体间适应性差别可以遗传，遗传基因使得个体的适应性因高繁殖能力而在后代中变得更加普遍，同时适应性低的个体越来越少。这是自然选择机制在发挥作用。

自然选择机制在城市群的发展演化中同样起作用。城市群中各个城市之间的适应性差异较大，而造成适应性差异的主要原因是各个城市的条件不同。例如，城市间区位优势的差异，自然资源禀赋的差异，基础设施条件的差异，城市生存环境、人文环境等各方面的差异等。对于适应性较强的城市来说，由于各方面条件优秀，城市能够在竞争中脱颖而出，快速发展。相反，对于适应性较差的城市来说，它们在竞争中往往居于劣势地位，没有良好的发展机会而无法得到发展，甚至走向衰退消亡。城市群中单体城市间这种竞争结果的差异性，是优胜劣汰的自然选择机制的体现。说明城市要想在竞争中立于不败之地，必须提升自身内在素质，增强竞争力。

城市群的发展演化是内因和外因共同作用的结果，其中，外部环境的自然选择机制对城市群的形成影响重大。城市群自组织形成的系统同样必须经过自然选择机制的优胜劣汰，经历自然选择机制后仍然能够生存的机制才是具有较强适应性的机制，也才能获得进一步的发展，并推动城市群逐步演化升级。城市群系统形成并升级后，其适应环境的能力更强，并且城市群整体的力量大于单体城市的力量之和，具有更强的稳定性和抗风险能力，从而推动城市群带动其单体城市共同协调发展。因此，城市群系统较单个城市具有更强的竞争力，更容易在环境的选择中胜出。

（五）协同进化机制

协同进化是指两个相互作用的物种在进化过程中发展的相互适应的共同进化。在物种进化过程中，一个物种的性状会根据所依赖的另一个物种的性状的反应而进化，而后一物种的性状进化又受到前一物种性状进化结果的影响。

现代城市具有不同的资源和禀赋，如果把先天条件不同的城市看作是不同物种，则城市与城市之间同样存在着协同进化机制。在城市发展过程中，适应性较弱的城市为了在竞争中获得生存和发展的一线生机，可以立足现有条件，通过学习和创新来改善固有的弱势，寻找城市经济发展的新增长点，另辟蹊径，在竞争中取得生存和发展。也就是说，适应性弱的城市也能找到不被淘汰出局的提升自身素质的办法。对于在竞争中处于优势地位的城市来说，面对复杂多变的竞争格局，适应性强的城市应不断采取技术革新和改革等各项措施，才能不断提升城市竞争力，才能够在竞争中立于不败之地。在适应性强和适应性弱的城市发展变革中，城市群整体不断协同进化，推动城市群在更高层次上实现协调发展。

从以上分析中可以看到，城市与城市间的竞争中，协同进化机制可以推动城市群中竞争力弱的城市向竞争力强的城市学习，从而提升自身对城市竞争环境的适应能力。而城市群中竞争力强的先进城市为了巩固其竞争优势，也会不断地进行变革，并增强与其他城市间的联系，提升合作层次，加大合作规模，进一步提升自身的行业优势，从而促进城市群协同进化。

对于城市群内部各子系统来说，协同进化机制是推动各子系统协调演进的重要机制。城市群的自然生态子系统和社会经济子系统之间存在着物质、能量等的联系：城市群中自然资源越丰富、环境越优越，越能给社会经济系统提供更好的发展基础——"绿水青山就是金山银山"。同时，社会经济系统的发展越能健康协同，则其空间结构越能持续优化，生态和环境质量越能得到显著的提升。自然生态子系统和社会经济子系统之间的协同，可以形成更加合理的城市群生态空间结构规划、更加有计划的自然资源采掘、更加优越的环境质量提升与更加健康有序的经济社会发展，从而实现城市群的整体协同进化。

第三节　城市群复合生态系统的空间结构组织关系及组织框架

构成自然生态系统中的各要素之间的联系首先通过营养实现，即通过食物链和链与链之间的食物网把生物与能量、生产者与消费者连成一个整体。营养关系是自然生态系统存在的基础。城市群作为一个复合生态系统，其基本关系也是营养关系，即城市与城市之间、城市与环境之间基于营养结构，通过人类的活动，利用产业链和消费链把生产、流通、消费等再生产的各个活动链接起来，使整个城市群形成一个有机整体。城市群系统能够有效运转的最基本前提是营养关系，城市群空间结构的演变发展离不开营养关系。通常认为，城市群空间结构在漫长的时间演变过程中，主要受三个方面的影响：第一，自然资源的分布结构，这是城市发展的最初立足点，也是城市群发展的基点。由于自然禀赋存在差异，具备资源优势的城市可以获得优先发展，并逐步成为城市群中的核心城市，后续核心城市通过集聚和扩散效应，带动周边城市共同发展。可以说，自然资源的分布结构，奠定了城市空间结构演变发展的最初雏形。第二，现有城市发展水平约束下的发展方式，现有城市发展水平，决定了城市在城市群发展演化中的地位和作用，也决定了城市群空间分布格局。第三，外部影响要素，如政府制定的各项政策、发展战略及规划等。政府制定的各项政策、发展战略及规划等对于引导城市群的发展具有很强的指导意义，对于城市群空间结构的形成具有重要影响。上述三个方面的影响因素均分布于营养关系的不同领域和不同环节中，因此，必须通过城市群的营养关系才能发挥作用。

能量的传导关系和食物链是自然生态系统中营养关系的直接体现；不同于自然生态系统，城市群系统主要通过自然生态系统和社会经济系统的共同作用实现营养关系，食物链并不能体现完整的营养关系，只是传递了非常少的一部分物质、能量和信息。

人类在城市群系统中，既是消费者，又是生产者。为了提高人类的生活水平，满足人类日益提高的各种需求，在城市群生态系统中，人类受生物界食物链的启发，创造了产业链。产业链包括价值链、企业链、供需链和空间链四个维度，其核心是渠道，即城市群通过产业链，物质、能量、信息可以实现交换和流动。城市群里所有的营养关系，都可以在产业链中找到其相应的位置。在城市群生态系统中，人类的经济活动围绕着产业链进行，产业链的延伸方向就是物质、能量等的传递方向，产业的兴起和发展满足了人类的各种需求，也代表了社会发展和进步的方向，资源、产品、服务、人口流动等也以产业的特点和发展为导向，而满足人们的非物质需求如文化需求和精神需求等也形成了相应产业，如影视产业、体育产业等。

城市发展演化的历史，其实是城市基于自身资源禀赋和区位优势等因素，充分发挥集聚功能，将各种生产要素集聚到城市，推动城市经济快速发展的过程。当城市发展到一定规模，其对周边城市的辐射作用逐渐增强，并且为了缓解大规模发展的生态压力，城市需要不断向周边地区扩张，由此带动周边城市协调发展。这个过程其实是城市群形成的过程。在这个过程中，城市与城市之间的联系及功能分工不断调整，城市以其优势产业参与到城市群的分工体系中。城市间最终形成的职能分工反映了城市在产业链中所处的位置，并决定城市群的基本空间分布格局。

宏观经济理论认为，供给由需求决定，并且需求不会受制于供给。也就是说，人类为了满足日益增长的物质文化需求，必须寻找到足够的资源以支撑随需求不断增长的供给。否则，就会出现供不应求的现象，制约城市经济的发展。从城市发展空间看，也就是说，城市必须寻找到能够支撑其自身发展的空间，以便为城市经济的发展提供足够的资源和生产要素。城市空间是一个动态演进的过程，以城市群中的核心城市为例，当核心城市的集聚度过高、威胁到城市生态平衡时，核心城市必须向外拓展生存空间，或者通过产业转移、人口分流等方式缓解核心城市的压力。

可以认为，在社会经济系统中，城市群的层次呈金字塔型分布，在向上的轴线中呈现出经济规模递增、城市数量递减的规律。通常处于金字塔顶端的城市竞争能力强，处于金字塔底部的城市竞争能力弱。并且，城市间的这种排位和分布不是一成不变的，随着时间的推移和经济的发展，城市群空间布局不断发生变化，由此导致城市间的位序发生改变，城市群空间不断演变更替。

从可持续发展的角度而言，城市必须在竞争中占据相应的市场。城市位序的改变引起城市群空间结构的演替。简而言之，处于金字塔顶端的城市可以充分利用其优势资源进行发展；处于金字塔底部的城市由于竞争能力弱，发展空间逐渐萎缩，甚至被排除到产业链外。

除了生态系统外，城市群系统中也存在能量流动和物质循环这两个基本功能。城市群中的能量流动主要通过物质的输入输出来完成，这种物质循环以城市群内高效运转的物流体系为基础。城市群内纵横交错的交通网络、高效发达的信息网络对于城市群的物质交换、信息交流有着重要作用。尤其是在信息经济时代，信息的传递对于主体的决策和行动有重大影响。由此影响城市群发展演进的方向和城市群空间分布格局。

城市群发展一般起源于核心城市。核心城市一般是城市群中具有区位优势、自然资源丰富、交通便利的城市，由于自身的发展优势，加上政府政策的支持，核心城市往往能够在城市群中率先获得发展，并且逐步发展成为整个城市群的增长极，并通过空间集聚与扩散而推动城市协调发展。在城市群的发展演变中如何寻找或培养增长极至关重要。一般来说，城市在城市群中的位序决定了增长极的产生。只有处于较高位序，城市区位优越、交通网络等各项设施完善、城市内资源丰富的城市才可能发展成为增长极。当一定空间范围内具备多个符合条件的城市时，资源和各种生产要素会向某一特定城市集聚，这个汇集各项资源的城市就拥有了生产产品的各项优势，由此导致增长极的产生，核心城市的演化发展也就拉开了序幕。当核心城市发展到一定阶段，面临生态环境压力和产业转型转移压力时，核心城市会向周边地区扩散，推动城市群的演变发展。

随着时间的推移，城市间环境、资源、社会、经济、人文等各项因素彼此关联和相互作用，由此改变城市群的空间布局。城市群的这种演变有赖于单体城市的演化发展。因此，城市群空间演变的本质是，在自然生态系统和社会经济系统的相互作用下单体城市演变的集合，这种集合不是单体城市演变结果的简单相加，而是具有系统性、整体性，其整体效果大于各部分的简单相加。

把城市群视为生态系统，则城市群的空间演变过程可看作是一个包括自然生态要素和单体城市要素在内的空间群落的演化发展过程。从低级到高级并逐步形成动态稳定的发展路径，是该空间群落发展遵循的规律。

因此，城市群这一复合生态系统的空间演化分析框架如图 3-2 所示。

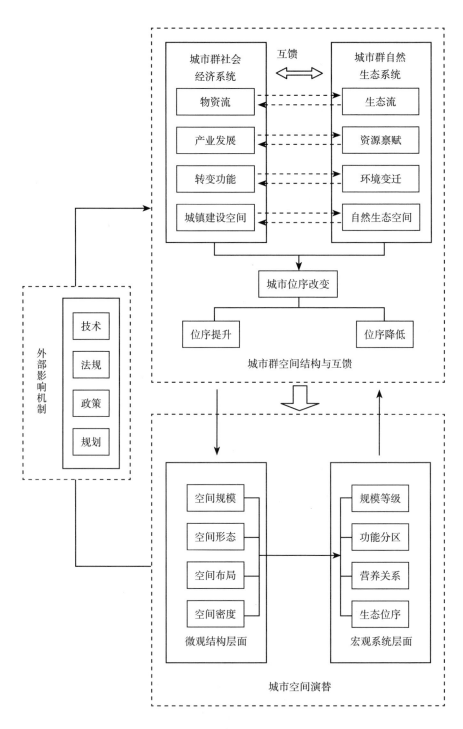

图 3-2 城市群复合生态系统的空间演化分析框架

第四节　城市群复合生态系统的超循环运行模式

20世纪70年代，德国生物学家艾根提出了超循环理论。在这一理论中，艾根依据生物进化的层次和阶段，把循环分为层层递进的阶层：第一阶层是反应循环；第二阶层是催化循环；第三阶层是超循环。

反应循环在整个循环中的作用类似于催化剂，它是对复杂生态系统内部的各种要素进行整理与组合，进而推动系统进化发展的过程，它依据生态系统之外的催化作用进行，是整个循环中的基础环节。没有反应循环，系统内部各要素的整合进化难以发展。

催化循环可看作是一个自复制催化系统，它利用系统内部的各要素自己催化作用和相互之间的催化作用作为内生动力，在反应循环的基础上形成更高阶层的循环，亦称为"反应循环的循环"。

超循环是更高层次的循环。艾根的超循环理论认为，自然界通过超循环不断向前发展，超循环进化的过程具有普遍性的自组织发展机理。自然生态系统的大循环在循环的基础上进行再循环，依次进行螺旋式递推，在系统组织发展的过程中，逐步优化发展，实现稳固的循环进化。超循环的特征：第一，超循环是上升的、前进的、发展的循环，循环的结果是不断开始新的循环，这种循环是螺旋式上升的，不会回到原来的出发点，具有不可逆性。第二，超循环系统具有开放性，在系统螺旋式循环进化的过程中，需要与外界进行物质、信息或能量的交换，为系统循环进化提供源源不断的动力。第三，超循环具有催化性，自带自选择、自复制和自优化的功能。通过催化循环，自循环和交叉循环运动不断发生，实现再生和优化升级。第四，协同性是超循环的重要特征。超循环系统由各个子系统构成，包含着各种循环因子，促使这些循环子系统不断进行交融和进化，实现协同发展、共同进化的目标。

自然、经济、社会等各个子系统组合构成复合生态系统，各子系统通过超循环完成漫长的演变和进化，同时在演变进化过程中进行自组织调节。自组织、自选择的实现是内因和外因共同作用的结果。尤其这一过程需要强大且源源不断的内生动力，而这种内生动力来源于复合生态系统中各个子系统间的相互影响、相互作用和相互协作。复合系统所处的外部条件是自组织的外因。

复合生态系统中的各组成部分扮演着生产、消费、分解等不同的角色，并相互协作，承担能量转换、系统循环以及信息分享与交融的任务。各个组成部分间的相互协作及因果循环决定了环境子系统、经济子系统、社会子系统在自然界必然要协同发挥作用。在一定时间段内，各个子系统分工合作完成资源的有效配置和利用；在一定的空间范围内，依据自然生态的地理布局、资源分布以及环境条件等，安排适宜的产业布局。随着人类生产生活能力的提升，逐步控制资源的使用和废弃物等的产生，在追求经济效益的同时，关注生态环境的演化，实现现代社会人与自然的和谐共生，最终实现可持续发展。并且，从外部保障生态系统的良性循环，促进复合生态系统的演变进化。这一过程如图 3-3 所示。

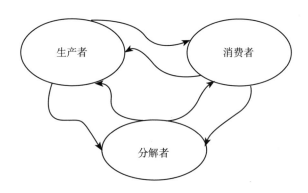

图 3-3　复合生态系统运行模式

为了使经济系统更好地融入到生态系统中，有必要发展循环经济，构建自然经济社会复合生态系统统一的循环结构，最终实现系统整体的良性运转和循环。

社会经济系统与自然生态系统耦合，形成了循环经济系统。自然生态系统为社会经济系统提供生产发展所需的各种物质、资源，而物质、资源供给受自然系统的自身条件以及生态阈值限制。经济系统随着人类追求更高品质的生活而不断扩张，因此对物质、资源的需求是无穷无尽的。从长远看，容量和速度都受到生态阈值限制的自然系统无法满足人类日益增长的物质需求，这会在自然系统和经济系统间产生矛盾。要解决这一矛盾，必须引入以高效循环为核心的循环经济，最终推动系统整体循环、螺旋式发展。

在城市群复合生态系统中，针对生产者、消费者、分解者我们做如下界定和阐释：第一，自然生态系统是城市群的生产者。农业以及工业发展所需的原材料都源于自然生态系统，城市群建设以及人类生活所需的物质材料都归源于大自然。除此之外，人类也是城市群的生产者。人类是自然中的活动体，也是城市群的建设者，在生产中创造劳动价值。第二，社会经济活动是城市群的主要消费者。消费指消耗生产者提供的各种物质资源，同时生成各种没有实用价值的物体。在社会经济发展进程中，人类需要进行生产生活等活动，各类市场主体也要进行生产、制造、建设等市场活动，这些都需要消耗自然界的各种物质和资源，所以都属于城市群的消费者。第三，人类是城市群的主要分解者。分解指将社会运行过程中产生的无实用价值的物质分解为有实用价值的物质。此外，城市更新方式充当了分解者的角色。在社会经济高速增长的时代，城市群发展进程加快，人类在城市群的生产生活中分解作用越来越微弱。城市群的分解者则开始空缺，这也是现今城市群复合生态系统的显著特征。循环经济和低碳产业属于新兴的典型分解型产业。循环经济利用特有的循环再利用的机制，很大程度上减少了自然界废物的存量；低碳产业利用高新的技术和逐渐完善的管控机制，大大降低了二氧化碳等废弃物的产生。这即是一种分解作用，分解无用的废弃物，控制废弃物的产生，从而提高生态系统物质资源的利用率。此外，城市规划中对于低效空间的更替和改造，提高了空间利用效率，这种城市更新方式也充当了分解者的角色。

在城市群中，四重空间的循环系统组成了城市群的超循环网络系统，即城市、乡村、城际和城乡空间的循环彼此联结而成。这一网络以城市、乡村循环为基础，在不同等级、不同功能的城镇循环、乡村循环间搭建循环网络，将它们联结起来，彼此间实现功能分工和互补增强的状态，进而推动城市群整体不断协调发展。这一超循环结构可在城际和城乡的四重空间上进行构建。

一、建立于城市空间的循环系统

在社会经济运行过程中，城市是主要的运行主体，通过工业生产等进行经济活动。工业生产以及人类消费都会消耗大量的自然资源，对自然生态系统具有重大影响，构建循环系统时应以可循环资源为起点，把生产及消费过程纳入生态系统，将企业之间、产业链之间以及生产者与消费者之间的物质能量交换全部耦合，充分发挥各自在系统中的作用，形成可循环发展的系统。

构建城市循环系统的核心是工业循环系统，可以在企业、产业园区和城市三个层级展开。第一重空间涉及居民和企业。企业推行循环经济主要体现在：废物作为原料重返生产环节，实现循环利用；以及利用高新技术降低排放。居民主要通过适度消费并将循环经济理念内化为自觉的生活方式，从而实现降低排放的目标。

第二重空间主要在生态产业园区。生态工业园将生态理念渗入到园区的布局与生产中，通过产业重构和转型升级等方式，建立资源共享的生态产业链，实现资源在系统内的循环综合利用，实现效益最大化（包括经济效益、环境效益和社会效益）。

第三重空间主要在城市。在城市范围内，构建以资源循环利用为特征的生产生活系统，创建城市资源再生利用的循环体系，为城市发展建设提供物质资源保障，稳固城市发展体系。

二、建立于乡村之上的循环系统

基于乡村建立的循环系统不同于城市系统，乡村以其丰富的自然资源为城市生产生活提供物质供给和服务，因此，生态保护对整个系统的循环意义重大。乡村循环系统实质是在生态阈值范围内，利用自然资源实现传统农业向生态化农业转化。

乡村循环系统包含农业资源、农村经济、农村社会三个子系统。农业资源子系统是农村各项生产活动的基础；农村经济子系统以资源为核心，为乡村系统提供主要营养，如构建产业结构；农村社会子系统指在一定的空间范围内，人类的生产生活活动成为乡村循环系统的主要内容。

建立于乡村之上的循环系统中最重要的生态过程是资源利用以及物质流动和

能量转换。与传统农业发展模式相比而言，现代社会的乡村循环系统不再单一地追求经济效益，而是注重生态环境的保护，追求人与自然和谐共生、经济与生态同步的可持续发展。其根本基础是生态农业的建设，通过生态系统与社会系统耦合，打造资源再生利用的反馈式流程。

乡村循环系统构建的基本思路是通过生态农业产业链把各个环节的农业生产与废弃物的再利用结合起来，以促进各种物质及能量（能量流、物质流、信息流）在系统中不断交换，实现循环再利用，最终推动乡村和城市更大系统的良性互动发展。乡村循环系统的运行模式主要有三种：一是以庭院经济为核心的庭院生态系统循环；二是以生态产业网络为基础的农业生态园区的系统循环；三是以农家乐为基点打造的集农业、旅游业、加工业为一体的综合循环系统。三种运行模式的最终目标都是构建乡村生态循环，最终达到可持续发展的目的。

三、城际循环系统

城市群的发展使得越来越多的城市纳入其中，城际之间的交流与循环显得越来越重要。城际之间的循环主要是在各城市间形成政府间合作、资源共享、产业分工的共生体。城际交流中涉及众多跨域问题，例如环境的治理、资源的保护以及公共基础设施网络的构建，单靠个别城市难以完成，必须打破行政边界，分工合作，在更大的空间范围内优化资源配置，才能实现城市群的整体协调发展。

城际循环系统以在更大空间范围内高效利用资源、降低污染和排放为目标，构建以本地资源特色为纽带的产业分工合作关系，实现资源在城际间的高效、自由、循环流动。

四、城乡循环系统

城乡循环系统是在拉长城乡产业链的基础上，将城市与农村纳入城市群这个共生体，构建生态与经济的良性发展体系，提倡人与自然和谐相处、工业与农业同等重视、城市与乡村和谐发展，最终实现城乡协调发展。

城乡循环的构建能够将城市与农村发展统一起来，有利于城市突破资源限制，获得更大的生存空间。而扩大城市发展规模，是将单个城市聚焦到一起，以取得更大的城市效应，并带动邻近农村的经济发展，为农产品的销售拓宽渠道，同时能满足城市的部分消费需求，实现城乡协调发展。

总之，上述四重空间循环系统的构建是基于构成城市群四个子系统的要素耦合而成的，属于城市群超循环系统。超循环系统的运行涉及各个子系统中的不同要素，包括自然资源、能量、物质、市场资本、科学技术、劳动力等生产要素，以及地理布局、基础建设、制度创新、法律法规的完善等，才能保障城市群超循环系统的正常运行。在城市群的不同发展阶段其特征不同，选择的模式也略有差异。在经济新常态下，城市群超循环的发展模式表现为经济增长、社会发展以及生态保护协调发展、可持续增长。

第五节　本章小结

城市群是一个由资源、环境、经济、社会四个子系统耦合而成的复杂的复合生态系统。本章阐述了城市群复合生态系统的特性、组织机理，以及超循环系统的运行机制。自然生态系统与社会经济发展体系间不断相互影响、相互制约、相互交融，为城市群发展创造原生动力，推动了城市群以螺旋形式向前发展。城市群复合生态系统中的各组成部分由生产者、消费者、分解者构成，三者分别扮演不同的角色，承担着能量转换、物质资源循环、信息交流的天然任务。三者相互依存，因果循环、协同合作，在时空上共同推动城市群生态环境、自然资源、经济发展以及社会运行的协同发展和演变进化。这一协同发展过程与循环经济的协调统一发展如出一辙。因此，循环经济是城市复合生态系统协调发展的外部途径。城市群系统的超循环指建立在城市、乡村、城际和城乡四重空间之上，将四重空间彼此联结的城市群超循环网络系统，该网络以城市、乡村循环为基础，在不同等级、不同功能的城镇循环、乡村循环间搭建循环网络，并将它们联结起来，彼此间实现功能分工和互补增强的状态，进而推动城市超循环结构的良性循环发展，实现整个城市群系统在城市、乡村、城际和城乡四重空间上的协调，并不断向更高层次演进升级。

第四章 经济新常态下城市群发展现状及协调发展机理

经济新常态下城市群协调发展机理研究的最终目的，在于探讨如何改善城市群间发展及竞争的无序状态，实现彼此间的合作共赢。本章将在阐述新常态下城市群发展现状及特征基础上，探讨城市群协调发展的机理，并构建城市群协调发展的模型。

第一节 经济新常态下城市群发展现状

一、城市群的演变特征

城市群的形成是个漫长的过程，它是自然环境、社会经济、政治文化等多种因素交互作用的结果。随着经济的发展，经济新常态时代的到来，我国城市群已步入空间优化、功能整合的全新阶段，这一阶段，城市集聚功能增强，逐步优化空间分布格局，城市群协调发展模式也将进一步调整优化，并呈现以下新的演变特征：

（1）城市群空间高度聚集，不仅表现为城镇和人口的聚集，更突出表现为产业和城市功能的聚集。伴随着经济新常态的到来，我国城市群人口空前聚集，特别是首位城市的人口规模越来越大。据统计，截至2020年，全国85%以上的人口聚集在城市，但城市群的集聚能力呈现明显分化。据测算，占我国国土面积29%的19个城市群中包含235个地级市，其承载的人口约占全国总人口的80%，人口规模达到 11.14 亿人，总人口比 2010 年增加了 5183 万人，并形成 5 个人口亿级城市群（主要是长三角、成渝、京津冀、中原以及长江中游五个城市群）[①]。人口规模在 5000 万以上的城市群主要是珠三角城市群和海峡西岸城市群。经过多年发展，城市群进一步巩固了其作为城镇化主体形态的功能。同时，我们发现，不同规模的城市群其人口集聚功能存在较大差异。在国内的 19 个城市群中，既有集聚了城市群新增人口 50% 以上、新增人口超过 600 万人的超大城市群（主要是指长三角、珠三角、京津冀三大城市群），也有新增人口超过 300 万人的大中城市群（主要是指山东半岛、成渝、长江中游、中原四个城市群），也存在城市群人口增加量非常小的滇中、呼包鄂榆、黔中等城市群。但是哈长、辽中南等城市群，出现人口大幅下降，甚至在哈长城市群中出现人口净减少的情况。不同城市群的人口增长状况，说明不同城市规模的城市群人口集聚能力存在较大差异，而集聚规模的不同又反过来影响城市的发展进程，推动城市群空间格局的调整。新经济形势下，城市群必须充分发挥其集聚功能，成为引领城镇化高质量发展的核心载体。

（2）城市群分化趋势日益明显，成长型与收缩型城市并存。地理区位优势对城市群的发展影响重大。2015 年以来，处于沿海地区的城市群由于改革开放等政策的带动，经济率先获得长足发展并进行产业转型升级。而东北地区以及中西部地区由于地缘劣势，在自我发展过程中出现城市资源枯竭现象，产业结构只能承接发达地区梯度转移而来的落后产业，出现严重的产业衰退。经济的不景气导致劳动力的集聚步伐放缓，伴随着劳动力回流至发达地区，东北地区人口甚至出现了负增长现象[②]。与此同时，北、上、广、深等超大城市出台了一系列人才引进政策，降低落户门槛，同时为人才提供良好和相对公平的竞争环境，因城市内具有完善的配套设施，就业机会较多，取得较高的收入水平的机会也较多，包容的城市氛围和良好的生活环境对于年轻人来说吸引力极强，这些城市因此保持了常住

① 陈鹏.城市群协调发展问题研究［D］.华东政法大学博士学位论文，2020：67-71.
② 陈群元.城市群协调发展研究［D］.东北师范大学博士学位论文，2009：13-16.

人口持续增长[①]。统计表明，2015~2020 年，人口增量均超过 300 万人的城市主要是广州、深圳、成都、天津等，人口增量超过 200 万人的城市主要集中在北京、西安、芜湖、淮南、重庆、武汉等城市，人口增量在 50 万人以上的城市有 18 个。而与此同时，处于城市群体系末端的众多中小城镇，受资源枯竭、产业衰退等条件的限制，面临着生存空间一步步被压缩直至变成收缩型城市，尤其是东北老工业基地等地区由于人口的负增长、劳动力的大量流出，导致城市经济发展出现瓶颈，经济难以增长，城市空间日渐缩小。现实中也存在一些未进行发展转型的城市，依旧沿用原有的高投入、高消耗的粗放增长模式，对城市资源及发展空间造成严重浪费，不利于城市群的协调发展。

（3）在城市规模结构的发展演化中，各类城市表现出不同的发展趋势，比重下降的是大城市，而比重持续保持上升的主要是小城镇，基本维持原状的是中等城市。不同等级规模的城市发展水平差异较大，其中，县域城镇化发展相对滞后，城镇土地利用率较低。

随着经济新常态的到来，我国告别了高速增长的黄金发展时期，经济增速逐渐趋缓。而城市群随着经济的发展空间布局也不断变化演进，总体来说，大城市的比重有所下降，中等城市发展较平稳，基本维持原有的比例不变，小城镇作为后起之秀，异军突起，在城市群中所占的比重持续上升。尽管如此，小城镇的发展水平依然无法与大中城市相比，尤其是经济落后、交通闭塞的中西部地区，小城镇的城市化水平较低。2019 年，大多数中西部地区的镇城市化水平都低于40%，如四川岳池县城镇化率仅为 37%。随之而来的是城镇资源浪费、生产效率低下等问题，尤其是土地利用效率低，闲置现象严重。经济新常态下，如何提高小城镇的资源利用效率，合理利用城市空间，已经成为县域经济发展面临的重大挑战。

（4）城市群内各个城市的边缘区出现空间扩展的现象，尤其是特大城市。自20 世纪 80 年代，随着改革的推动，经济的高速增长，城市郊区的空间结构发生

---

① 程皓，阳国亮，纪晓君. 中国十大城市群城市韧性与环境压力脱钩关系研究［J］. 统计与决策，2019，35（7）：79-83.

了巨变。为缓解大城市的承载压力，越来越多的城市开始在城市近郊布局工业、发展小城镇，逐步呈现郊区城市化现象[1]。在当前经济新常态下，作为城乡接合部的城市近郊获得了长足的发展，成为敏感的发展地带。尤其是北、上、广、深等发达城市的郊区，随着城市的扩张蔓延，郊区城市化进程不断加快。城市边缘区空间结构形成和演变的主要动力，主要源于开发区和工业区以及建设基础设施的需要。城市化进程的快速推进，使得大城市病日趋严重，必须寻找新的发展空间。城市近郊边缘地带是新工业选址和新居住区的理想地带，沿着交通走廊的轴线不断扩张也是城市群发展的绝佳选择。例如，上海人口比北京多1/4，比天津多1/2，人均用地面积仅为78平方米，相当于天津的38%和北京的30%，市区人均用地面积更加不足，仅为70.5平方米，与国家规定的90平方米相差甚远。与世界许多大城市人均用地263平方米相比，仅为后者的1/4。由于城市中心人口的高度聚集，城市人口规模日益扩大，导致土地负载能力过大且土地仍有减少的趋势，城市已经不堪重负[2]。为了缓解中心城市群的压力，城市群不断向郊区蔓延扩展，郊区城市化进程不断加速，由此导致城市边缘区内部结构和空间范围发生变化。因此，我国各大城市群边缘尤其是东部沿海一些经济发达、工业布点较多的城市群区域与大城市边缘地区的不断城市化，是经济新常态下我国城市群演化发展的一个重要特征。

二、新常态下城市群发展的特性

作为城市化的高级表现形式，城市化发展到一定阶段，城市集聚到一定规模，同时在相邻地域中集聚了一定数量的城市，就形成了城市群。由于城市群区域空间的紧凑性和经济活动的高度密集性，往往容易使之成为一个国家或区域发展的核心地区和经济增长极，成为最具活力和竞争力的地区，而城市群的综合实力是

① 阚珍珍. 中原城市群与环境资源协调发展研究——基于评价和预警 [J]. 现代商贸工业，2016（16）：26-27.

② 李佳洺，张文忠，孙铁山，张爱平. 中国城市群集聚特征与经济绩效 [J]. 地理学报，2014，69（4）：474-484.

国家竞争力的重要表现。城市群的特征随经济的发展以及城市化进程的推进而不断演化。在经济新常态下，城市群发展的特性主要体现在以下方面：

（一）高度的集聚性

经济全球化的浪潮推动世界经济向规模化、集约化、网络化等方向发展。城市群是一个国家或地区城市化高度发达、产业和人口高度聚集的地区。随着我国经济步入新常态，城市群集聚性的表现形态呈现出不同于以往的特征。首先，人口空前聚集。2020年，我国城市群地区人口占全国人口比重高达85%。人口的高度聚集，形成了聚集经济效应和专业化分工。其次，产业高度聚集。城市群发展趋势就是形成产业聚集，产业聚集是产业的空间演化结果，而产业集群是产业空间在城市群中的组织形式。最初，产业集群在城市群中区位条件较好、具有资源禀赋优势的城市率先获得发展，并逐步发展成为城市群中的核心城市。核心城市集聚到一定规模，势必需要通过产业转移、人口分流等扩散方式拉动周边城市的增长。周边城市立足本地优势，发展特色产业，承接核心城市的产业转移和人口分流，并以此参与城市群的产业分工。可以说，产业分工体系的形成是城市群发展的必然结果。城市群内城市间通过功能分工，逐步形成分工合理、彼此密切联系的产业集群，推动城市群发展，参与全球经济竞争。

（二）发展的网络化

城市群是在经济发展和城市化进程方面已经达到高级阶段的城市区域，中心城市向外蔓延、扩散到更为广泛的区域。经济新常态下，城市群一般具有发达的交通网络体系，高速公路、高速铁路等区域性基础设施网络，构成了其空间结构的骨架。纵横交错的交通网络将城市与城市连接起来，使得城市间的联系变得纷繁复杂，也改变了城市群的空间扩张模式。早期，在交通网络不够发达时，城市群一般是沿交通轴线扩张，随着交通网络体系不断发展完善，发达的交通网络体系使得城市间的联系成网状，为城市群的网状辐射扩张奠定了基础。依靠强大的交通网络，城市群内部的联系得到加强，城市的区位条件得到改善。区位是一个动态的概念，随着新的交通网络的出现，部分郊区的可达性及交通便利状况得到极大改善，由此衍生新的交通区位优势。城市群的空间布局也将据此进行调整，并在此基础上形成新的城市，新的城市也将基于本地优势参与到城市群的产业分工，由此呈现新的产业分工体系。多数中心城市形成了各自的都市圈，沿交通干线不断扩展融合，这是都市圈发展的方向。由此导致交通干线两侧集聚众多人口和各种经济要素，并逐渐形成新的经济带。交通网络在区域一体化进程中的作用及影响不容忽视。城市群选择何种交通联系方式主要看先天条件，交通网络的架设基础取决于区内的要素条件。例如：长株潭城市群依据自身条件，选择了以高速公路为主的城际交通体系，轨道交通是高速公路的辅助和补充；而长三角城市群因地域广阔，快速轨道交通才能满足城市间的需求，因此群内建设功能强大的新干线，使城市群有机地连接起来，令人员和物资流通效率大幅度改善。我国的交通网络发达，2020 年，已建成 15 万千米高速公路，3 万千米高铁，它们承担了国内大部分的旅客及货物运输。

（三）增强的开放性

城市群最初是在沿海发展起来的，外向型经济是其发展壮大的主要驱动力。依靠技术进步，城市群发展冲破了地理区位限制扩大再生产的藩篱，但在实现国际交流的过程中，最有效的手段仍然是海运。因此，沿海城市因其地理优势，具有拓展国际市场的优势，也能有效利用全球资源为其经济发展助力。众多港口城市在经济发展后，肩负起经济发展引擎和中心的重任，通过向内地输送技术和其他资源，发挥辐射和扩散作用，在其周边集聚了大量产业和小城镇，最终形成城市绵延带，产业聚集的规模越来越大。因此，开放经济使得沿海城市群具有超强的经济辐射能力，其强大的聚集和扩张能力，是其他中心城市无法媲美的。如上海是全球航运中心，也是全球金融中心等。

（四）竞合共生性

不同规模、不同功能的多个城市在竞争与合作中推动了城市群的形成。随着时间的推移，城市群经济的不断发展，城市群中逐步形成产业分工体系。在这一体系中，每个城市都依据其特色和优势参与分工，并具备相应的功能，承担相应的职责。可以说，经济的不断发展，使得城市之间有了千丝万缕的联系，城市间的依赖度越来越高，彼此间的功能互补、协同程度远高于非城市群经济区域。城市间的合作与联合治理越来越迫切，随着各种跨域问题的出现，单个城市的能力越来越受到限制。单个城市无法解决日益严重的生态问题，也难以独立建设功能强大的基础设施。因此，加强城市政府间合作，协同解决生态治理问题，在城市群内实现对基础设施共建、共享、共治的呼声越来越高。经济新常态下，任何一个城市都无法孤立存在，必须建立多元化的治理机制，才能实现城市群竞合共赢发展。

三、经济新常态下城市群不协调发展状况

作为城镇化的主体形态，城市群也是国家参与全球分工、提升综合竞争力的重要地域空间。城市群的竞合发展在经济新常态下有了突破性进展，呈现出一系列新特征。但总体来说，城市群协调发展依然存在如下问题：

第一，城市群内部城镇体系不健全，城市群核心城市的集聚与扩散效应不够强大，综合经济功能较为薄弱，城市群发展呈现不协调状态。核心城市的影响力和辐射作用对城市群的发展至关重要。大多数严重的结构失衡问题，源于我国城市群内部结构的先天缺陷。以珠三角为例，城市群内部结构比例失调，只有少数大城市和小城市，数量最多的是中等城市，而中等城市在城市群体系中起到承上启下的作用，这一传承环节的缺失，导致整个城市体系存在重大缺陷，城市内部发展失衡现象严重。

我国的行政管理体制以行政区边界为准，任何城市都只能在其辖区范围内行使行政管理权。核心城市尽管在城市群中占据举足轻重的地位，但同样不具备权限和能力进行跨域管理及协调，这限制了其核心作用的发挥。例如，在核心城市进行产业转移和人口分流时，无法按照最优的方案直接将产业转移或人口分流至某个城市，这一过程只能通过政府政策的引导，并依赖于市场的自然选择才能完成。而市场在进行资源配置的过程中很多时候会产生时滞，并且这一过程可能需要不断试错调整，并导致资源的浪费[①]。因此，城市群的协调发展很大程度上受制

---

① 季书涵，朱英明，张鑫.产业集聚对资源错配的改善效果研究［J］.中国工业经济，2016（6）：73-90.

于核心城市的管理协调能力。由于权限缺位和能力不足，核心城市根本无法解决城市群内的重大问题。大城市群中普遍存在的恶性竞争、重复建设、产业结构趋同等问题都需要探寻新的解决方案。从 2005 年开始，南京大学顾朝林教授与辽宁省城乡规划设计院开始了"辽中南地区城市群规划"工作（第二次），对城市群内部各个重要城市重新进行功能定位，同时对产业结构调整、综合运输网规划以及生态环境的空间管制等做出重大策略性的调整[①]。这实质上是突破行政边界限制对城市群协调发展做出的一次重要尝试。

第二，城乡发展不平衡。城市群内的城乡发展水平显然是不平衡的。目前，资本、技术和人才等生产要素以更快的速度、更大的规模向城市聚集，城市正朝着现代化的方向发展，进一步加剧了城乡发展差距。早期，凭借政府政策倾斜、自身的地缘优势，城市发展已达到了可观的规模和程度，并积累了丰富的经验。农村出于各种原因发展较落后，至今仍处于工业化状态。城乡发展不平衡是城市群协调发展中的热点问题。

第三，城市群内部条块分割，影响城市群功能的实现。受我国行政管理体制制约，城市群经济发展具有明显的行政区划特色。分属于不同行政区的城市，其发展目标与城市群整体利益可能发生冲突，这种冲突发展的结果是形成地方保护主义，各城市为了自身利益进行恶性竞争，设置贸易壁垒，阻碍生产要素的自由流动，影响资源的优化配置和高效利用[②]。这种局势的发展将严重影响城市群整体利益，阻碍和限制城市群协调发展。

受行政区划和地方利益的影响，我国各地的城市群规划并未形成制度化的安排，大多停留在学术论证阶段。统一规划的缺失，中介组织的缺位，导致城市群的整体规划与城市群发展严重不匹配，规划远远滞后于城市群发展。由于缺乏统一规划与协调，城市间的合作只是偶然现象。尽管城市间会就某些领域进行合作，但这种合作具有临时性和短期性。城市间更普遍存在的现象是，为了自身利益而

---

① 李蕾.关于辽中城市群空间结构产业机理分析研究 ［J］.科技创新导报，2010（1）：6.

② 李克桐.城市群协调发展实证测度及阶段划分 ［D］.暨南大学硕士学位论文，2015：78-89.

进行恶性竞争、重复建设，导致城市群整体效率低下、资源浪费，偏离了可持续发展的目标，并出现城市群发展不协调的状况。

综上，经济新常态下城市群的演变发展呈现出新的特征，城市群得到空前发展，但依然存在发展不协调的状况。本书认为，城市网络化发展条件下，要积极运用核心首位城市的优势，积极推动城市群内部功能整合，促进城市群协调有序发展。下面本书将进一步分析经济新常态下城市群协调发展机理。

第二节 经济新常态下城市群复合生态系统协调发展机理

正确处理城市群与城市间的关系，对于推动城市群的发展至关重要。经济新常态下，任何城市都不可能孤立存在。作为空间经济的增长极，城市群的发展离不开城市间的互动、竞争与合作。城市间的这种密切联系因城市发展阶段不同而呈现不同的特征。我国幅员辽阔，城市群的先天条件也具有极大的差异，资源禀赋、产业分工状况各不相同。可以说，差异化是城市群的基本空间特征。剖析城市群内在发展机理时，要注意强调各城市群的共性，以便从中提炼具有代表性的城市群协调发展机理。下面将从城市群协调发展的主体及客体、发展过程、动力机制等方面着手分析，探寻城市群复合生态系统协调发展机理。

一、城市群协调发展的主体及客体

资源禀赋、产业空间布局、重大项目的投资以及跨域基础设施的统一规划建设等均会影响城市群协调发展。本书认为，研究城市群协调发展问题，首先要明确城市群系统中的主体、客体以及主客体之间相互作用产生的协调效应。

城市群系统的主体指在系统功能中能够主动发号施令、发挥主观能动性的参与者，客体指在系统功能中只能依靠接受外界指令才能发挥作用的对象。资源－环境－经济－社会四要素构成了城市群复杂系统，各类主体的积极参与是城市群协调发展的必要前提条件。本书认为，城市群系统中的主体主要有四类：市场、城市／政府、企业／居民、非政府组织。客体主要包括资源子系统、环境子系统、经济子系统、社会子系统四个。

（一）主体分析

城市群系统中的各类主体彼此限制、相互依存，为实现城市群协调发展目标而贡献力量。其作用机理体现在与城市群协调发展的关系中，阐述如下：

1. 市场与城市群协调发展

空间聚集可以产生规模效应，降低生产和创新成本，促进企业实现利润最大化目标，刺激经济增长，从而产生向心力。城市企业数量的增加，加速了资本与劳动力聚集，同时也扩大了市场规模。企业在选址时通常会考虑距离市场的远近以及市场的规模，一般来说企业偏好具有较大市场的地区，这进一步强化了经济活动的空间聚集，并直接导致制造业中心的形成，促进了城市群内各个城市的个性发展。而在创建企业之初，创业者出于成本考虑，大都将厂址、店铺选择在最具成本优势的地区，即劳动力成本最低、运费最低、租金最低等，同一选择的结果也必然产生集聚。而聚集将改变区域优势，经过若干年竞争，上述成本逐渐上升，优胜劣汰继续留在这个区域的企业，经营者考虑的就不再是低成本了，因为区域的优势已经不再是低成本，而是聚集带来的规模经济效应。

然而，过度集聚又会提高生产和创新成本，这使得新企业倾向于在该区域的边缘选址，这种离心力将推动城市空间扩散。尤其是全球经济一体化后，资本加速流动以及劳动力市场的活跃，导致经济空间同质化，与城市群内的城市组团及企业分散化特征相联系，新的开发区不断形成，促进了城市群的形成与发展（Sassen，2004）。市场力量主要以产品生产与流通的比较利益为原则，加快城市、开发区与市场相互协调。例如，新加坡在20世纪七八十年代已经通过比较利益获得了东南亚的巨大市场，甚至占领了世界市场，经过20多年市场体制的完善，形成城市建设新区和工业区，促进了城市的成长。渐进政策扶持高技术发展，包括再研发、创新，建立相关的机构，通过教育和再培训协助政府，并关心支持民众掌握新技术。这一范例已推行到中国的苏州、昆山、深圳、天津等地，以及东南亚许多国家（泰国、印度尼西亚、马来西亚、越南等），并与城市发展紧密结合。

可见，强大的市场是城市群协调的基础，通过市场配置资源，可以提高资源利用效率。若城市内具有高质量的劳动力、相关配套服务、各种物质和信息的投入产出联系等，低成本、高利润的知识密集型产业就会集聚于此。

2. 城市／政府与城市群协调发展

作为城市群协调发展的主体，城市被大量研究所忽略。已有研究多数从产业规划、行政层级等纵向上寻求协调方案，没有考虑行为主体，很少将城市作为独立主体分析。对于城市群发展过程中关注的问题，诸如各城市间的贸易壁垒、同质化低水平竞争、重复建设等，更多的是从经济、制度、文化、行政资源等方面进行分析，忽略了城市是其中最为重要的主体，其行为主要受城市中不同利益集团偏好的影响和制约。政府作为城市的代表，主要作用在于运用至高无上的权力引导、规范、稳定市场发展。当然，政府对经济的干预必须遵循市场规律，按市场发展要求来创设制度、规范市场环境，并在必要时提供公共产品以弥补市场供给的不足。政府发挥作用的领域主要在市场失灵的公共产品提供上，因此，政府可以投资建设基础设施、投资公共事业、投资环境治理等领域，从而促进城市群的协调发展。

由于行政区划的限制，各个城市政府制定的政策不同，这些政策通常只考虑本辖区内的情况，可能造成重复建设等一系列问题，因此，城市群的协调必须借助政府协作才能完成。政府可以根据本辖区内的产业特点、竞争优势、人力资本状况和利用资本市场的能力，制定各自的发展战略以协调城市群发展。在韩国、新加坡、日本与欧洲发达国家，城市群、社区与环境协调发展及其产业经济整合等方向都得到了政府的有力支持。政府的作用不在于使用权力去支配资本与人力，而在于组织协调社会各方面的力量，以改善城市与区域发展的人居环境并提高民众的福利水平（McGee and Robinson，1995）。城市群协调政策主要涉及以下方面：强化核心城市对经济、产业的聚集功能，加强对周边城市的辐射带动作用；引导城市立足本地优势，重点发展主导产业，推动城市群经济增长；从综合服务功能，包括信息化、人才、国际交流、城市环境等方面完善城市功能；为节约资源，避免重复建设，在城市群内统一规划城市产业、基础设施；协调环保问题，提倡城市群内生态环境共治共享。

制定有效的协调组织形式，并出台相关政策和共同准则，切实加强跨域管理。力争实现资源要素、产业分工、环境保护等的跨域治理。统一规划，实现区域基础设施的集约利用，促进区域设施共建共享。政府的力量在城市群协调发展中的作用在珠三角城市群规划中可见一斑。早在 2003 年 3 月，建设部部长对珠江三角洲城市群规划的指导意见就明确指出，要做好珠江三角洲城市群规划及其实施，应把握好以下关系：①必须走新型工业化的道路，有利于经济结构调整；②贯彻可持续发展战略的原则，合理开发利用各种资源，协调生态环境；③统筹城乡建设，充分发挥城乡规划的调控作用；④必须以人为本，加强基础设施建设，改善人居环境。

在规划城市群过程中，政府必须具有前瞻性、全局性、综合性、强制性和连续性，严格把关。政府必须从实现资源空间优化配置的高度，合理引导、科学布局，优化城镇土地利用和空间布局，实现区域企业聚集、产业聚集、人才聚集、技术聚集。在规划过程中，要量力而行，分析区域现有财力，充分了解可供投入的资金、资源，切实提高城市群核心竞争力。

当然，公平竞争的市场环境不能完全依赖计划来培养。政府行为是一种非市场行为，成本与收益并无直接关联，政府行为过度很容易导致资源的浪费和使用不当。因此，政府过多地干预，反而会阻碍城市群的协调发展。

3. 企业 / 居民与城市群协调发展

企业和居民是城市经济活动中的重要主体，作为城市群协调发展的最直接推动者，跨区域、跨界经营的集团企业决策层的作用尤其应受到重视。在经济新常态下，市场经济日益发达，价格、供求以及竞争关系指引着企业遵循市场经济规律，不断从时间和空间两个维度调整资源分配，从而在城市群间实现资源的优化配置。行为经济学的大量研究表明，企业和居民要实现的目标可以归结为自利目标，具体到城市群协调发展，企业和居民可以通过迁入或者迁出一个城市来表达自己对城市的偏好。城市化水平高、城市配套基础设施完善等条件，都会吸引企业和居民聚集于此。

4. 非政府组织与城市群协调发展

非政府组织不同于政府部门、市场部门，约翰·霍普金斯大学莱斯特·M.塞拉蒙（Lester M. Salamon）教授将其定义为：一般将具有组织性、民间性、非营利性、自治性、志愿性和非宗教性特征的组织称为非政府组织。非政府组织因其在解决市场失灵和政府失灵问题中的作用而受到广泛关注。常见的非政府组织有社会中介组织、各种基金会等。基于共同价值观而建立的非政府组织，由于没有被赋予行政职权，无法通过行政命令方式获取资源，其获取资源的方式主要是协商与承诺。非政府组织主要是在生态治理、行业准则、基础设施等城市群跨域治理问题的解决中发挥协调作用。

制定城市群规划，根据市场需求配置资源和合理利用人力、物力资源十分重要，政府的力量表现在宏观调控与相互协调中，但必须团结民众团体的力量，充分体现民意。在中国社会主义市场经济体制还不完善之时，政府通过多种形式，征求民众意见，特别是依靠各个学科领域的专家评议征求意见。在规划珠三角城市群前，珠江三角洲地区不足 5×10^4 平方千米的范围内，已经有香港、广州、深圳、澳门等国际机场，还有佛山、惠阳等国内二级机场，但在 1994~1998 年，又重复建设了珠海国际机场，耗资 20 多亿元[1]，建成后与邻近的澳门、深圳、广州机场争夺客源，造成珠江三角洲几大机场的利用效果很低，经济效益差。这就是不顾市场比较利益的原则，不顾民众、专家的反对意见，单纯地追求地方利益，只顾眼前利益所造成的后果。在我国的一些经济发达地区尤其是大城市群内，还有不少重大基础设施的规划建设，例如港口码头、高速公路站场、加油站和电厂等，因地方政府间缺乏合作与协调，造成有限的资金与人力、物力资源浪费。因此，我们认为，城市群规划与协调，必须重视民众、专家的正确意见，只有这样才有利于大地区范围内的资源合理开发利用，有利于每个城市的分工协作。

---

① 胡琼琼，张谦. 产业结构转型升级与优化促粤港澳大湾区经济高质量发展［J］. 环渤海经济瞭望，2021
（1）：25-26.

经济新常态下，必须充分调动各类主体参与到城市群协调发展中，充分发挥不同主体的作用。

现实生活中，城市群内城市间的联系体现出多方面和多层次的特点，本书将这些联系内容归纳为以下方面：

首先，各城市政府官员基于自身利益存在激烈的政治博弈和制度竞合。税收收入的来源、财政预算的分配、政府转移支付都是城市间争夺的对象，城市间制度的竞合也体现了基于政治权利的某种利益分配，这些都是城市群协调发展不可忽视的重要因素。

其次，城市间针对生产要素的竞合。城市群内资源和生产要素的有限性决定了城市间为了争夺生产要素势必展开激烈的竞争，例如，城市争相采取招商引资、"筑巢引凤"等措施，这种针对要素和资源而展开的竞争已成为城市间普遍联系的方式。

最后，城市间在产品市场上的竞合。城市群内部城市间在产品市场上的竞合，主要体现在各城市为了自身利益最大化，一方面拼命争夺资源，致力于发展主导产业，实行地方保护主义，甚至在城市间设置贸易壁垒等；另一方面，为了受益于整体经济规模效应以及市场一体化，城市间也会采取各种方式进行合作。

由上可知，城市与城市之间通过政治制度、要素市场、产品市场产生互动、彼此交织、相互影响。

城市内部不同主体间也存在着错综复杂的联系，下面分别阐述。

（1）政府与居民的关系。可以将整个社会看作是一个利益交换的流动网络。在外国，城市内部居民与政府之间存在着公共设施与选民同意的交换。虽然我国的选举制度与国外的选举制度有别，但经济和政治生活中的交换依然很普遍。任何政府都需要得到辖区内居民的支持，有了居民的支持，政府的政权才能巩固和稳定。辖区内居民支持政府工作，服从管理，不会因意见不合而上访，而政府也将回馈居民，通过建设良好的公共设施等方式为辖区内的居民谋福利。城市间人口因各种障碍的存在而无法实现完全自由流动，但处于不同城市间的居民依然存在迁徙自由[①]。在目前的经济环境下，户籍并不构成迁徙的限制，无论是高收入人群还是低收入阶层，都有选择城市的自由。人们在城市间不断迁移就是为了追求更好的就业机会，为了获得更好的教育机会或者说为了追求更高的生活品质[②]。所以，居民在城市间的迁移实际上是在选择城市能够带给他们的各种机会。因此，城市的收入水平、教育机会、公共设施等都会影响居民迁入或迁出城市[③]。而居民在城市间的选择又反过来影响所在城市居民的收入水平和教育机会以及房地产价格。这些因素通过直接或间接方式，改变城市经济的发展水平，最终，政府的财政收入也会受其影响而发生波动。

由以上分析可知，城市内部政府与居民之间的相互作用会作用于城市的各个方面（例如公共基础设施、资本丰盈程度、社会信任、政府政策、教育水平、公共服务水平）。只有城市协调发展，政府和居民的关系才能融洽。

（2）政府与企业的关系。企业在城市的聚集对于城市的发展至关重要。企业不仅解决了大量居民的就业问题，而且企业纳税已成为地方政府财政收入的重要来源。我国目前的政府官员绩效评价机制使得城市政府希望辖区内的企业能创造更多的GRP，即提供更多的就业岗位。早在20世纪80年代，中央政府就着手引进和完善税收制度，在税收分权体制下，地方政府对辖区内企业拥有管理权，同时，企业的税收大部分会缴纳给地方政府，只有少部分比例上缴中央国库。这种制度使得地方政府拥有对辖区内企业的绝对控制权，辖区内企业数量越多、利润越高，地方政府能够分享的财政收入越多。因此，地方政府有非常强烈的动机留住本地企业，阻止企业迁出本辖区，并想方设法帮助企业成长并实现利润最大化，以此增加政府的财政收入。企业的区位调整过程其实是企业迁移的决策过程。企业作为利润最大化的主体，在决定是否迁移时必须权衡收益成本，只有当目标城市与现有城市间的收益差的贴现值大于企业迁移成本时，企业才会从现有城市迁

① 刘璐，逯进. 山东省人口结构、产业发展与经济增长的耦合度分析［J］. 青岛农业大学学报(社会科学版)，2017，29（4）：48-56.
② 师博，张新月. 技术积累、空间溢出与人口迁移［J］. 中国人口·资源与环境，2019，29（2）：156-165.
③ 王国霞，李曼. 省际人口迁移与制造业转移空间交互响应研究［J］. 地理科学，2019，39（2）：183-194.

移到目标城市。

企业在不同城市间的选址迁移，会推动政府主动为企业发展营造良好的环境。为了吸引企业前来投资、增加就业岗位，政府应当努力提供完善的基础设施、制定健全的法律制度、营造统一开放的市场环境，以增强本辖区的竞争力和吸引力。

（3）居民与企业的关系。企业与居民之间因为产品生产和消费而密不可分。在产品生产过程中，居民作为劳动力进入企业任职，为企业提供各项劳动，生产各种产品或提供服务，企业则支付工资给居民。居民之所以选择辖区内的企业，是因为企业支付的报酬能够使居民实现效用最大化。一旦其他城市的企业承诺了更好的工作待遇和福利，居民就会选择到其他城市的企业去工作，甚至直接在其他城市定居，迁出现有城市。在产品消费过程中，居民作为消费者，可根据自身需求自由选择产品。消费者选择产品的原则是物美价廉，如果其他城市的产品质优价低，更具竞争力和吸引力，居民就会选择购买，本地企业的产品就会被居民放弃。而拥有资本的居民，还可以自由选择投资的区域和产业，如果其他城市有更高的回报率，居民就会向其他城市投资[1]。可见，居民所有的行为都是以自身利益最大化为前提的。

从企业来看，企业可以运用新的运输工具提高效率、加大创新力度改进产品等，为居民提供更好的消费体验。企业可以对员工进行规范培训，为社会人力资本培育做贡献。居民整体素质以及教育水平的提升，不仅促进了自主创业，同时为培育法制传统提供了良好条件，催生了产权界定惯例，提高了整个城市的法治环境和投资环境。

（二）客体分析

资源－环境－经济－社会四个子系统相互依存、相互作用，耦合形成了城市群系统，城市群系统的客体就是四个子系统。

---

[1] 吴连霞，赵媛，吴开亚. 基于SRM-GWR的人口结构与经济耦合机制动静态研究——以江苏省为例［J］. 经济问题探索，2018（10）：95-104.

1. 资源子系统

城市群复合生态系统的物质基础和空间载体是资源子系统，其客观条件规定或限定了城市群发展的形态及其规模。城市群的地域特征依赖资源子系统，主要取决于其自然禀赋，尤其是其生态价值不容忽视，人类活动不能超越资源生态系统的阈值范围，否则其生态价值就会丧失。资源子系统提供城市群发展所需的物质、能量和空间支撑，体现了一定的社会价值和经济价值。城市群的可持续发展，必须遵循资源系统的发展规律。只有资源子系统实现了良性循环，城市群的协调发展才能有保障。

2. 环境子系统

环境是人类在自然基础之上，为了满足自身发展的需要，按自己的意愿通过生产劳动等一系列活动改造自然的结果。作为城市群系统空间支撑的环境子系统，不单指自然环境，它是人类改造自然的结果，是人类在生产活动中打造的适合自己生存的环境空间，以及在此过程中凝聚的精神品质和社会关系。可以说，我们所处的环境都打上了人类各种活动的印记。环境作为城市群发展的空间支撑，也具有生态阈值，城市群的一切活动必须在环境的承载范围内进行。否则，势必使得环境恶化，影响城市群的协调发展。

3. 经济子系统

经济子系统因其再生产创造的经济价值及收入，能够为其他子系统的优化提供经济基础，经济子系统的发达程度决定了环保投入、基础设施建设等的资金规模，它是决定城市群发展规模及质量的重要因素。同时，经济子系统的发展也对城市群发展的规模及功能分工提出了更高要求，城市群的规模等级必须适应经济子系统的发展水平，否则必然阻碍经济发展，最终影响城市群协调发展。

4. 社会子系统

社会子系统涉及人类活动的方方面面，其中人口数量和素质状况是最重要的因素，其他因素因其社会属性作用也不容忽视（主要包括文化、政治、宗教、习俗、种族、阶级、血缘、组织等）。社会网络由各种因素交织而成，并与人类的各种活动共同构成社会子系统。

总之，资源－环境－经济－社会四个子系统，作为城市群的重要组成部分，并非简单叠加，而是在一定的边界约束下，遵循自身的运动规律，相互影响，彼此交换能量和信息，不断进化发展。要实现城市群整体系统的可持续发展，经济系统必须在自然、环境的承载范围内活动，不能为了经济发展而牺牲自然环境，这种粗放式发展模式已经无法适应经济新常态的当下。

二、城市群协调发展过程及其效应

资源－环境－经济－社会四个子系统相互依存，城市群的协调发展是四个子系统间不断协调优化的过程，它是各城市从独立分散状态，汇聚成为系统整体的自重组的动态演化过程，最终呈现整体性、结构稳定性和功能优化性的特点。

城市群系统协调发展过程中的主客体关系框架如图 4-1 所示。

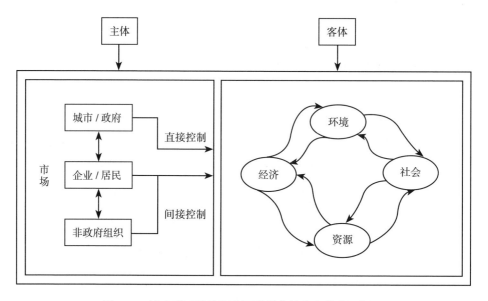

图 4-1   城市群系统协调发展过程中的主客体关系框架

城市群的协调发展过程可以归纳为两种作用的结果，即整合效应和矫枉效应。整合效应是整体超过部分之和的效应，它是指两种或两种以上的组成部分整合后，所产生的作用超过各组成部分单独作用的总和。而矫枉效应是通过矫正发展过程中出现的失调现象以便将失调成本最小化的效应。整合效应是一种正效应，而矫枉效应的作用主要在于防止负效应发生，或将负效应及时转换为正效应；矫枉效应促进整合效应的形成，而整合效应则巩固矫枉效应的成果。具体阐述如下：

（一）整合效应

整合效应在城市群的发展过程中意义重大。假设城市群内某城市 A 的基本数据如下：地区生产总值（GDP）为 R，城市投资为 V，城市运营成本为 C，则城市 A 的年投资收益率 $ROI=(R-C)/V$。

以此类推，可以计算城市群中所有城市 A_1，A_2，$\cdots$，A_n 的投资收益率。在各城市间彼此独立的情况下，城市群整体收益为各单个城市收益的简单加总。即：

$R_T= R_1+R_2+\cdots +R_n$

同样，城市群整体运营成本和投资可以表达为：

$C_T= C_1+C_2+\cdots +C_n$

$V_T= V_1+V_2+\cdots +V_n$

则城市群整体投资收益率为：$(ROI)_T=(R_T-C_T)/V_T$。

如果各城市的运营成本和投资之间互不相关，那么根据上述关系式，可以通过简单加总求得其各自的总体数值。现实的经济运行中，由于规模经济效益和区际分工利益的存在，在城市群总收入不变的情况下，由于各城市间的运营成本和投资高度相关，投资规模大的城市群由于可以实现规模效应，使得其总运营成本可能低于各城市独立运营时的成本总和。即 $R_W=R_T$ 时，可以得到 $C_W \leq C_T$ 和 $V_W \leq V_T$。其中，W 表示城市群体，T 表示由若干独立城市组成的集合体。由此可以得出，当区域收入相同时，城市群的投资收益率高于独立城市的集合体收益率。

由此可见，在投资总额一定的情况下，城市群的协调发展对投资收益率影响巨大。如果城市群中城市体系完善、城市间保持良好的联系与分工合作，那么就可以比那些城市间产业结构雷同、缺乏分工与协作、各自封闭运行的城市群实现更高的收益并维持较低的运营成本。

整合效应体现在以下方面：①城市的高度聚集日益形成一体化市场，城市群内实现市场共享，区际贸易壁垒消除，有利于实现销售运营成本最小化；市场规模的扩大导致大规模生产的实现，有利于城市群内实现规模经济效益；一体化市场日趋多样和复杂，能够降低成本，尽快回收投资，延长产品周期和技术生命期。②城市群内城市空间、交通通信等公共资源的共享，使得公共资源得到充分、高效配置，大大提高了产出水平。③城市群内可以统筹安排投资项目，在减少重复建设的同时还能降低资金成本。④城市群可以整体参与国际分工，统一招商平台，避免城市间恶性招商引资，切实降低成本，增强整体竞争力。⑤城市群内政府职能逐渐转变，政府不再是高高在上的管理者，而是经济活动的参与者和协调者，各城市之间的管理逐步协调，城市间冲突减少，节约了管理成本。

（二）矫枉效应

在城市群协调发展中，矫枉效应指调控城市群中的不协调现象，并将不协调发展的社会成本最小化，最终促使城市群走上协调发展的道路。任何微小的不良机制，如不及时采取措施化解，都可能伤害城市群这个复杂巨系统，严重的甚至导致城市群发展的没落和衰败。矫枉利用有效的管制手段，可以有效防范失调现象的发生。矫枉效应阐释如下：

某城市 A 的 GDP 为 R，城市投资为 V，城市运营成本为 C，假定城市间没有建立良好的协调机制，则城市群的整体收益为：

$$R_T = R_1 + R_2 + \cdots + R_n$$

同理，城市群整体运营成本和投资可以表达为：

$$C_T = C_1 + C_2 + \cdots + C_n$$

$$V_T = V_1 + V_2 + \cdots + V_n$$

则城市群整体投资收益率为（ROI）$_T = (R_T - C_T)/V_T$。

如果城市群建立了良好的协调机制，记城市群的整体收益为 R_C，城市群的整体投资为 V_C，城市运营成本为 C_C，由于存在矫枉效应，则当 $V_S = V_C$ 时，有 $C_C \leqslant C_T$ 和 $R_T \leqslant R_C$。其中，T 为发展不协调的城市群，C 为内部发展协调的城市群。由此可知，当投资相同时，已经建立了良好协调机制的城市群的投资收益率高于内部发展不协调的城市群。

城市群系统的矫枉效应主要产生于五个方面：①完善市场经济制度，促进公平竞争，打破行政区边界及市场分割，破除地方保护主义，优化资源配置，提高资源利用效率和投资收益率；②基于地方资源优势发展特色产业，制定政策扶持主导产业，避免投资失误与产业同构，增强城市产业的竞争力；③统一规划城市群空间布局，科学分配和高效利用空间资源，促进城市群整体有序发展；④为避免重复建设，节约建设资金，对基础设施实行共建、共治、共享；⑤推动政府间合作进行生态治理，节约环境治理成本，优化城市投资环境。

本书构建了城市群系统的协调机理模型，以便更直观地了解城市群系统的协调机理，如图 4-2 所示。

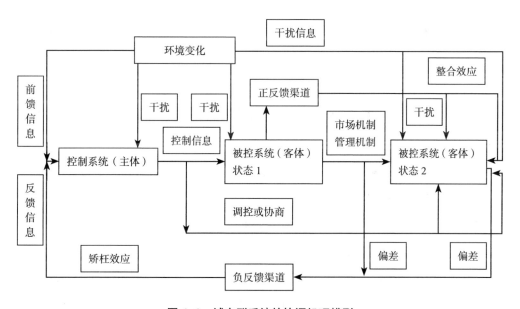

图 4-2 城市群系统的协调机理模型

从图 4-2 中可以直观地看到，控制系统是模型中的主体，主体中城市群各级政府的作用占主导地位。城市 / 政府、企业 / 居民都是市场上活跃的主体，其行为受市场规律的制约，非政府组织主要在政府、市场均失灵的领域，起到沟通、协调的作用，辅助整个系统有序运行。模型中的被控系统由资源子系统、环境子系统、经济子系统及社会子系统构成，在控制系统的指引下，被控系统不断由不协调状态或低级协调状态逐步向协调状态或高级协调状态演化。

图 4-2 展示了城市群系统协调发展的过程。整个系统通过整合效应和矫枉效应起作用。整合效应是积极效应，其作用使得整体功能大于部分之和。矫枉效应的作用主要是防止负效应的发生，在系统运行出现偏差时，及时将整个系统引导回正常的发展轨道。正是两种效应的交互作用，保证了城市群整体系统的协调发展。

城市群是一个开放系统，外界的信息可以自由进入系统。当由于外界环境变化而产生干扰信息时，传递到被控系统就会改变输出信息。同时，干扰信息也会直接传递到控制系统，而控制系统在接收到信息时就会发出控制信息实施预防和调控，这种调控可能发生在被控系统尚未出现目标偏差之前。前馈指干扰信息对控制系统产生直接作用，且控制系统能切实受其影响。前馈控制是一种超前型的负反馈，它的作用在于提前规避，防止可能出现的偏差。其规避依据来源于对系统运行规律及变化趋势的预测。这种预测基于过去的发展经验，后发城市发展过程中，为规避风险，可以借鉴先行发展地区的经验教训，这就是前馈控制的良好案例。

城市群协调机制可以分为两种，即前置式协调和并行式协调。前置式协调中，控制系统依据前馈信息实施调控，这是一种事前控制，在不协调状况出现前就采取措施主动规避风险。并行式协调是一种事中、事后协调，它是在城市群发展过程中出现了不协调发展状况时，控制系统才会采取相应措施改变现有的不协调发展，引导城市群重回协调发展正途。从城市群发展历程看，并行式协调是多数发达城市群采用的协调模式。主要原因在于城市群发展初期，通常更多关注经济发展，而忽视环境治理等非经济因素，一旦这些问题影响到城市发展时，才会被关注，控制系统才会采取解决措施。前置式协调主要在后发城市群适用。原因在于，后发城市群吸取了发达城市群发展的经验教训，意识到环境治理等问题的重要性，通常会提前采取控制措施以规避风险。当然，实践中城市群的发达程度并不是模式选择唯一考虑的因素。我国地域辽阔，各地城市群的发展具有明显的地域特征及历史独特性，在选择协调模式时不能简单套用单一标准。例如，某些欠发达地区城市群（比如中南城市群）在长期的发展过程中，已经累积了大量的不协调因素，各种矛盾一触即发，不能简单套用前置式协调，而应该采用并行式协调。

三、城市群协调发展的动力机制

城市群协调发展是外生动力和内生动力共同作用的结果，它是城市群系统秩序逐渐形成、整体发展能力不断增强的演进过程。

（一）外生动力及其形成机理

外生动力是推动城市群协调发展的外部力量，其影响不容忽视。在城市群协调发展过程中，不能只重视起决定作用的内生动力而忽视外生动力。外生动力主要源于上级政府对城市群发展的直接干预。市场机制自发调节下，城市政府基于自身利益最大化而进行激烈的竞争，这种竞争很可能损害城市群的整体利益。即便城市政府间进行合作，也无法解决城市群发展中涉及的全局性、战略性问题。因此，城市群上级地方政府甚至是中央政府的干预是必要且可行的。政府主要通过制定城市群发展战略与规划并制定相关政策法规来调控城市群的发展，这种调控方式可以引导、规范城市群内各城市间的要素流动、产业分工与合作等各项活动，在整个城市群空间范围内优化资源配置，促进城市群进行生态环境治理。

中央政府作为凌驾于所有城市群之上的主体，代表了所有城市群的整体利益，是城市群协调发展过程中的重要外生动力来源。中央政府能够持续推动城市群协调发展战略，直接影响城市群协调发展的进程和经济空间格局。例如，作为利益二次分配的财政转移支付，在某种程度上具有均衡调节功能，它可以直接影响不同城市群基于经济发展水平的利益格局。然而，城市群利益格局的构建不能完全寄希望于中央政府的财政转移支付，首先，用于转移支付的资金有限决定了其作用空间有限；其次，中央政府的财政转移支付具有事后调整的特征，仅仅是对由生产发展水平决定的初次利益分配格局的微调。除了直接作用，中央政府还通过制定制度发挥间接作用，以此激励与约束企业和地方政府的行为。间接作用的效果受多种因素影响，它取决于中央政府制定的政策本身，政策的设计、针对性都直接影响其作用效果。中央政府与其他政府以及企业间的关系对间接作用的效果有重要影响。为了保障间接作用的效果，必须在它们之间形成良好的互动。影响间接作用的因素错综复杂，这决定了中央政府的间接作用效果具有随机性，并直接导致由此合成的外生动力的作用效果也具有不确定性。

城市群协调发展外生动力通过直接作用和间接作用发挥效果，其形成机理如图 4-3 所示：

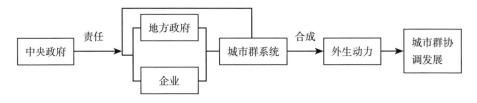

图 4-3　城市群协调发展外生动力的形成机理

由以上分析可知：

（1）城市群协调发展的外生动力来源于城市群系统外部，其中，具有代表性的是城市群协调发展的宏观利益主体——中央政府。

（2）中央政府主要通过两种途径主动影响城市群协调发展：一是直接作用，主要通过制定政策、制度直接改变城市群系统的利益分配格局；二是间接作用，主要是依托与其他利益主体的委托－代理关系，通过影响地方政府和企业的约束与激励机制，进而改变城市间的利益格局。

（3）城市群协调发展的外生动力通过直接作用和间接作用形成，并直接影响城市群协调发展进程。外生动力的这种影响效果具有不确定性，主要是由于合成外生动力的两种作用中，直接作用的影响范围效果有限，而间接作用又带有不确定性。

（二）内生动力及其形成机理

内因是起决定性作用的力量，因而内生动力决定城市群协调发展。内生动力通过外生动力起作用，推动城市群协调发展离不开内、外生动力的融合。内部各城市之间竞合构成城市群发展的内生动力。城市群的发展进程伴随着各个城市之间激烈的竞争，这种竞争在城市群发展初期表现为争夺发展资源，往往导致发展的无序以及整体效率的损失。当然，城市间的竞争也有积极意义，主要体现在竞争引发或强化了城市之间的要素流动，促进了各个城市主动或被动地开放。这种竞争发展也导致了城市间发展环境的差异，并形成了企业跨区域发展的外部条件。为了追求利润最大化，企业逐步构建区域发展网络，根据城市间区位收益的差异，不断迁入或迁出，或者进行跨区域、跨城市发展。要素流动和企业跨区域发展，一方面加速了城市之间的产业分工，另一方面密切了城市之间的经济社会联系。而城市之间分工的深化，必然会推动它们相互之间展开局部或全面的合作。在这样的演进过程中，城市群内部的结构和功能逐渐生成并协调发展。城市群协调发展内生动力的形成机理如图4-4所示。

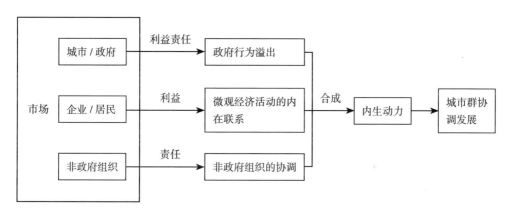

图4-4 城市群协调发展内生动力的形成机理

由以上分析可知：

（1）城市群协调发展的内生动力来源于城市群系统的内部主体，即市场、城市/政府、企业/居民、非政府组织。

（2）企业的目标是追求利润最大化，企业的生产、销售、成长、拓展等各个环节的经济活动都不是孤立存在的。企业、政府的行为造就了城市间不同的市场环境，市场反过来通过自身的力量影响企业和政府的选择。良好的市场能吸引企业和城市的聚集，推动城市群协调发展，反之会阻碍城市群协调发展。非政府组织在城市群协调发展中所起的沟通、协调作用也不容忽视。一个职责明确、沟通能力强的非政府组织将极大推动城市群协调发展；反之，若非政府组织在城市间的沟通协调无法起到应有的作用，则会阻碍城市群协调发展。

（3）城市群系统内部各类主体的合力构成了城市群协调发展的内生动力。由于各类主体的动力方向存在不确定性，它们形成的合力在促进城市群协调发展过程中所起的作用也具有不确定性。

（三）内外生动力耦合机制

内生动力对城市群协调发展具有决定性意义，但内生动力并不是孤立存在的，它与外生动力之间相互交织、彼此重叠，并形成了错综复杂的混合约束动力机制。外生动力影响和制约内生动力作用的发挥；外生动力对城市群协调发展的作用必须通过内生动力才能实现。城市群中利益主体的力量对比，取决于城市群的发展状况。而不同利益主体形成的内外生动力的耦合，决定了城市群的协调发展过程中的作用效应。二者相互作用，循环往复，形成动力演进、不断提升的轨迹。

因而，无论内生动力还是外生动力，在城市群协调发展的过程中都不是独立存在、独立发挥作用的，在二者耦合、相互交融的复杂机制作用下，城市群协调发展的轨迹得以不断推进。城市群协调发展内生动力机制和外生动力机制的耦合如图4-5所示。

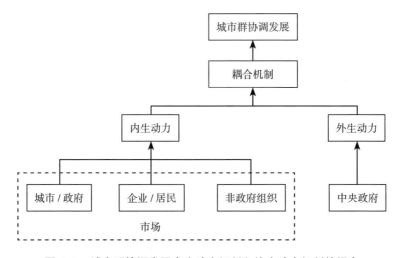

图4-5　城市群协调发展内生动力机制和外生动力机制的耦合

由以上分析可知：

（1）城市群协调发展进程取决于耦合动力的作用，而耦合动力形成于内、外生动力互动联系的过程。耦合动力对城市群协调发展进程起到了加速作用。

（2）城市群协调发展中的各个主体是耦合动力的来源，涵盖市场、城市/政府、企业/居民、非政府组织所有微观、中观、宏观利益主体。

（3）耦合动力形成的根本原因在于城市群协调发展过程中各利益主体之间的利益关联。随着时间的推移，不同利益主体推动城市群协调发展的动力在方向、大小、作用点上也会发生变化，因此动态变化是耦合动力的基本特征，其动态性特征决定了连续且不断变化是城市群协调发展的常态，并且在内生动力、外生动力以及耦合动力的作用下，推动城市群实现更高层次的协调发展。

四、城市群复合生态系统协调发展各影响因素的作用机制

城市群复合生态系统是环境－资源－经济－社会四个子系统相互作用、耦合而成的有机体，只要在各子系统之间建立起催化联系以及功能上互惠互利的双向因果循环关系，城市群复合生态系统同样具有自我复制、自我发展的能力，这将推动城市群系统实现协调发展。

企业和居民的选择行为，以及城市群发展过程中的各个方面，包括城乡功能、城乡体系、产业布局等都会影响城市群协调发展。可见，其内容非常丰富，并且从不同的层面影响城市群协调发展。城市群协调发展的运行模式也必须以循环经济为指引，在内外生动力机制及其耦合机制共同作用下，调动影响城市群协调发展的各个因素发挥积极作用，最终实现城市群协调发展。

影响城市群复合生态系统协调发展的原因大致可以分为两类：

（一）内部原因

城市群的本质是各要素在空间上聚集。影响城市群协调发展的内部原因我们称之为序参量。序参量是系统内部大量子系统的相互竞争、集体运动以及协调发展的产物；序参量在系统中处于支配地位，对系统中的各个子系统起驱动或支配

作用。

序参量的形成有赖于系统内部子系统的关联运动。城市群发展初期，各子系统间表现出独立运动的状态，彼此间不存在合作关系，也不存在关联运动，因而不存在形成序参量的前提条件。随着城市群的发展，系统逼近临界点，促使各子系统发生关联，具备了产生序参量的条件，由此触发了序参量的形成。因此，序参量反映了城市群复合生态系统内部各子系统之间的竞争与合作联系。序参量产生后，将支配各个子系统间的联系方式，推动城市群进入有序发展状态。

在城市群协调发展过程中，序参量是真正决定其发展轨迹的变量。这些变量决定系统的整体演化过程，集中体现了子系统介入协调发展运动的程度。城市群协调发展的序参量主要指决定城市群发展过程中的关键变量，它决定系统结构（包括城市群的产业结构、空间结构、社会结构、城乡结构等）即内部要素的存在状态。

（二）外部原因

影响城市群协调发展的外部原因是控制参量。城市群的发展很多情况也有赖于外部因素，其中最主要的是政府政策。在城市群发展的不同阶段，政府政策所处的地位和所起的作用是不同的。城市群发展的初期更多地依赖政策的支持，随着经济的发展，城市的自组织特征越来越明显，此时，技术、市场、信息等因素的作用凸显，它们取代政府政策成为控制参量。因此，随着城市群的演进发展，政策的作用越来越微弱。

城市群协调发展是竞争与协调不断推动的结果，竞争导致协调，而更高层次的竞争又由协调引发。

由于各城市间资源禀赋的差异，城市群在发展过程中不可避免地会出现竞争。竞争为系统远离平衡态的自组织演化提供了条件。城市间的竞争主要在于各城市发展水平存在差异，城市政府为了自身利益最大化而不断争夺资源，而竞争可能导致差异更大，或者扰乱资源的优化配置，降低城市群整体利益，加剧不平衡发展。因此，有必要在城市群中建立协调机制。协调机制的建立，拓宽了利用资源的渠道，提高了资源利用效率，提升了系统的整体功能和效益，使得城市群系统能够持续发展。

作为城市物质形态的空间蔓延，城市群系统的演化发展受众多因素影响，主体、客体以及主客体间的耦合机制、城市间资源禀赋差异、技术等都会影响城市群的协调发展。本书主要选取以下影响因素进行分析，并分别阐述各影响因素的作用机制。

1. 劳动力推动城市群协调发展的作用机制

由于城市群经济发展的不平衡，劳动力在城市空间的流动日益频繁，劳动者会通过迁入或迁出城市来影响城市群协调发展，这是经济发展的主要特征。城市群劳动力的需求状况直接影响劳动力的供给。如果城市的经济发展速度快，对劳动力的需求就会增加，根据经济学原理，当需求大于供给时，就会推动当地的工资水平上涨，从而引发劳动力的流入。劳动力的流入，缓解了劳动力缺乏的局面。而劳动力供给增加到一定程度，会激化劳动者之间的竞争，工资的涨幅就会受到限制，人工成本就会降低，产品竞争力得到提升，进而推动劳动力流入地区的经济发展。对于劳动力流出的城市而言，我们沿用上述劳动力成本与产品竞争力之间的分析逻辑可以发现，劳动力的流出最终会导致企业缺乏竞争力，并严重影响流出城市的经济发展。

劳动力素质的提高对于城市经济发展有促进作用[1]。而提高劳动力素质可以从两方面着手：首先，从受教育程度看，劳动者的创新能力、发现和解决问题的能力会随着其受教育程度的提高而不断增强，因而可以在不改变劳动量投入的情况下，提高整个社会的产出量。高素质的劳动者具备将新技术转化为现实生产力的能力，伴随着新工艺、新操作方法的出现，社会的产量得到提高。其次，从身体素质看，良好的身体素质能够在不增加劳动者数量的前提下，提高劳动供给的实际投入量。

---

[1] 曾鹏，吴功亮. 技术进步、产业集聚、城市规模与城乡收入差距 [J]. 重庆大学学报（社会科学版），2016（1）:18-34.

2. 资本推动城市群协调发展的作用机制

资本是城市群经济持续稳定发展的必要条件。资本具有趋利性，并且是以利润最大化为目标的。城市之所以能够吸引资本，主要在于城市能够提供更高的资本回报率。投资者在进行投资时，会综合考虑投资收益和风险，而资本具有逐利性，偏好于高收益。当城市投资环境良好，能够提供更高收益时，就会吸引资本流入。资本的流入带来投资的增加，为生产规模扩张提供了基础，进而推动城市群经济协调发展。

3. 自然资源推动城市群协调发展的作用机制

自然资源是人类生存和发展的物质基础，也是社会物质财富的重要源泉。自然资源具有动态性、不可分割性、可用性和区域性。城市群的经济发展与自然资源的丰盈程度密切相关，自然资源的先天缺失会制约城市经济的协调发展，反之，会促进城市经济的发展。

4. 技术推动城市群协调发展的作用机制

技术对城市群协调发展具有决定作用，也是推动创新的重要因素。技术的发展水平决定了生产要素结合的比例，各城市可以依据实际情况选择发展不同类型的技术。城市依据劳动力和资本的丰盈程度分为劳动稀缺型城市或资本稀缺型城市。节约劳动型技术主要适用于劳动力稀缺型城市；资本稀缺型城市应重点发展节约资源型技术。而对于自然资源稀缺的城市，技术的作用应体现在能够充分发挥有限资源的最大效用，推行节约资源型技术。

科技进步对劳动力质量的提高以及劳动手段和劳动对象的革新具有促进作用。科技进步有赖于劳动力素质的提高，而科技进步又要求劳动者不断提高素质。技术进步提高了生产效率，机器在更多领域代替了人工，解放了劳动力，提高了劳动者的整体素质。

5. 产业创新推动城市群协调发展的作用机制

人们的需求结构会随着社会经济发展水平提高而不断发生变化，因而，产业结构能否适应市场需求将直接决定城市群的经济发展。产业必须保持不断的创新升级，才能适应消费者不断变化的需求结构，推动经济发展。

创新是引领发展的第一动力。产业结构必须随着经济的发展而不断升级变革，否则难以适应市场需求。产业结构状态对城市群经济发展起决定性作用，必须主动创新，推动产业结构优化升级才能推动城市群经济发展[①]。产业结构优化升级是合理配置产业中的生产要素，使之实现利益最大化。在经济新常态下，产业结构的优化升级离不开创新驱动，必须加快构建以创新为支撑的产业体系和发展模式。城市群经济的发展需要创新的产业结构来推进。为适应城市经济的发展，产业结构调整的方向是以市场主导，创新驱动，逐步提高第三产业的产值和比重。产业结构的合理程度直接影响城市群经济发展状况。良好的产业结构将推动城市群经济快速协调发展；反之，会阻碍城市群经济发展。

6. 基础设施网络推动城市群经济发展的作用机制

基础设施是城市群协调发展的重要载体，是推动城市群协调发展的重要支撑，对于连通城市间的交流、缩小城市间发展差距、优化空间布局、提高资源空间配置，意义重大。

城市群间基础设施尤其是交通网络的互联互通，有利于形成优势互补的高质量的经济空间布局[②]。基础设施的建设为提高城市及城市群综合承载力提供了关键支撑，为城市群经济的发展奠定了良好基础。完善的基础设施，将增强城市的集聚能力，推动城市间的资源优化配置，进而提高劳动生产率，推动城市群经济发展。

企业和居民在城市间迁移的主要动力是实现利润最大化或效用最大化。为了吸引企业和居民的迁入，城市政府应致力于完善基础设施、打造良好的城市环境、创建公平的竞争环境，切实提高城市竞争力。

7. 城市群与城市间的互动推动城市群协调发展的作用机制

城市群与城市间的互动具有广泛的内涵，不仅包含城市群与群内单体城市间的互动，也包括群内城市间、城市与其他城市群间、群内群外城市间、城市群之

---

① 于斌斌. 中国城市群产业集聚与经济效率差异的门槛效应研究［J］. 经济理论与经济管理，2015（3）：60−73.

② 吴传清，李浩. 关于中国城市群发展问题的探讨［J］. 经济前沿，2003（3）：23−24.

间的互动。

城市群与城市之间的互动需要满足差异性、相关性和可及性三个条件。其中，差异性是两者互动的基本条件，这是前提，如果没有差异，互动就不可能发生。为了促进城市群的协调发展，有必要加强城市群与城市之间的互动，这种互动内涵丰富，包括所有城市间的相互作用。城市群与城市间的互动，对于二者时空感和空间秩序的建立具有促进作用，对于城市群之间的融合发展也至关重要。城市群融合为有机整体，形成一定的功能和空间结构，促进要素间的最佳分配，从而使它们能够在最合适的区域空间中充分发挥作用，并增强城市与城市之间的等级和秩序感，促进城市群与城市群之间的有机融合。它具有特定的功能和结构，即城市群的经济形式，最终实现城市群的共同发展。

随着经济的发展，城市的集聚功能日益明显。集聚给城市经济发展带来了更多的资源，为城市规模的扩大奠定了基础。为了共享动态的集聚带来的经济发展推动力以及协同发展效应，城市之间必然通过竞争与合作发生密切联系。城市之间竞争本质上是为了争夺发展资源，主要表现在城市投资环境尤其是可流动生产要素之间的激烈竞争。例如，经济发展相对落后的城市，可以实施税收减免等各项优惠政策吸引人才等资源迁移至本市辖区内，这将促进城市经济发展，摆脱贫困落后的现状，提高城市的综合经济实力，使之不仅有能力承接发达地区相关产业的转移，还能切实提高本市辖区内居民的生活水平和福利状况。随着时间的推移，我国城市间的竞争愈演愈烈，而且竞争的具体方式也有所变化。在分税制改革之前，由于资源由国家统一调配，城市间竞争的焦点是如何争夺更多的计划配额，争取中央资源分配的倾斜；在分税制改革后，由于每个城市都是独立的利益主体，城市间除了争夺国家发展政策和项目的倾斜外，更多的是通过自身的努力，营造良好的投资环境，制定各种优惠政策以吸引高素质人才、资本等各项生产要素的流入。在推动城市经济发展、促进政府创新和制度变迁上，城市之间的竞争起到了至关重要的作用。当然，城市间的竞争必须适度有序。城市间的竞争是一把双刃剑，必须充分发挥其积极作用，并将城市间的竞争控制在合理范围内，否则将产生一系列消极影响，不利于城市群经济协调发展。

城市之间的竞争主要从以下方面推动城市群协调发展：第一，城市政府间的竞争促进城市群经济协调发展。城市之间的竞争很大一部分是基础设施和相关配套产业之间的竞争。一个基础设施完善、产业配套环境良好的城市，自然可以吸引企业、人才等资源的聚集。因此，为了提高竞争力，城市政府通常会将大量的财力物力投入到交通、环境等基础设施中，在完善基础设施的同时，致力于产业配套的建设，并围绕主导产业构建有效的产业链和良好的经营环境，推动城市产业的集群化发展，实现城市群协调发展。第二，城市之间的竞争有利于推动城市群创新发展。城市的制度大多涉及公共设施和公共服务，城市群中某个城市的制度创新，惠及的不仅是本辖区内居民，周边城市的居民或者说整个城市群内的居民都可能因此而受惠。因此，一个城市的制度创新，带来的是整个城市群的经济发展与进步，并引发城市群内所有城市的制度变迁。可以说，城市之间为了应付激烈的竞争所做的各项制度探索，能够提高资源的配置效率，促进各种要素在城市间自由高效流动，并最终推动城市群演化进程。

城市竞争是把双刃剑，它对城市发展产生的不利影响主要表现在以下方面：第一，竞争可能导致资源浪费，如公共设施浪费及重复建设问题。城市在发展的过程中，基于自身利益最大化，往往采用扩张性的策略，盲目投资、重复建设，很容易造成公共设施和大量资源的浪费。城市长期进行的低水平重复建设，不仅浪费了大量人力物力财力，而且直接导致了供大于求，阻碍了技术的进步。第二，过度竞争影响了城市之间正常的经济秩序。为了提高竞争力，拉动城市GDP的增长，城市政府出台出让土地、税收减免等一系列优惠政策以吸引投资，甚至为了招商引资不惜采用不正当竞争手段，铤而走险，违反国家有关政策甚至触犯法律。此外，为了维持城市在竞争中的优势地位，保护地方利益，实践中，城市政府采取各种行政手段干扰正常的市场竞争和资本流动，形形色色的地方保护主义层出不穷。第三，长期低效竞争没有任何积极作用，反而使得城市竞争力不断下降。城市为了追求自身利益最大化，往往忽视城市群的整体利益，只强调竞争完全不进行合作的行为，已经严重影响了正常的经济秩序，阻碍了城市群的协调发展。

在城市群的协调发展过程中，城市合作关系至关重要。

城市群经济在世界各国的发展实践证明，政府间的合作对于处理跨域公共问题非常有效 [1]。尤其是城市群内产业结构的优化调整、道路铺设、公共交通等公共基础设施的建设，城市群环境的保护和治理等都离不开城市间的合作。城市间的合作能够打破地方保护主义的藩篱，加速资源要素的有效配置和商品流通，促进城市之间的协调发展，促进跨域治理模式的实现。

基于要素禀赋理论，每个城市都有自身的资源优势，而城市间的合作能够取长补短，最大限度地发挥城市的优势，实现资源的优化配置。因此，城市群发展过程中要立足城市间的资源优势，发展产业特色，以此为基础参与城市群的分工协作，促进城市群协调发展。

城市合作推动了区域性组织的出现，促使城市群发展呈现多中心、网络化的良好发展态势。如果没有合作，各个城市均采取闭关锁国的政策，只能充分利用自身的资源优势发展经济，城市之间缺乏交流，信息闭塞，长此以往，容易出现诸侯经济，不利于城市群经济的协调发展。在城市合作基础上产生的区域性合作组织，扩大了城市间交流的范围，也能够协助解决城市发展过程中出现的各种跨域问题。城市间的关系是互惠合作的，有利于城市群整体经济的协调发展。

同时，城市群经济协调发展也对城市间合作提出了新的要求。世界各国经济发展表明，城市群经济的发展必须依靠城市间的合作来推动。在城市群经济发展过程中，各利益主体的诉求不尽相同，存在一定的利益冲突。为实现自身利益最大化，合作过程中难免出现各种矛盾，因此，城市政府应强化合作机制，指导利益主体在追求自身利益最大化的同时，能够兼顾整体利益，并通过彼此的有效合作对市场进行科学、合理的调控，推动城市群经济协调发展。

---

[1] 王士君.城市相互作用与整合发展的理论和实证研究［D］.东北师范大学博士学位论文，2003：1-35.

8. 企业推动城市群协调发展的作用机制

城市群与城市之间的相互作用构成了城市群协调发展的宏观助力，而企业活动是城市群协调发展的微观动力。因而，充分调动企业的积极性，引导企业发挥积极作用，对于推动城市群协调发展意义重大。

城市作为企业及实体竞争的场所和载体，其发展受制于企业等实体的活动及行为。作为城市经济活动主体的企业，其发展状况直接影响居民的生活质量以及城市群经济发展。企业为了追求自身利润最大化，会综合利用人才优势、资源优势等，不断革新提高生产效率，降低生产成本，提高管理绩效。这些都有利于企业利润最大化目标的实现。企业利润增加了，缴纳的所得税也会相应增加，有利于提高政府收入，增强政府管理城市、协调经济的能力。同时，员工作为企业利润的贡献者，可以通过薪资福利的增加来分享企业的经营成果。员工收入增加意味着城市居民的消费能力提高，体现在市场上就是消费者的购买力增强了，有利于促进市场繁荣。可见，企业的经营状况直接影响城市经济的繁荣程度，对城市群的协调发展具有直接的推动意义。

不同城市在竞争发展过程中，应注重结合本地优势培育明星企业，避免产业同构，才能实现城市群协调发展。企业作为经济活动的基本主体，通过自身追求利润最大化的经营活动为城市创造税收，并带动城市群整体经济的发展。企业主要通过两条途径带动城市经济发展：

第一，企业的发展活力和创造力，直接推动城市群经济高质量发展。企业经营状况良好，利润不断提高，能够直接增加城市 GDP，增加城市政府的税收收入，提供更多工作岗位、改善就业状况，提高居民的收入水平、增强消费能力，进而拉动新一轮的经济增长。此外，企业的活力及创造力会波及整个产业链，由此带动整体产业链上下游企业的创新发展，进而影响城市内所有企业的创新路径，为城市经济的发展注入活力和创造力。随着经济的发展以及城市化水平的提高，人们越来越意识到企业集群对城市经济、国家经济的重要意义。企业集群发展模式是提高产业竞争力、实现城市群持续发展的重要途径。企业集群模式能降低企业运行成本，提高企业抗风险能力。当某地区位条件发生变化时，企业为了生存必然选择迁移，而迁移的成本相当高。如果能够在产业链中相关企业间建立互助合作的良性竞争关系，那么就会在特定区域形成企业集群和产业集群。企业的这种集群式发展不仅能够实现规模经济效应，也能够大大提高抗风险能力。一座有活力、竞争力和吸引力的城市，离不开企业集群或者产业集群的发展。

第二，企业的发展也会间接促进城市群的协调发展。企业发展得好，必然实现较好的经济效益，并获得较高的知名度[①]。这些企业将成为城市的核心企业，引领城市企业的发展，并指明了专业化发展路径。企业以及城市都应基于自身优势，发展特色产业，并以此参与城市群的产业分工体系，促进城市间的分工与合作；产业聚集有利于形成城市品牌效应，为城市和城市群带来了较高的声誉，推动城市政府改善经济环境、投资环境，增强城市对投资的吸引力。

9. 生态环境因素推动城市群协调发展的作用机制

生态环境对于城市群协调发展的作用日益受到关注。城市生态环境对于城市居民的居住体验具有直接影响，由此影响城市对企业和居民的吸引力，影响城市的集聚能力和竞争力，并最终波及城市建设和城市群的协调发展[②]。城市群经济发展与生态环境之间存在一定的替代关系。在城市群发展的初期，很多城市群选择了以牺牲生态环境为代价，换取经济增长的模式。这种发展模式一旦突破一定的阈值，就会对生态环境造成巨大的破坏，而生态环境一旦破坏则难以修复，治理成本极高，人类也终将为此付出惨痛的代价。从长远来看，不利于城市群协调发展。目前，越来越多的城市强调加强生态建设，新时期城市的发展方向也逐渐转变为生态城市。可见，良好的生态环境能够增强城市的集聚能力，促进城市群协调发展。而城市群发展到一定程度又为生态环境的改善奠定了基础。二者的协调发展是大势所趋，也是经济新常态下先进的发展理念。

① 陈馥利. 城市群城际间居民出行行为特征研究 [D]. 长安大学硕士学位论文，2010：80-82.
② 陈金英. 中国城市群空间结构及其对经济效率的影响研究 [D]. 东北师范大学博士学位论文，2016：105-107.

第三节　经济新常态下城市群系统的协调机制模型

城市群是一个内部功能错综复杂的巨系统。在理顺城市群协调发展机理的基础上，本书借鉴系统论等科学理论方法，构建了城市群协调发展机理模型，并依据协调发生的时点不同，将城市群协调关系划分为两种类型，即并行式协调与前置式协调，并分别构建了两种协调机制模型。模型的构建直观展示了城市群的协调发展机理，以便为后续提出城市群协调发展的对策建议打下基础。

一、城市群系统的并行式协调模型

并行式协调模型是一种边发展边治理或者先发展后治理的模式，主要适用于我国发达地区城市群。发达地区在发展的初期，往往重发展而轻治理。改革开放40多年来，发达地区经历了我国经济的高速发展时期，并牢牢抓住这个机遇，发展成为最发达的经济区域。由于经验匮乏，相应的协调机制没有制定，导致城市间不协调发展状况十分严重，长年累积下来的矛盾一触即发。因此，发达地区城市群不得不放慢发展的步伐，正视城市群的不协调发展现状，探寻协调发展之路。因此，并行式协调是一种边发展边治理或者治理在后、发展在前的协调发展模式。为了阐述其内部工作机理，在前述城市群协调机理模型的基础上，构建城市群系统的并行式协调机制模型如图 4-6 所示。

并行式协调机制的调控主体是各级政府，政府在调控过程中发挥主导作用，其调控的方式包括制定相关制度政策、组建协调机构等。并行式协调是一种事中、事后协调，因此，只有在出现了不协调状况时政府才会采取调控措施。例如，当环境污染严重时，政府组建专门的机构负责城市群中的环境治理问题，并在城市间建立生态补偿机制，促进城市群整体协调发展。但由于其调控措施具有滞后性，因此，通常协调难度比较大，甚至付出的代价也非常大。这种调控难度在落后地区尤为突出，相对于欠发达地区，在经济系统领域内的发达地区更容易实现协调目标。

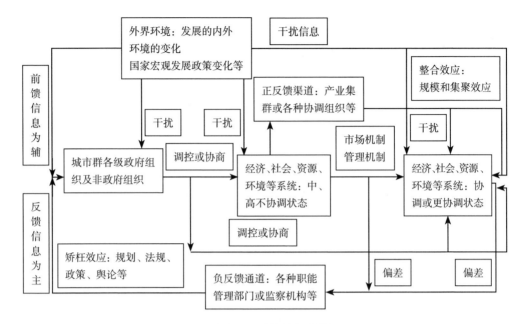

图 4-6　城市群系统的并行式协调机制

二、城市群系统的前置式协调模型

如前所述，欠发达地区城市群由于调控难度大，主要适用于前置式协调。前置式协调是一种事前协调。它不同于事后协调，通常在不协调发展状况尚未出现时，控制主体就主动采取措施避免风险。在欠发达地区城市群内，城市发展水平普遍不高，城市间各自为政，尚未建立广泛而密切的联系，城市间的矛盾不多，各种不协调状况尚未出现，或者处于萌芽状态。很多在发达地区普遍存在的资源浪费、重复建设等问题并未出现，城市间发展总体较协调。同时，欠发达地区城市群发展在发达地区之后，可以吸取发达地区的经验教训，由此决定可以采取前置式协调，以规避发达地区先发展后治理付出的巨大代价。综上，构建前置式协调机制模型如图 4-7 所示。

两种协调机制的差异主要体现在以下方面：首先，被控系统的状态不同，前置式协调模型中，在不协调状态出现前就采取协调措施，不协调状态尚未出现或者不明显；而并行式协调是在被控系统已经出现不协调状态甚至不协调状态已经非常严重时才采取调控措施，因而可能会付出比较高的治理成本。其次，调控的

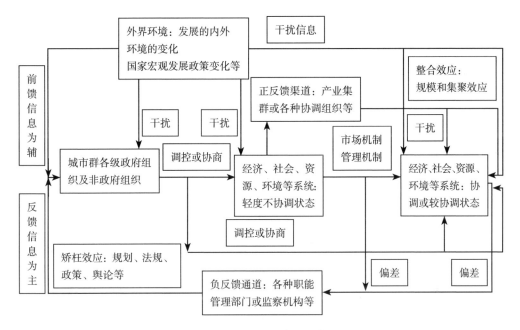

图 4-7　城市群系统的前置式协调机制

时点或依据不同。前置式协调属于事前协调，在不协调状态尚未发生或者还不明显时就主动采取措施进行调控。调控的依据不是不协调状态，而是吸取发达地区发展的经验来实施调控。欠发达城市群作为后发地区，经济发展水平较落后，相对来说资源环境几乎没有受到破坏，基本保持了原生态，并且，在发展过程中大多采用前置式的事前协调，避免了因先发展后治理而付出的巨大代价。因此，在欠发达城市群政府很容易实现协调发展目标。但这距离城市群自然－经济－社会整体系统的协调发展还有较大差距。欠发达城市群受制于经济发展水平不高，城市集聚能力较弱，政府必须花费更多的精力去打造良好的城市基础设施，营造完善的市场环境，才能有效增强城市集聚能力及吸引力，推动城市群协调发展。

第四节　本章小结

城市群是一个内部功能错综复杂的开放巨系统，本章研究了经济新常态下城市群协调发展呈现出的新特征，并从城市群协调发展的主体及客体、过程及效应、动力机制、运行模式及各影响因素的作用机制等方面分析城市群复合生态系统协调发展机理。经济新常态下，城市群呈现出总体稳定、局部调整的发展态势，并且呈现出高度的集聚性、发展的网络化、增强的开放性以及竞合共生性等不同于以往的新特征。新经济形势下尽管城市群得到空前发展，但依然存在发展不协调的状况。在全球城市网络化发展的前提下，城市间的联系日益密切，城市群的协调发展逐渐提上日程。本章研究表明：①城市群协调发展是多种因素共同作用的结果，城市群系统中的主体主要有四类：市场、城市/政府、企业/居民、非政府组织。客体主要包括资源子系统、环境子系统、经济子系统、社会子系统。主客体共同推动城市群协调发展。城市群的协调发展过程可以归纳为整合效应和矫枉效应两种效应共同作用的结果。②城市群协调发展是内生动力和外生动力共同推动的结果，它是城市群系统秩序逐渐形成、整体发展能力不断增强的演进过程。城市群协调发展的内生动力和外生动力相互联合、相互作用并最终形成了耦合动力，耦合动力加速了城市群协调发展的进程。③城市群复合生态系统超循环运行模式必须以循环经济为指引，在内外生动力机制及其耦合机制共同作用下，调动所有影响因素发挥积极作用，最终实现城市群协调发展。④城市群的自组织机理主要受制于各影响因素的作用机制。城市群协调发展受众多因素影响，主体、客体以及主客体间的耦合机制、城市间资源禀赋差异、技术等都会影响城市群的协调发展。本章选取劳动力、资本、自然资源、技术、产业结构、基础设施、城市群与城市相互作用、城市群内部企业活动、生态环境等因素，分别阐述了这些因素影响协调发展的作用机制。⑤城市群系统的协调，依据发生的时点不同，可以划分为两种类型（并行式协调与前置式协调），据此构建相应的协调机制模型。

第五章　城市群协调发展评价指标体系及评价模型

本章将在前文研究基础上，探讨城市群协调发展的评价标准，厘清测度城市群协调发展水平的计量方法。基于科学性、独立性等一系列基本原则，确立了城市群协调发展指标评价体系，并构建了评价模型，以期科学、合理评价城市群协调发展状态。

第一节　城市群协调发展的评价标准及测度方法

在构建城市群协调发展评价模型前，我们先研究城市群协调发展的评价标准。关于判断城市群协调发展的标准，众多学者提出了自己的见解。根据我国城市群协调发展的特性，结合经济新常态下赋予城市群协调发展的内涵，并借鉴已有研究，本书提出评价城市群协调发展的四条标准，并分别提出具体测度方法。

一、城市群城市间的经济关联度及测度

城市群的产生源于城市的聚集，正是由于城市间的彼此依存、相互关联，城市才得以存在。城市群最初的形成主要在于核心城市强大的集聚功能，集聚功能使得核心城市获得了生产所需的各类资源，并首先获得长足发展[1]。核心城市集聚到一定规模，为了缓解城市发展的压力，需要向周边扩散拓展城市发展空间，同

---

[1] 程玉鸿，罗金济.城市群协调发展研究述评［J］.城市问题，2015（3）：21-22.

时必须有步骤地进行产业转移,承接其产业移转的地区也因此获得发展。可见,城市群因城市间密切联系而产生和不断发展,只要存在城市群,城市间的关联就始终存在。可以说,城市间的经济关联密切程度决定了城市群协调发展的程度。

城市群间的经济关联集中表现为城市间的相互吸引力,可以用重力模型测度单体城市间的吸引力。城市间的吸引力主要受两个因素影响:一是城市的规模。城市规模是城市长期发展累积的经济体量的直观表现,城市规模越大,城市的聚集功能越强,对其他城市的吸引力越大。通常,规模越大的城市,城市人口密度越大,经济体量越大。一般来说,可以用城市 GDP 或常住人口表征城市规模。二是城市间的空间直线距离。距离对于城市间的经济关联度有直接影响,距离越大,城市间发生关联的难度越大,成本越高,因而相互吸引力越小。城市群发展的实践直观说明了这一点。核心城市的集聚和扩散效应首先是对其周边的城市起作用,距离越远的城市,核心城市对它的吸引力越小。

为了精确度量城市间的经济关联度,本书引入基于重力模型的城市间经济关联度计量模型,具体模型如下:

$$X_{ab} = \sqrt{R_a C_a} \times \sqrt{R_b C_b} / J_{ab}^2$$

式中,R_a、R_b 分别代表城市 a 和城市 b 的年末常住人口数;C_a、G_b 分别代表城市 a、城市 b 的年末地区生产总值;J_{ab} 代表城市 a 和城市 b 间的直线距离。

度量空间相关性的指标中,莫兰指数(Moran's I 指数)最为常用,本书在实证部分选用该指数衡量单体城市间的经济联系,计算公式如下:

$$Z_1 = \frac{n}{\sum\limits_{a=1}^{n}\sum\limits_{b=1}^{n} Q_{ab}} \times \frac{\sum\limits_{a=1}^{n}\sum\limits_{b=1}^{n} Q_{ab}(C_a - \bar{C})(C_b - \bar{C})}{\sum\limits_{b=1}^{n}(C_a - \bar{C})^2}$$

式中,a 城市与 b 城市当年的人均 GDP 分别用 C_a、C_b 表示;n 个城市当年人均 GDP 的均值用 $\bar{C}$ 表示;Q_{ab} 为 a 城市与 b 城市的空间相邻权重矩阵中的权重值。这一权重可根据具体的城市群空间结构特点进行设定。在后续进行城市群协调度测算时,将视具体城市群确定权重,并依据计算结果判断城市间的经济关联度。

莫兰指数是一种空间自相关系数,可以用来判定处于一定范围内的空间实体间是否存在相关关系。其值分布在 [-1, 1]。若计算出的莫兰指数值分布在 [0, 1]，说明 a、b 两个城市间的经济增长存在正相关性，同时表明两个城市间经济关联度较高；若计算出的莫兰指数分布在 [-1, 0]，说明 a、b 两个城市间的经济增长存在负相关性，同时表明两个城市间经济关联度较弱；若莫兰指数的值为 0，说明 a、b 两个城市间的经济增长不存在相关关系。

综上，城市间经济联系可以用重力模型表征，本书引入莫兰指数计算方法，以计算城市群内城市间的经济联系密切程度。

二、城市群整体经济增长稳定性及测度

城市间经济密切关联，是城市群存在和发展的基础。从长远看，城市群协调发展要求城市群整体经济增长具有一定的稳定性。所谓稳定性，是指单个城市的经济增长保持一定的增长率，并且这一增长率与城市群整体经济增长率的差异必须维持在一定界限内。也就是说，不仅单个城市间经济增长率不能有太大差异，而且每个城市与城市群整体经济增长率的差异也必须保持稳定，出现差异过大的情况，说明城市群整体经济发展出现了不协调[①]。这种不协调状况如果不及时调整，任其发展，就会造成城市间经济发展水平差异较大，甚至出现经济落后的城市被淘汰出局的局面。因此，为了城市群协调发展的长远目标，必须确保城市群经济增长的稳定性，带动所有城市与城市群整体协调发展。

城市群整体经济增长的稳定性可以用城市群经济增长率变异系数衡量。变异系数是方差与均值的比值，同时受方差和均值两个统计量影响。它反映了城市经济增长率对平均增长率的偏离程度。由于消除了城市规模的影响，变异系数可以用来比较不同规模城市经济增长率对平均增长率的偏离程度。城市群经济增长率变异系数越大，说明偏离程度越大，风险越大，城市群经济增长越不稳定。城市群的协调发展要求城市群经济增长率必须保持在稳定水平。

城市群经济增长率变异系数计算公式如下：

$$Z_2 = \frac{\sqrt{\dfrac{\sum\limits_{a=1}^{n}(B_a - \bar{B})^2}{n}}}{\bar{B}}$$

式中，Z_2 表示当年城市群经济增长率的变异系数；B_a 为 a 城市的经济增长率；n 为城市群内部城市个数；$\bar{B}$ 为 n 个城市经济的平均增长率。计算过程中，城市经济增长率通常用地区生产总值的增长率来衡量。

三、城市群内部经济发展水平差异度及测度

早期，城市群形成的过程其实是不均衡发展的结果。在城市群形成之初，核心城市起步较早，能够凭借自身优势以及国家政策的支持飞速发展，而其他城市发展相对比较慢，这使得城市之间的经济发展水平等各方面的差异较大。而随着经济的发展，在核心城市的辐射带动下，其他城市也获得长足发展，随着扩散作用的日趋增强，核心城市与周边城市共同发展，彼此间的差距逐渐缩小。并且，城市群发展到一定阶段，核心城市的城市病等问题的出现，需要进一步向周边拓展生存空间，需要具有更高发展水平的城市来缓解其城市负荷，这就要求城市群实现均衡发展。城市群内部城市间经济发展水平均衡度用来衡量内部城市间经济发展差异度或均衡度，这一标准随着城市群发展阶段的演进而呈动态变化。在城市群发展初期，城市间发展不均衡，核心城市的发展水平远远高于其他城市，城市间经济发展差异度较大，而随着城市群慢慢发展成熟，城市间经济发展差异度逐渐缩小，最终实现均衡发展。

为测度城市群经济差异状态，本书选用城市群经济增长水平变异系数来反映这一差异。依据前文阐述，变异系数可以反映城市经济增长水平偏离平均经济增长水平的离散程度。城市群经济增长水平变异系数越大，说明城市经济增长水平偏离平均经济增长水平的风险越大，城市间经济发展水平差距越大，城市群经济发展失衡状况越严重。

城市群经济增长水平变异系数计算公式如下：

$$Z_3 = \dfrac{\sqrt{\dfrac{\sum\limits_{a=1}^{n}(C_a - \bar{C})^2}{n}}}{\bar{C}}$$

式中，Z_3 表示当年城市群经济增长水平的变异系数；C_a 为 a 城市的经济增长水平；n 为城市群内部城市个数；$\bar{C}$ 为 n 个城市经济的平均增长水平。计算过程中，城市经济增长水平通常用人均地区生产总值的增长水平来衡量。

四、城市群市场一体化程度及测度

市场一体化是城市间紧密关联的结果和内在要求，因而，内部统一市场是判断城市间经济关联度是否紧密的重要标准。在市场经济条件下，城市群内部应构建有利于生产要素自由流动的统一市场，以便遵循市场规律，提高城市群协调发展水平。然而现实中，生产要素在城市间流动会遇到各种障碍，主要是源于城市的行政边界及地理区位的间隔。行政边界的存在造成各地政策不同，要素的流动必然产生成本。由于地理位置差异、城市间贸易壁垒等因素，使得要素流出的成本存在很大差异，进而导致产品价格的差异。消费者基于效用最大化，总是偏好物美价廉的商品，成本的增加会失去部分消费者的青睐。同时，从消费者角度看，对于价格相同的产品，如果由于市场进入壁垒或距离因素，导致消费者支付运费等费用，消费者也会放弃选择。可见，市场壁垒的存在，提高了交易成本，降低了整体经济效率，不利于城市群协调发展。城市群协调发展的一个重要标志是存在统一开放的市场。

市场的一体化程度可以用相对价格来衡量。根据一价定律，在不存在官方贸易壁垒的自由竞争市场上，不考虑交易费用，同一商品无论在何地销售，用同一货币表示的价格都是相等的。但一价定律在一系列严格的假设前提下，只适用于理想状态。现实经济生活中，由于贸易壁垒的存在，要素流动存在障碍，运输成本、交易费用也不可能为零。这些难题使得一价定律在现实中难以运用。萨缪尔森认为，在商品交易过程中，会像冰川融化一样产生一定的运输成本或交易费用，不同地区商品的价格差异导致套利行为，套利行为使得不同地区的商品价格趋于一致，一旦不同地区的商品价格相等，套利行为就会停止。但现实中，由于运输成本和交易成本不为零，不同地区的商品价格存在一定差异，并在一定区间范围内波动，交易成本越高，则波动范围越大，说明城市间贸易壁垒越大。反之，如果商品价格差异波动的范围越小，说明交易成本越低，城市群内市场一体化程度越高。

因此，我们可以用两个城市中同一商品的相对价格来衡量城市群内部一体化程度。两个城市中，同一商品的价格比值即为它们的相对价格。假定存在两个城市 a、b，两个城市中同一商品的价格分别用 M_a 和 M_b 表示。那么，价格 M_a 和 M_b 的比值，即 M_a/M_b 就是相对价格。由于运输成本和交易成本的存在，相对价格 M_a/M_b 在一定区间范围内波动，但只要相对价格 M_a/M_b 缩小，就说明城市间的贸易壁垒在削弱，城市一体化程度在提高。衡量市场经济一体化程度关键在于计算相对价格方差。城市居民消费价格指数是一个较全面的指标，鉴于城市居民消费价格能够全面反映市场价格（包括居民消费品零售价格以及项目服务价格）变动的真实情况，本书实证研究过程中，采用其作为计算相对价格的依据。

为便于分析，本书首先用以下公式计算 $|\Delta M_{abn}|$：

$$|\Delta M_{abn}| = |\ln(M_{an}/M_{bn}) - \ln(M_{an-1}/M_{bn-1})| = |\ln(M_{an}/M_{an-1}) - \ln(M_{bn}/M_{bn-1})|$$

计算得到的 $|\Delta M_{abn}|$ 即为相对价格的一阶差分的绝对值，可以用来衡量相对价格方差。式中，$|\Delta M_{abn}|$ 为 a、b 两城市在 n 年份的相对价格，M_{an} 为 a 城市在 n 年份的居民消费价格指数。同时，我们计算城市群的整体相对价格方差来代表城市群内部的市场一体化程度。为了提高计算的准确性，我们先计算城市对的相对价格方差。为此，在计算过程中，我们将城市群中的城市两两配对，形成一个城市对，计算每个城市对在 n 年份的相对价格方差，然后取所有方差的平均值，此即为该年份城市群的整体相对价格方差。相对价格方差值可以直观反映城市群内部的市场一体化程度，数值越大说明市场一体化程度越低；反之，说明市场一体化程度越高。

第二节　城市群协调发展评价指标体系

一、评价指标体系构建的基本原则

建立科学可行的城市群协调发展评价指标体系，必须在原则指导下，综合考虑城市群协调发展的内容，仔细斟酌指标体系的框架以及各项指标的内涵。城市群协调发展必然涉及资源、环境、经济和社会等多方面因素。城市群在经济快速发展的同时，不可避免地会出现一系列"城市病"，如环境污染、资源利用不合理、重复建设、人口急剧膨胀、社会功能不完善等。在设计指标体系的过程中，要充分考虑这些问题。良好的评价指标体系应是根据可持续发展原则构建的指标体系，而不是指标的简单堆砌和组合。在构建城市群协调发展指标系统时，应遵循以下原则：

（1）科学性原则。科学性原则是指标设置的首要原则，这是确保作出真实、可靠评价的重要基础。设计城市群协调发展指标体系必须坚持科学有效的理论指导，并将此原则作为指标设置的重要依据。指标体系的构建必须建立在对城市群这一复合生态系统复杂性的科学认识基础之上，坚持以复杂性科学理论为指导，确保评价指标体系具有科学性、客观性和可行性，既能全面反映城市群可持续发展的客观状况，又能揭示资源－环境－经济－社会各子系统的特征并反映指标间的相互联系。可见，科学性原则一方面要求设计城市群协调发展指标体系时必须以科学理论为指导，另一方面必须结合城市群协调发展的具体状况。

（2）系统性原则。城市群本身就是一个复杂巨系统，从其外延看，它由多个层次组成，即资源－环境－经济－社会子系统，各个子系统之间彼此依存、相互影响，频繁地进行能量、信息、物质交流。系统性原则要求把城市群视为一个开放系统，各子系统并不是孤立存在的，而是作为城市群系统不可分割的一部分彼此共生于城市群系统中。只有各子系统彼此协调、有序发展，才能实现城市群的协调发展。所以，在设计指标体系时要遵循系统性原则，指标设置必须涵盖资源－环境－经济－社会四个子系统的内容。

（3）可比性原则。进行评价研究的目的是科学测度城市群协调发展水平，并进行横向和纵向比较，以便发现城市群之间的发展水平差异，也可以从发展水平的时间序列归纳城市群协调发展的演变规律。因此，设计的评价指标体系应具有可比性。这种可比性包括横向和纵向两个维度，以便不同城市之间、城市群之间进行对比分析。

（4）可获取性原则。可获取性原则指城市群协调发展指标具有可观测性，实际中能够顺利获取。设计指标体系时，要考虑后续指标获取的难易程度。指标体系设计得再精美，如果实际中无法获取数据，那也只能是纸上谈兵，毫无操作性和实用性可言。对于有些非常重要但又难以量化的指标，应该考虑采用其他能够获得的数据指标替代。比如，城市居民的福利水平是难以量化的指标，我们可以用每万人大学生数、每万人病床数等类似的、容易量化的指标来反映福利水平。实践中，可获取性还要重视数据资料的来源，确保其权威性以及评价结果的可信性。通常数据资料可以从官方统计年鉴、权威数据库、官方网站等获取。

（5）动态性原则。城市群的协调发展是一个动态变迁过程，其资源－环境－经济－社会四个子系统随时间推移不断演进，一直处于变化状态。为了精确反映城市群协调发展的动态特征，应获取四个子系统连续年份的相关数据，进行时间序列分析。

（6）独立性原则。指标体系并非数量越多越好，指标数量过多会给后续数据采集、数据分析造成困难。因此，好的指标体系应该是用尽可能少的指标就能反映城市群协调发展的整体状况。这就要求指标体系中的各指标应保持独立，避免指标间的交叉重复。让每一个指标各司其职，从不同的维度、不同的层次反映城市群的协调发展状况。

本书将基于以上指标体系设置原则，构建城市群协调发展评价指标体系。

二、评价指标权重的确定

评价指标权重的确定至关重要。影响城市群协调发展的因素非常多，指标体系设计过程中出于全面反映城市群协调发展状况的考虑，通常会选取较多数量的指标。而指标体系庞杂的各类指标中，每个指标对城市群协调发展的贡献度都不一样。为了准确测度城市群协调发展状况，必须依据各指标对城市群协调发展的贡献度进行指标赋权。所谓指标赋权，即指标权重的确定，是依据各指标对城市群协调发展的贡献度来确定权重大小，贡献度越大，权重越大。指标权重的确定是设计评价指标体系中的重要一环，它直接影响评价结果的真实可靠性。

指标赋权的方法主要有三大类：主观赋权法、客观赋权法以及主客观赋权法（或称为组合赋权法）。主客观赋权法被认为是前面两种方法的组合应用，有时候也不被认为是一种单独的赋权方法。

主观赋权法中，赋权主要依赖专家的主观判断和经验，不同的专家因其专业、学识、经验的差异，对指标重要性的判断可能存在较大差异，因而指标权重的确定过程中主观性和随意性都比较强。这种赋权法一般采用定性的方法，常用的主观赋权法包括环比评分法、二项系数法、层次分析法、德尔菲法等。依据原始数据之间的关系，运用数学方法计算确定指标权重，即为客观赋权法。这种赋权法的计算中，原始数据来源于实践调查，具有较强的客观性。权重的确定主要依据指标在总体中的变异程度，以及对其他指标的影响程度，运用数学方法计算而得。整个权重的计算过程和最终判断，数学方法是其理论依据，消除了个人主观判断的影响。熵值法是客观赋权法中运用最广的方法。

由主观赋权法和客观赋权法的内涵及确定过程可以发现，简便易行是主观赋权评价法最大的优点，但其与生俱来的主观随意性往往导致评价结果缺乏足够的信服力，甚至与实际状况相差甚远，无法真实评价城市群协调发展状况。为了使评价结果更加客观公正、令人信服，本书采用客观赋权法中的熵值法确定指标体系中各指标的权重。

熵值法在综合评价中广受青睐，应用十分广泛。熵源于物理概念，本意指系统的无序程度。在综合评价中，各指标反映的信息熵值与效用呈反向相关关系，即熵值越大，对综合评价的效用越低。熵值反映的是系统的有序度，并且其值越大，说明系统的有序度越低。

熵值法是依据内含于各指标客观数据中的信息量进行赋权。这个过程有严格的计算过程，因而，排除了主观因素的影响，由此确定的指标权重值可信度较高。熵值法计算指标权重的具体过程如下：

由于统计口径、统计标准不一致，为了便于计算并得到科学结果，我们首先要对所有的原始指标和数据进行统一、标准化。标准化之后的指标数据具有统一尺度，可以进行比较计算以及赋权。在计算信息熵时，如果指标值小于等于 0，必须先将指标数据做标准化转化之后，才能计算比值或进行对数运算。之所以要进行标准化转化，是由于标准化处理可以将指标的绝对值转换为相对值，解决了不同指标值的同质化问题，特殊值对综合评价的影响也因此降低，排除了极端情况。因而，据此计算的综合评价结果更科学、合理。

令第 b 项指标的均值为 $\bar{R}_b$，第 b 项指标值的标准差为 T_b，则

$$R'_{ab} = (R_{ab} - \bar{R}_b) / T_b$$

式中，第 a 年第 b 项指标的原始数值用 R_{ab} 表示，标准化转化后的数据用 R'_{ab} 表示，其取值范围一般为（-5，5），为了消除负值，平移坐标，令 $R''_{ab} = 5 + R'_{ab}$。

根据上式，计算第 a 年第 b 项指标的综合得分 U_{ab}、指标信息熵 V_b、信息熵冗余度 D_b 和指标权重 W_b。

$$U_{ab} = \frac{R''_{ab}}{\sum_{a=1}^{x} R''_{ab}}$$

$$V_b = -k \sum_{}^{x} (U_{ab} \times \ln U_{ab})$$

$$D_b = 1 - V_b$$

$$W_b = D_b / \sum_{}^{y} D_b$$

$$Z = \sum_{}^{y} U_{ab} W_b$$

以上各式中，x 为评价年数，y 为指标个数，k=1/lnx，Z 为综合得分。

三、评价指标体系的设计

随着经济的发展、社会的进步，可持续发展已成为当今社会研究的热点问题。人类与自然生态系统的相互关系已经成为影响经济发展、社会和谐、生态和谐的大事。越来越多的学者投身到可持续发展的研究，众多自然、经济、社会复合生态系统备受关注。

城市群协调发展指标体系因其在经济发展实践中的作用而受到广泛关注。完善的城市群系统发展指标体系，能够以简洁的指标全面反映城市群的协调发展状况，有助于人们随时掌握城市群协调发展动态，能够帮助决策者聚焦重点问题和优先发展领域。

城市群协调发展涉及资源、环境、经济、社会等多方面因素，这些因素彼此交叉、相互依存。本书按照层次分析法，根据评价对象各组成部分之间的相互关系，将城市群协调发展评价指标体系设计为目标层、准则层及指标层三个层次、四个子系统（资源－环境－经济－社会）的结构体系。目标层处于顶端，综合反映城市群协调发展的程度；准则层属于指标体系中的子系统，依据构成城市群系统的四个子系统，将指标体系划分为四个指标子系统，分别反映各系统的协调发展状况；指标层位于指标体系的最底层，是可以直接度量观测的各项具体指标，是反映各个子项基本发展状况的指标。

协调发展过程集中表现四大系统的协调发展以及系统内各要素之间联系及协调。城市群协调发展的内容可分为三个层面：

第一，城市群协调发展不仅是各子系统的协调，还集中表现为自然生态环境与社会经济发展的协调。社会经济发展必须在自然生态环境的承载范围内进行，否则会导致城市群发展不协调。这种协调不仅指系统与系统间的有序联系和协同发展，还要求在同步的过程中保持恰当的结构比例，即各组成要素与系统之间、要素与要素之间要保持最优结构，以使系统整体保持最优结构，实现城市群整体功能最大化和最优化。

第二，城市群协调发展表现为社会经济发展与自然生态系统的空间有效协调。

城市群的协调发展在空间上的直观表现是社会经济发展与自然生态环境在不同城市的有机组合。自然生态系统为社会经济的发展提供了基础，反过来，社会经济的发展推动了自然生态系统的进一步优化，一旦社会经济发展超出了自然生态系统负荷的阈值，政府就必须重视生态问题，采取相应措施进行治理。而这种管理和治理通常以行政区为边界、以特定的空间形式为管理或治理单位。

第三，城市群协调发展所指的自然生态环境与社会经济发展的协调不是一成不变的，而是随着时间推移而不断动态演进的协调。从漫长的时间长河看，城市群的协调发展经历了早期的协调到快速发展时期核心城市与其他城市的不协调再到最终的协调发展的动态调整过程。在这个过程中，城市群系统中各个城市发生了巨大的变化，其各个子系统也呈现出新的面貌，其内部构成要素不断随城市群的发展而动态调整。自然生态环境随时间的推移，在人类的社会经济活动作用下，也会发生变化，体现人类改造自然的成果。

城市群的协调发展离不开资源－环境－经济－社会这四个子系统的协调发展，它们的独立运动以及彼此关联，推动城市群走向协调发展之路。基于前述指标设置的原则及方法，本书构建了包含四个系统层，即资源－环境－经济－社会四个子系统的评价指标体系，具体阐述如下：

资源子系统协调发展指标：针对资源子系统，本书从资源占有量的角度，选取了4个指标，以反映城市群的资源保有情况。资源系统与社会系统相互依存，资源系统为人类社会的存在和发展提供物质基础，人类的活动必须在资源系统的承载范围内进行。人类社会经济的发展又推动资源环境系统的发展，它是一个动态变迁的概念，反映了不同时期人与自然的关系。资源子系统的协调发展状况主要考察城市资源的占有量、承载能力以及对资源的合理保护及有效利用。本书选取土地面积、建成区土地面积、城市建设用地面积、城市住房使用面积4个指标反映城市群的资源子系统状况。

环境子系统协调发展指标：针对环境子系统，本书选取了代表环境质量、环境污染和环境治理能力的共10个指标，以期合理反映城市群的环境状况。环境子系统是城市群复合生态系统的基础，它提供城市群发展的基本空间环境，自然资源的存量直接受其质量水平的影响，而且会对城市群经济发展以及居民的生活质量产生较大影响。在考核环境子系统的协调发展状况时，不仅要关注环境质量，还要重视环境污染和环境治理。人类作为城市群中的重要主体，对环境的改造能力不容忽视。人类通过社会性活动实现改造和利用环境的目标，以便打造适合人类生存和发展的优美环境，这也是城市群颇具吸引力之处。为此，本书选取园林绿地面积、城市生活污水处理率、建成区绿化覆盖率、工业烟尘去除量、公共绿地面积、工业废水排放量、工业二氧化硫排放量、工业固体废物综合利用率、工业烟尘排放量、环境保护投入占 GDP 比重 10 个指标全面反映城市群的环境质量、环境污染、环境治理状况。

经济子系统协调发展指标：针对经济子系统，为了科学、全面反映城市群的经济发展水平，本书从经济结构、经济规模、经济运行效率三个维度，选取了 11 个指标进行测度。经济发展状况是城市群协调发展的核心问题。经济发展状况是一个综合概念，经济子系统的协调发展，不仅指经济总量的增长，更应该重视经济效率的提高和改善经济结构。为此，本书选取固定资产投资总额、城市生产总值、社会消费品零售总额、实际利用外资额、城市年财政收入、第一产业占 GDP 比重、第二产业占 GDP 比重、第三产业占 GDP 比重、城市 GDP 年增长率、城市人均 GDP、城市人均财政收入 11 个指标全面反映城市群经济子系统的协调发展状况。

社会子系统协调发展指标：针对社会子系统，为准确、合理反映城市群的社会发展水平，本书从人口规模、人口结构、居民生活、科教文卫以及基础设施五个维度，选取了 15 个指标进行测度。社会子系统是城市群复合生态系统的重要组成部分，人类的各项活动主要在这一系统中完成。可以说，社会子系统与人类的生存和发展息息相关。本书依据影响社会子系统协调发展的因素，选取人口密度、单位从业人员数、城市年末总人口数、年末城镇居民登记失业人数、人均城市道路面积、第二产业从业人员比重、第三产业从业人员比重、科学事业支出占财政支出百分比、每万人拥有公共汽车数量、职工平均工资、城乡居民储蓄年末余额、教育事业支出占财政支出百分比、每万人在校大学生人数、国民受教育年限、医院床位数 15 个指标，以全面反映该系统的协调发展状况。

城市群是一个复杂的开放巨系统，其内部组成要素及四大子系统间存在错综复杂的关系。资源、环境是社会、经济存在和发展的基础，资源禀赋的丰富程度、环境的宜居性等都会制约社会、经济的发展。反过来，经济、社会的发展也会影响城市群内资源的存量以及环境生态的状态。例如，随着发达城市经济的发展，其聚集能力不断增强，城市群内人口高度聚集、各种要素的聚集越来越密集，很容易带来资源的过度利用和各种污染，引发城市病；与此同时，发达城市又是高素质人才的聚集地，高素质人才通常具有较高的技术研发能力和良好的环保意识，这将推动资源的有效利用和城市环境的改善。

总之，资源－环境－经济－社会四个子系统彼此依存、互动发展，它们之间的协调发展是城市群协调发展的内在推动力。

综上所述，通过梳理资源－环境－经济－社会四个子系统间各个要素的关系以及相互作用，突出资源－环境－经济－社会四个子系统中具有代表性的协调发展因素，筛选得出城市群协调发展的指标体系，如表 5-1 所示。

表 5-1　城市群协调发展评价指标体系

目标层	系统层	准则层	指标层	指标表示
城市群协调发展评价指标体系	资源子系统	资源占有量	土地面积	x_1
			建成区土地面积	x_2
			城市建设用地面积	x_3
			城市住房使用面积	x_4
	环境子系统	环境质量	园林绿地面积	y_1
			建成区绿化覆盖率	y_2
			公共绿地面积	y_3
		环境污染	工业二氧化硫排放量	y_4
			工业烟尘排放量	y_5
			工业废水排放量	y_6
			工业烟尘去除量	y_7
		环境治理	城市生活污水处理率	y_8
			工业固体废物综合利用率	y_9
			环境保护投入占 GDP 比重	y_{10}

续表

目标层	系统层	准则层	指标层	指标表示
城市群协调发展评价指标体系	经济子系统	经济规模	城市生产总值	z_1
			固定资产投资总额	z_2
			社会消费品零售总额	z_3
			实际利用外资额	z_4
			城市年财政收入	z_5
		经济结构	第一产业占 GDP 比重	z_6
			第二产业占 GDP 比重	z_7
			第三产业占 GDP 比重	z_8
		经济运行效率	城市 GDP 年增长率	z_9
			城市人均 GDP	z_{10}
			城市人均财政收入	z_{11}
	社会子系统	人口规模	城市年末总人口数	u_1
			人口密度	u_2
			单位从业人员数	u_3
		人口结构	第二产业从业人员比重	u_4
			第三产业从业人员比重	u_5
		基础设施	人均城市道路面积	u_6
			每万人拥有公共汽车数量	u_7
		居民生活	年末城镇居民登记失业人数	u_8
			城乡居民储蓄年末余额	u_9
			职工平均工资	u_{10}
		科教文卫	科学事业支出占财政支出百分比	u_{11}
			教育事业支出占财政支出百分比	u_{12}
			每万人在校大学生人数	u_{13}
			国民受教育年限	u_{14}
			医院床位数	u_{15}

第三节 城市群协调发展评价模型

一、城市群协调发展与城市经济发展水平的计量模型

城市经济发展状况与城市群协调发展水平密切相关。

本书运用计量模型检验城市群协调发展水平能否推动城市经济的发展。具体设定如下：

$$\ln g_{it}=\beta_0+\beta_1\times r_{it}+\beta_2\times s_{it}+\beta_3\times c_{it}+\beta_4\times e_{it}+\beta_5\times m_{it}+\mu_i+\nu_i+\varepsilon_{it}$$

式中，下标 i 代表城市，t 代表年份。

计算过程中涉及城市群内各市地区生产总值、地区生产总值指数、分类消费品价格指数、市辖区面积、市辖区人口、从业人口、投资总额、财政支出以及高等院校学生人数等数据。具体计量过程及指标内涵、数据来源在后续实证分析中界定。

二、城市群协调发展评价模型及评价步骤

在评价指标体系建立后，本书选用模糊综合评价法构建城市群协调发展评价模型。要科学、合理地评价城市群协调发展水平，应充分考虑城市群的整体性和复杂性。如果能够合理评价各子系统的协调发展状况，再结合上文已经明确的指标权重的计算方法，就可以找到正确评价城市群协调发展的方法，并在此基础上抽象出城市群协调发展评价模型。

模糊数学中广泛应用的一种方法是综合评价方法。在进行评价时，为了做出科学评价，我们首先评价每个因素，因为评价是由多种因素所决定的。在每个影响因素做出单独评语的基础上，再结合所有因素做出综合评价。

为了统一评价方法，在评估城市群协调发展与城市经济发展水平后，我们做如下工作及假定：

第一，构建评语集，以统一评价标准：$V=\{V_1, V_2, V_3, V_4, V_5\}$。式中，$V_1$ 表示非协调发展；V_2 表示弱协调发展；V_3 表示中度协调发展；V_4 表示亚良性协调发展；V_5 表示强良性协调发展。

第二，确定指标集：$C=\{c_1, c_2, \cdots, c_{29}\}$。针对城市群的实际发展状况，选择适宜的指标构建指标集，为后续评价工作做准备。

第三，确定资源－环境－经济－社会四个子系统对总体系统的权重矩阵 W。这一权重指标反映了各子系统对系统整体协调发展的贡献度，可以依据城市群的

具体发展状况来确定。

第四，构建隶属度矩阵B。首先确定隶属函数，然后计算隶属度，即城市群系统准则层评价要素归属于各级评价标准的程度。隶属度矩阵可以表示如下：

$$B = \begin{pmatrix} B_{11} & B_{12} & B_{13} & B_{14} & B_{15} \\ B_{21} & B_{22} & B_{23} & B_{24} & B_{25} \\ B_{31} & B_{32} & B_{33} & B_{34} & B_{35} \\ B_{41} & B_{42} & B_{43} & B_{44} & B_{45} \end{pmatrix}$$

式中，B_{xy} 代表第 x 个要素对第 y 级评价标准的隶属度。

$$B_{xy} = \begin{pmatrix} w_{x1} & w_{x2} & \cdots & w_{xn} \end{pmatrix} \begin{pmatrix} r_{1y} \\ r_{2y} \\ \vdots \\ r_{ny} \end{pmatrix}$$

式中，n 为各评价要素所包含的指标个数。设 $W' = (\ w_{i1}\quad w_{i2}\cdots\ w_{in}\ )$，$w_{nk}$ 为第 x 要素中第 n 个指标对本要素的权重。r_{ny} 为第 n 个指标对第 y 级标准的相对隶属度。

用 G 代表城市群协调发展水平，构建城市群协调发展评价模型：$G = W \times B$。

资源－环境－经济－社会四个子系统相互依存、互动耦合，形成了城市群复杂系统。各子系统遵循自身发展特点和路径，与其他系统交互作用，不断演进发展，共同推动整体城市群的协调发展。因此，单个子系统的发展水平对整体系统的协调发展将产生重要影响，在测度城市群发展水平及协调程度时，必须关注各子系统的发展水平，同时不能忽视各子系统相互间的协调程度。因此，在城市群协调发展具体评价过程中，首先需要计算各子系统的发展水平得分。

利用熵值法的基本思想，确定各项评价指标及其四个子系统的权重值，并把标准化平移变换之后的数值和各项指标的权重相乘，汇总求和可以得到各子系统的发展水平得分。依据上述计算方法求得的资源－环境－经济－社会四个子系统的发展水平得分函数，分别记为 F（x）、F（y）、F（z）、F（u）。

城市群协调发展是一个综合整体的概念，纯粹依赖某个子系统的功能与发展，无法实现协调发展。只有各子系统之间相互协调，互动推进，才能实现城市群整体系统协调发展。城市群协调发展评价模型是评价城市群协调发展水平的基本模型，在实际运用这一模型评价城市群协调发展水平时，结合影响城市群协调发展水平的各影响因素，可以得到一系列修正模型。城市化水平与城市群协调发展密切相关，为准确计量其与城市群协调发展的关系，本书建立耦合度模型，并在此基础上进一步优化协调评价模型。耦合源于物理概念，指两个系统相互依赖于对方的一个量度，耦合度用于描述与衡量耦合状态及程度。耦合度模型如下：

$$D = \left[\frac{a_1 a_2}{(a_1 + a_2)^2} \right]^{1/2}$$

式中，D 为城市韧性与城市化水平的耦合度，a_1 为城市抗灾害性的综合评价指标，a_2 为城市化水平的综合评价指标。耦合度衡量的是指标间的依赖程度，但难以测算二者之间的发展是否协调一致。很可能误导政策制定者做出错误判断。例如，当两项指标数值很低而且接近时，计算的结果会出现紧密耦合状态。如果单纯从指标计算结果看，我们可能会得出城市发展状况非常好的结论，而这与城市群实际发展状况并不相符。因此，仅依据耦合度指标难以做出正确判断，必须引入能够准确度量二者协调发展水平的有序发展度模型：

$$有序发展度 = \sqrt{d \times T}$$

式中，系统有序度是刻画各子系统之间协调性能的重要指标，通过对各子系统的发展行为制定政策或采取其他手段进行约束，实现推动系统协调、有序发展的目标。但是，系统有序度内在的缺陷，使得其在某些时候很难综合反映系统的整体功能。系统有序度指标不仅考虑了系统有序度，而且综合了城市群系统的发展层次 T 与各系统的有序发展状况 d，因而具有简单却综合的特点，与系统有序度模型相比，其稳定性更强，适用范围更广泛。

本书采用目前广为接受的分类体系来阐述城市群协调发展水平及所处的阶段。该体系按照系统有序度的大小，将城市群的协调发展状况划分为三大类别（失调衰退类、过渡类、协调发展类），10 个发展类型。从这个分类体系可以看出，城市群协调发展是一个不断发展演进的过程，即由失调衰退演进到协调发展，每个类别中又具有不同的层次，体系清晰明了。其中，系统有序度大于0.7则城市群处于中级协调发展类之上；系统有序度处于0.3~0.7，则为过渡类，属于初级协调或轻度失调；系统有序度低于0.3则为失调衰退类，城市群处于不协调发展的衰退状态。

如果考虑耦合性，参考杨艳等[①]、童纪新等[②]的研究，将耦合协调度可以划分为六个等级，如表5-2所示。

表5-2　耦合协调度等级划分

耦合协调度	协调等级	耦合协调度	协调等级
0~0.19	严重失调	0.4~0.49	初级协调
0.2~0.29	中度失调	0.5~0.69	中级协调
0.3~0.39	轻度失调	0.7~1.0	高级协调

在分析评价各子系统发展水平后，本书引入系统有序度、综合发展度模型，分析和评价城市群系统的整体协调发展水平。

$$系统有序度 = \left\{ \frac{F(x) \times F(y) \times F(z) \times F(u)}{\left[\dfrac{F(x) + F(y) + F(z) + F(u)}{4} \right]^4} \right\}^n$$

式中，系统有序度表示各子系统间的协调、有序程度；n为调节系数，一般情况下 $n \geq 2$，本研究取 $n=2$。

$$综合发展度 = aF(x) + bF(y) + cF(z) + dF(u) + eF(v)$$

式中，a、b、c、d、e为待定系数，其实质为各个子系统的权重，即分别代表

① 杨艳，丁正山，葛军莲等.江苏省乡村旅游信息化与区域旅游经济耦合协调关系［J］.经济地理，2018，38（11）：220-225.

② 童纪新，曹越美.长三角城市群现代服务业与城市化耦合协调机制及空间差异研究［J］.上海经济，2019（1）：19-20.

资源－环境－经济－社会子系统对于总体系统的重要程度。由于各子系统在总体系统中的作用大小不同，因而一般来说 a、b、c、d、e 为不同的数值。城市群系统的综合发展度主要用来综合衡量城市群的综合发展水平与程度，在计算过程中应考虑各子系统的权重。

在后续实证分析中，我们将依据城市群的实际发展状况，选取关键要素构建指标体系，依据数学方法对指标进行赋权，运用模型评价城市群协调发展整体水平。

第四节　本章小结

立足我国城市群协调发展的特性，依据城市群协调发展的评价理论及标准，本章提出了四条标准的具体测度方法以便定量描述城市群协调发展状态，即城市群内部单体城市间的经济关联度、城市群整体经济增长稳定性、城市群内部经济发展水平差异度、城市群市场一体化程度。本章在遵循科学性原则、系统性原则、可比性原则、可获取性原则、动态性原则、独立性原则的基础上，构建包含三个层次（目标层、准则层、指标层）、四个系统，即资源－环境－经济－社会四个子系统的城市群协调发展评价指标体系，并提出了确定各项指标权重的方法。最后，在综合考虑新常态下城市群协调发展特征的基础上，构建了城市群协调发展计量评价模型，为后续科学、客观评价我国城市群协调发展状态奠定了良好的基础。

第六章 城市群协调发展动态变迁历程及评价分析

在第五章中，我们构建了城市群协调发展的评价模型及评价指标体系。本章将选取国内典型的城市群，运用评价模型测度城市群协调发展水平并阐述城市群协调发展机制动态变迁历程。

第一节 国内主要城市群经济空间格局变迁及协调发展的经济增长效应

伴随城市功能在整个经济体系中不断提升，城市经济的发展在经济新常态下显得尤为重要。我国的经济发展实践以及众多学者的研究表明，城市群的协调发展对城市经济发展具有重要的推动作用。国家也出台了一系列政策，"十三五"规划明确提出将我国建成 19 个城市群，加快城市群建设成为我国当前经济发展的重中之重。国家规划为城市群的发展指明了大方向，但在实际发展过程中，还要注意总结经验，找到快速推动城市群协调发展的方法。任何经验都是基于对实际情况精准把握的前提下，才可能真正发挥作用。城市群的本质是经济在空间的聚集，要推动城市群的快速发展，有必要对其空间特征进行研究。分析城市群的经济空间结构特征及历史变化趋势，对制定相关政策意义重大。下面针对十大城市群，在一定的时空范围内，探讨城市群协调发展的效应。

一、城市群经济空间秩序的演化特征

自"十三五"规划提出城市群建设目标以来，我国城市群经济出现了空前繁

荣发展的盛况。尤其是十大城市群的发展格局已初步形成[①]，在我国社会经济发展中起着越来越重要的作用。作为我国城市经济发展的重要载体，十大城市群的集聚功能不断加强，目前全国有 1/3 以上的人口聚集在十大城市群，而人口的聚集为技术的进步、生产效率的提高等奠定了基础，其生产能力以及未来发展潜力不可估量。据统计，全国的地区国民生产总值一半以上都是由十大城市群创造的。十大城市群在经济发展中的作用和影响为越来越多的学者所重视。

研究我国十大城市群（京津冀城市群、珠三角城市群、长三角城市群、成渝城市群、长江中游城市群、长株潭城市群、山东半岛城市群、辽中南城市群、中原城市群、关中城市群）2000~2019 年平均经济水平的空间分布情况可以发现：首先，尽管相对于其他城市群而言，十大城市群的地缘优势明显，空间聚集能力较强，发展速度较快，但整体而言十大城市群的发展，并未呈现绝对优势。十大城市群中所有的城市群并非都表现出高速增长。在十大城市群中，三大城市群（京津冀城市群、长三角城市群和珠三角城市群）的经济发展水平高于平均水平，发展速度最快。其余城市群基本保持稳定增长，但总体而言与三大城市群的发展差距较大，经济发展水平还有极大的提升空间。其次，十大城市群的空间结构特征呈现较大差异，城市群内城市间的经济联系度各不相同，由此呈现出不同的经济绩效，而城市群的协调发展对城市经济的发展至关重要。因此，有必要对城市群协调发展机理进行更深入的分析。

从时间角度分析，城市群协调发展对城市经济发展具有持续的推动力。2000年以来，伴随着国家振兴城市群发展、加强城市建设的浪潮，我国十大城市群抓住发展机遇，不断创造发展的奇迹。首先，绝大多数城市群的经济发展水平相对于全国平均水平都经历了显著的增长过程。与 2000 年相比，2019 年大多数城市群的地区生产总值占全部城市的地区生产总值的比重都得到了明显提升。其次，十大城市群逐渐成为全国城市群经济发展的主力，城市经济创造的总产值绝大部分都是由十大城市群贡献的，并且所占的份额呈逐年上升趋势。2019 年，十大城

---

① 曾鹏，朱玉鑫.中国十大城市群生态与经济协调度比较研究［J］.统计与决策，2014（16）：117-120.

市群的经济体量占全部城市的经济体量的比重接近80%，达到了非常高的比重和影响力。

城市群经济社会发展离不开人口流动的支撑。2000年以来，城市群的集聚功能得到进一步强化，全国超过2/3的人口都集中在城市群，几乎所有城市群的人口规模都呈现逐年增长趋势。中国空间经济正在表现出向城市群地区聚集的发展态势，进而推动城市化进程的实现。在经济新常态下，城市群的协调发展显得尤为重要。

运用前述重力模型测算城市群的经济关联度。考虑到城市间交通网络的架构实际上缩减了城市间的空间距离，并考虑到城市间通勤的时间成本，修正重力模型。据此计算十大城市群的经济关联度并进行排序，结果如表6-1所示。

表6-1 十大城市群经济关联度排名

排名	城市群	经济关联度均值	经济关联度比例（%）
1	长三角城市群	763	82.69
2	京津冀城市群	695	76.43
3	珠三角城市群	682	70.36
4	长株潭城市群	598	56.27
5	长江中游城市群	436	37.34
6	中原城市群	428	20.37
7	成渝城市群	410	15.62
8	山东半岛城市群	247	14.28
9	辽中南城市群	142	9.27
10	关中城市群	56	6.28

根据上述城市群经济关联度排名，我们发现：①长三角城市群的经济关联度均值最高，说明城市群内各城市间的经济联系最密切。长三角城市群交通网络完善，通信发达，为各城市间的经济联系奠定了良好的基础。上海作为其中的特大

城市，不仅是城市群的核心，也是整个中国经济的核心，在其带动下，杭州、南京等地迅速发展为次级中心，城市群呈现多中心的空间联系格局，这种格局对于加强城市间的联系、在城市间形成网络化的密切联系起到了重要作用。②经济关联度较高的城市群内往往有多个重要的节点城市，节点城市在强化城市间的经济关联度上发挥着重要的作用。节点城市一般具有便利的交通，处于城市群空间网络中的重要位置，起到连接不同城市的作用，对城市群的协调发展意义重大。③不同城市群节点城市的隶属度存在较大差异。在经济关联度的计量中，隶属度反映了节点城市对其他城市的辐射能力大小。这一指标不仅影响城市间的经济关联度，而且影响城市群协调发展的方向。经济隶属度越高，说明城市间的经济关联度越高，城市群整体协调发展的可能性越大。长三角城市群中汇集了很多经济隶属度较大的城市，城市间经济关联度高，城市群内部联系网络复杂多样，经济一体化趋势较为明显。这也是长三角城市群飞速发展的重要原因之一。而对于经济隶属度不高的城市群而言，过于松散的城市间经济联系导致城市群整体的不协调发展。④区域是影响城市群经济关联度的重要因素。总体来说，我国城市群经济联系网络东中部比西部地区更强，东中部城市经济协调发展度高于西部地区。主要原因在于东中部地区地理位置优越，交通发达，而西部地区因地理位置受限，不具备交通优势，从而导致城市群内经济发展出现不协调状况。

进一步，我们分析十大城市群的发展历程不难发现，城市群具有显著的经济发展功能，城市群的发展有利于城市提高竞争力，提升经济发展质量和城市化水平。本项目运用如下回归模型对其进行检验：

$$\ln g_{it} = \beta_0 + \beta_1 \times d_{it} + \beta_2 \times s_{it} + \beta_3 \times c_{it} + \beta_4 \times e_{it} + \beta_5 \times m_{it} + v_t + \varepsilon_{it}$$

模型计算主要涉及城市人均实际 GDP、城市规模（用城市人口表示）、资本存量（用高校在校学生数量 / 总人口表示）、政府干预（用政府财政支出 /GDP 表示）等指标，计算过程中所有基础数据均来源于各省、市历年统计年鉴及各年城市统计年鉴。样本数据的描述性统计如表 6-2 所示。

表 6-2　主要变量含义及其描述性统计

变量	g	d	c	e	m
变量含义	人均实际 GDP（单位: 万元，基期为 1999 年）	城市群虚拟变量（是 =1，否 =0）	资本存量（单位: 百亿元，基期为 1999 年）	人力资本	政府干预
样本量	4850	4850	4850	4850	4850
均值	2.476	0.356	11.723	0.027	0.142
标准差	2.429	0.574	27.727	0.027	0.071
最小值	0.042	0	0.109	0	0.024
最大值	31.062	1	411.973	0.471	1.287

本书涉及的主要变量及含义说明如下：①被解释变量。地区经济发展水平（lng），我们用人均实际 GDP 表征。人均实际 GDP 排除了通货膨胀的影响，使得历年数据更具可比性。我们将历年 GDP 数据以 1999 年为基期进行调整。同时，将人均实际 GDP 进行对数化处理，以便消除异方差，并减少数据波动的影响。②解释变量。d 这一变量属于城市群虚拟变量（是 =1，否 =0），通过这一虚拟变量来判断城市群协调发展对经济发展是否具有推动作用。如果城市群的发展提高了经济发展水平，提高了城市发展质量，则这一解释变量为显著正值；反之，则为负值。③控制变量。本书加入了城市规模 s、资本存量 c、人力资本 e、政府干预 m 四个控制变量，以确保回归结果的可靠性。

从回归分析结果看，我们可以得出以下结论：①引入解释变量的回归结果如表 6-3 第（一）列显示，d 在 1% 的显著性水平上拒绝系数为零的原假设，其回归系数为 0.4296，说明城市群协调发展对城市经济增长具有显著的正向促进作用，同时表明变量选取具有一定的可靠性。②逐步引入控制变量，检验已有结论是否依然成立。回归结果如表 6-3 第（二）、第（三）列数据所示。统计数据及计量结果表明，城市群对城市经济具有显著的促进作用，这一规律具有较强的稳健性。

表 6-3　城市群协调发展与城市经济发展水平回归结果

变量	（一）	（二）	（三）
d	0.4296*** （0.025）	0.2883*** （0.022）	0.3400*** （0.018）
s		−0.1832*** （0.014）	−0.1378*** （0.014）
c		0.0182*** （0.001）	0.0152*** （0.001）
e		8.3326*** （0.404）	4.4776*** （0.295）
m		−1.6125*** （0.162）	−3.7965*** （0.233）
时间固定效应	控制	控制	控制
样本量	4850	4850	4600
决定系数（R^2）	0.0845	0.3999	0.3976

注：括号内的数值为标准误，*** 表示 $p<0.01$，** 表示 $p<0.05$。

　　考虑到城市群经济发展过程中影响因素众多，我们按一定标准从十大城市群中选取典型中心城市，进一步探究城市群集聚的演变规律。按照以下两个标准选择样本：首先，作为样本的中心城市应具备一定的人口规模，城市人口必须达到 150 万人以上；其次，作为样本的中心城市应当具备一定的经济规模，我们选择经济总量在所在省份中排名居于前两名的城市。依据上述标准进行选择，最终选取下列中心城市：北京、上海、天津、襄阳、苏州、贵阳、石家庄、杭州、唐山、宁波、太原、青岛、沈阳、南宁、洛阳、大连、长春、昆明、南昌、吉林、武汉、西安、哈尔滨、南京、济南、郑州、合肥、长沙、成都、广州、深圳、重庆、兰州和乌鲁木齐作为样本，分析城市群发展演变的特征。

　　城市集聚变量的基本描述性统计及其历年变动情况如表 6-4 所示。

表 6-4　全国各城市历年统计描述（集聚变量）

年份	平均值	标准差	最小值	最大值
1999	105.21	254.32	0.0352	1725.37
2000	108.48	258.97	0.0357	1769.46
2001	110.69	268.36	0.0369	1823.45
2002	126.54	287.35	0.0361	1832.85
2003	130.52	298.46	0.0362	1885.64
2004	136.79	308.36	0.0367	1954.76
2005	139.86	318.29	0.0369	2018.23
2006	140.34	327.38	0.0372	2092.52
2007	141.65	361.28	0.0378	2605.45
2008	142.50	393.36	0.0383	2798.26
2009	145.76	401.26	0.0386	2878.67
2010	147.29	405.83	0.0391	2863.58
2011	148.53	428.56	0.0384	2888.68
2012	152.46	425.47	0.0368	2916.46
2013	158.89	432.19	0.0386	2939.53
2014	159.23	435.52	0.0383	2986.69
2015	160.87	446.17	0.0384	3128.84
2016	165.25	454.21	0.0378	3152.63
2017	167.77	462.15	0.0379	3163.37
2018	168.23	474.26	0.0369	3264.18
2019	169.47	489.12	0.0421	3613.27

我们可以发现以下规律：

（1）在相同年份中，不同城市集聚程度差异比较大。这主要体现在最大值和最小值之间差异较大，并且集聚变量的标准差也比较大。例如，各城市 2019 年集聚度的平均水平为 169.47，而集聚度的最大值为 3613.27，最小值为 0.0421，标准差为 489.12。尽管我们选取的样本都是中心城市，并且所选城市经济体量排名在所在省份中位于前列，依然可以发现城市间的集聚程度及经济发展水平存在较大差异。造成这一巨大差异的原因主要在于我国十大城市群分布在全国各地，地理位置不同，历史文化不同，发展机遇不同，导致各省份经济发展水平存在较大差异，东部和中部地区城市集聚度以及城市发展水平普遍较高，而西部地区由于区位条件受限等，发展比较缓慢，城市集聚度及城市发展水平远远落后于东部和中部地区。

（2）从时间发展历程看，经过 10 多年的发展，我国城市群整体集聚度有了较大提高，城市化水平得到长足发展。不同城市的集聚度也呈现出不同的发展特征，集聚规模也存在较大差异。

（3）从集聚的增长速度看，1999 年，我国各城市平均集聚度为 105.21，而 2019 年为 169.47，平均年增长速度超过 3%。伴随着中国经济的高速增长，城市群的集聚速度也创造了增长的奇迹。

（4）从集聚的整体规模看，1999~2019 年，我国城市高速发展，城市规模也有了新的突破，特大城市的数量不断增加，在经济中发挥了极强的集聚和辐射效应。城市集聚度的最大值从 1999 年的 1725.37 增长到 2019 年的 3613.27，21 年间翻了一番多；而城市集聚度的最小值从 0.0352 增长到 0.0421，增幅较小。这说明随着城市经济发展水平的不断提高，大城市的集聚度相较以前有了更大的提升，人口等资源大量汇集在大城市，城市发展水平提升以及城市发展质量改善的主要贡献源于大城市的聚集度提高。而对于处于低端的西部城市来说，由于缺乏发展机遇，交通网络不发达，城市集聚度的增加非常有限，21 年间几乎没有变化。大城市越来越大，聚集度越来越高，而与之相伴的却是小城市集聚度极其有限的增长，说明集聚使得城市间的发展差距越来越大了。这一点也可以从我国城市集聚度的标准差变化中窥见端倪。21 年间，我国城市集聚度的标准差从 254.32 增长到 489.21。标准差反映的变量偏离均值的变异程度，标准差翻了将近一倍，说明不同城市间的集聚度差异更大了。

（5）从集聚的板块空间分布看，我国十大城市群分属东部、中部、西部等各大板块，板块间由于区位条件、资源条件等差异，城市群的发展水平存在较大差异。从时间发展历程来看，21 年间，伴随着经济的发展和城市化进程的推进，各大板块的城市集聚度都有了明显的增长，城市化水平水涨船高，整体得到了提升，只是不同的板块间因自身发展条件的差异，增长幅度存在较大差异。这一点可以从四大板块的城市集聚度增长率中明显看出，城市集聚度在 21 年间，东部地区增长了 73%，年均增长速度为 3.5%；中部地区增长了 39%，年均增长速度为 2.1%；西部地区增长了 58%，年均增长速度为 2.9%；东北地区增长了 21%，年均增长速度为 1.2%。其中，增长速度最快的是东部地区，其整体增长率是最高的，甚至高于十大城市群平均 3% 的增速。而从城市群发展的现状看，东部城市群目前是我国城市群中经济最发达和最有活力的区域，其集聚度及城市发展质量在全国内位居前列。可见，城市集群程度与经济发展水平的关系具有一定规律性。一般来说，城市集聚度越高，经济发展水平越发达。

二、城市群协调发展经济增长效应回归分析

在分析十大城市群经济关联度以及核心城市的集聚度历年发展变化时，我们对城市群的经济分布格局有了一定了解。本书运用计量模型检验城市群协调发展的经济增长效应，进而深化和丰富上文的研究。

基本计量模型设定如下：

$$\ln g_{it} = \beta_0 + \beta_1 \times r_{it} + \beta_2 \times s_{it} + \beta_3 \times c_{it} + \beta_4 \times e_{it} + \beta_5 \times m_{it} + \mu_i + v_t + \varepsilon_{it}$$

式中，下标 i 代表城市，t 代表年份。

计量模型涉及的变量及数据说明如下：①被解释变量：lng 表示经济发展水平。模型选用人均实际 GDP 作为测算城市经济发展水平的指标，人均实际 GDP 排除了通货膨胀的影响，使得历年数据更具可比性。我们将历年 GDP 数据以 1999 年为基期进行调整。同时，将人均实际 GDP 进行对数化处理，以便消除异方差，并减少数据波动的影响。②解释变量：r 表示城市群的协调发展水平。μ_i 这一变量主要反映城市历史人文、资源禀赋等具有城市特色的指标的个体特征，属于个体

虚拟变量。③在检验城市协调发展水平的经济增长效应过程中，选取 1999~2019 年地级市统计数据。每一年度包含 298 个样本。计算中涉及的所有数据均来源于各省、市政府发布的历年统计年鉴，以及历年城市统计年鉴。

回归结果如表 6-5 所示。

表 6-5　城市群协调发展与城市经济增长效应的基本回归结果

变量	（一）	（二）	（三）
r	0.0002** （0.000）	0.0003*** （0.000）	0.0003*** （0.000）
s	−0.1653*** （0.017）	−0.3026*** （0.018）	−0.3026*** （0.042）
c	0.0196*** （0.003）	0.0010*** （0.000）	0.0010*** （0.002）
e	7.5906*** （0.349）	−0.8726*** （0.339）	−0.8726*** （0.625）
m	−1.9269*** （0.179）	−1.3079*** （0.158）	−1.3079*** （0.386）
lng	—	0.0004（0.0375）	0.0004（0.0375）
时间固定效应	未控制	控制	控制
个体固定效应	未控制	控制	控制
样本量	4850	4600	4600
决定系数（R^2）	0.4765	0.1676	0.1676

注：括号内的数值为标准误，*** 表示 $p<0.01$，** 表示 $p<0.05$。

具体计量过程及得到的结论说明如下：① OLS 回归结果如表 6-5 的第（一）列所示。从回归结果可以看出，r 的系数为显著的正值。②采用稳健标准误的双向固定效应模型（FE），通过面板数据进行处理，其回归结果如表 6-5 的第（二）列所示。回归结果表明，城市群协调发展程度每提高 1 单位，城市人均实际 GDP 将提高 0.04%，城市群协调发展对城市经济发展具有重要的推动作用。③为了得到更可信的估计结论，进一步控制计量分析中的异方差问题，采用在时间效应和个体效应两个方向上聚类稳健标准误进行分析，分析结果如表6-5的第（三）列所示。解释变量r的系数在5%的条件下依然显著为正，表明城市群协调发展促进经济增长的结论非常稳健。④人力资本、资本存量对经济增长的效应均为正向，说明城市集聚过程中伴随着知识、资本集聚，二者共同形成正向经济效应，共同促进城市经济增长，并且具有显著效应。人力资本有助于促进城市经济增长（显著性水平为1%），人力资本每提高1%，则城市经济增长水平将上升0.0375个百分点。说明人力资本的聚集，意味着城市内众多高端人才的会聚，其创造能力、劳动效率非常强，因而能够推动城市经济迅速增长。资本存量在1%的显著水平下显著为正，其影响系数为0.4873，说明资本存量对于城市经济的稳定增长起到重要作用，经济增长对资本投入仍有较高的依赖程度。经济新常态下应想方设法改变这种高投入的粗放式增长方式。研究表明，政府干预对经济增长的影响显著为负（显著性水平为1%），即政府干预每提高1%，经济增长水平下降0.0386%。

为进一步检验该结果的稳健性，分别引入聚集程度lnden（用市区单位面积人口数量的对数值来表示）和市场潜力lnp（市场潜力的对数值）变量进行稳健性检验。

回归结果如表6-6的第（一）列和第（二）列所示。回归结果表明，集聚程度和市场潜力在1%的显著水平下显著为正，说明本书选取了比较合理的指标测度城市群协调发展程度，城市群的协调发展对城市经济的促进作用比较稳健。

表 6-6　回归结果稳健性检验

变量	（一）	（二）	（三）	（四）
r	0.0003^{***} （0.000）	0.0003^{***} （0.000）	0.0004^{***} （0.000）	0.0003^{***} （0.000）
s	-0.1853^{***} （0.018）	-0.3032^{***} （0.019）	-0.2026^{***} （0.034）	-0.2423^{***} （0.019）
lnden	0.0532^{***} （0.012）			

变量	（一）	（二）	（三）	（四）
lnp		0.7931*** （0.118）		
cy			0.0157 （0.1365）	
c	0.0185*** （0.000）	0.0023*** （0.000）	0.002*** （0.002）	0.0075*** （0.001）
e	−0.7321*** （0.239）	−0.7387*** （0.183）	−0.7826*** （0.225）	−0.5374* （0.365）
m	−1.2237*** （0.149）	−1.0876*** （0.107）	−1.2078*** （0.136）	−1.6853*** （0.163）
时间固定效应	未控制	控制	控制	控制
个体固定效应	未控制	控制	控制	控制
样本量	4850	4330	4850	2580
决定系数（R^2）	0.1624	0.1985	0.1578	0.2325

注：括号内的数值为标准误，*** 表示 $p<0.01$，** 表示 $p<0.05$，* 表示 $p<0.1$。

　　为了进一步检验回归结果对解释变量变动的稳健性，本书引入对外联系水平变量，观察 r 系数的变动。对外联系水平变量用城市利用外资金额占 GDP 的比重进行衡量，相关数据来自《中国城市统计年鉴》（1999~2019）。结果如表 6-6 的第（三）列所示。可以看出，引入的对外联系水平变量对城市经济发展没有明显的解释力，并且其他主要关注变量的系数没有发生明显的变动。这个结果表明本项目的回归对于解释变量的变动具有良好的稳健性。

　　城市经济发展受多种复杂因素的影响，其中政府政策的推动是最直接、影响最大的一个因素。在城市经济发展实践中，不乏有这种状况，城市群协调发展对城市经济发展的促进作用并不是由城市群协调发展水平提高所致。因为影响城市群协调发展的因素纷繁复杂，很多时候，城市群发展呈现出来的协调状况不是因为本身的协调发展水平提高了，而是由政府政策等其他外界因素的影响所致。城市政府尤其是上一级政府以及中央政府的支持政策，发展战略的指引，或者要求城市间为统一的目标采取协同策略，都会使得城市群发展呈现高度协调的状况，而这种协调状况并不代表城市群协调发展水平的提高，由此带来的城市经济发展水平的提升与城市群协调发展毫无关联。为了检验这一状况是否发生，我们将城市群的发展从时间上划分为两个阶段，一个阶段是城市群自发发展阶段，另一个阶段是伴随着国家政策推动的发展阶段。这两个阶段的分水岭是 2006 年，主要原因在于 2006 年之前和之后，国家对城市群发展的干预度存在较大差异。2006 年以前主要是自发式发展，而 2006 年以后，国家相继出台了一系列城市群发展规划和政策，对城市群发展的支持力度较大，因而，在此之前政府政策干预推动城市群发展的可能性比较小，这种人为推动更可能发生在 2006 年以后。故本书进行回归分析时，选用 1999~2005 年的面板数据，得到的结果如表 6-6 的第（四）列所示。回归结果显示，城市群协调发展的经济增长效应同样非常显著，这种显著促进作用在国家出台大量城市群政策之前就已显现。可见，城市群协调发展对经济增长的促进作用，在政府采用政策主动干预之前已经表现得非常稳健，关于城市群增长效应可能来自国家政策的疑虑不攻自破。

城市群发展实践及计量分析表明，我国城市群协调发展度与城市经济增长之间表现为开口向上、对称轴为正数的抛物线图形，呈现为 U 形关系。抛物线的底部位于协调发展程度为 900 的水平，对称轴在城市群协调发展度变量为 900。如图 6-1 所示。

在城市群协调发展的推动下，城市群内呈现整体经济增长：城市群内居民收入水平提高，消费能力增强，引发市场需求量的增加，由此带动新一轮的生产要素向城市聚集，并进一步推动城市经济水平提高，而城市经济发展水平的提高又会强化城市的集聚功能。这是

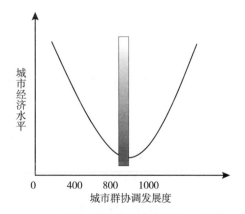

图 6-1　城市群协调发展度与城市经济增长之间的关系

一个循环往复的过程。从城市发展的历史以及统计回归结果可以发现，城市群协调发展与城市经济增长之间并不是线性关系。在对称轴的左边，二者呈反向变化，即城市群协调发展度低对应着城市经济发展的高水平；而在对称轴的右边，二者呈正向变化，即城市经济发展水平随城市协调发展度的提高而不断提升。说明城市群发展演进过程中，非常高的协调度和非常低的协调度都对应着较高的经济水平。这一状况看起来不太可能出现，但事实是在我国城市群发展的过程中，这一状况真实发生了。之所以出现这一现象，主要原因在于城市群的协调发展受多种因素影响，城市的发展不仅取决于城市群的协调发展水平，还与周边地区的经济发展状况紧密相连。例如，以北京、上海为例，作为中国的超大城市，其所处的城市群协调发展度非常高，北京、上海在城市群中发挥着核心增长极的作用，其集聚功能非常强大，城市内不仅人口密度大，而且交通网络等基础设施完善，城市发展水平非常高。周边城市在它们的带动下，也获得了高质量的发展，城市发展水平处于较高层次。这种高协调度、高城市发展水平的现象对应的就是抛物线对称轴右边反映的状况。又如，对于城市群协调发展度较低的西部地区中的某些偏远城市，城市群的协调发展度低决定了城市聚集无法促进城市的经济发展，但这些城市往往自然资源丰富，腹地独立且广阔，能够依靠资源禀赋获得比较好的经济发展。因而，虽然城市群协调发展度较低，但城市经济发展水平依然较高。

总体而言，城市群的协调发展对于城市经济发展具有正向的促进作用，城市经济发展水平随城市群协调发展的提高而不断提升。

第二节　长三角城市群协调发展动态变迁历程及评价分析

一、长三角城市群空间演化变迁及特征分析

长三角城市群因其地理位置的特殊性及多年的快速发展，在国际、国内均具有较高的地位，目前已发展成为全球性城市群的代表，也是我国经济最具活力和

竞争力的地区之一。长三角的概念自从提出以来，其空间界限就未明确界定，因而各类文献中所指的长三角区域的空间范围存在差异。长三角概念起源于自然地理中的长江三角洲冲积平原[①]（江苏镇江以东、通扬运河以南、浙江杭州湾以北，由长江和钱塘江冲积而成的面积近万平方千米的河口三角洲）。但经济地理意义上的空间范围与自然地理意义上的空间范围差异较大。作为一个经济区域的概念，其起源要追溯到上海经济区的设立[②]。1982年，国务院提出建立上海经济区，当时这一经济区的空间范围主要指上海、无锡、常州、宁波、苏州和杭州等10个城市。随着经济的发展和时代的变迁，长三角的空间范围也不断变迁。从1986年五省一市省市长联席会议界定的五省一市到1992年将其确定为14个市，再到2003年扩容至22个市。长三角城市群发展经历了一个十分漫长的演变过程。2010年，国务院颁布的《长江三角洲地区区域规划》明确了规划区范围以上海、江苏8市和浙江7市为核心区。随着长三角城市群综合实力和影响力的不断增强，国家和地方政府意识到长三角城市群对区域经济发展的作用，开始逐渐扩大长三角城市群的规划建设范围。2013年底，长三角经济协调会会员城市总量达到30个。2016年5月，国务院批准的《长江三角洲城市群发展规划》规划范围已经从原来的"两省一市"拓展到"三省一市"，包括上海，江苏的南京、无锡、常州、苏州、南通、盐城、扬州、镇江、泰州，浙江的杭州、宁波、嘉兴、湖州、绍兴、金华、舟山、台州，安徽的合肥、芜湖、马鞍山、铜陵、安庆、滁州、池州、宣城等26个城市，区域面积21.17万平方千米，占国土面积的2.2%。

可以说，长三角城市群空间范围的变迁反映了该城市群经济快速发展，集聚作用及吸引力不断增强的过程。因而，众多城市纷纷要求加盟。在政府的历次长三角区域规划中，规划的空间范围也不断随之而变化，甚至提出泛长三角的概念。

鉴于长三角概念的动态变迁幅度较大，本书选取长三角城市群的26个城市作

---

① 许文学.长三角地方政府环保合作对环境污染排放的影响研究［D］.上海财经大学硕士学位论文，2020：30-45.

② 向春玲.中国城镇化进程中的"城市病"及其治理［J］.新疆师范大学学报（哲学社会科学版），2014，35（2）：45-53.

为样本（依据 2016 年 5 月国务院批复的《长江三角洲城市群发展规划》中对长三角城市群规模范围所做的界定），以上海为中心，根据城市距离上海、南京、杭州的空间距离排序，用以下公式计算平均半径：

$$S_b = \left(\overline{\frac{1}{b} \sum_{a=1}^{b} T_a^2} \right)^{\frac{1}{2}}$$

式中，S_b 为平均半径，T_a 为第 a 个城市与中心城市之间的欧氏距离（即直线距离），b 为城市个数，公式上面的 "—" 表示求平均值。

再通过绘制 lnb 和 $\ln S_b$ 的双对数坐标图，分别以不同城市为中心计算集聚维数和决定系数。结果如表 6-7 所示。

表 6-7　集聚维数与决定系数

测算中心	集聚维数	决定系数
上海	1.6627	0.9867
杭州	1.5850	0.9859
南京	1.3841	0.9945

由计算结果可知，上述计算所得的集聚维数都小于 2，说明上海、杭州、南京三个城市的集聚度都比较高，它们分别以各自为中心，充分发挥集聚功能，城市内聚集了大量人口、资本等生产要素，推动城市经济发展，同时带动周边城市的发展。可见，在整个长三角城市群中，并不是只有上海一个核心，而是存在多个核心，资源要素围绕多个核心聚集，呈现多中心发展模式。而上海作为整个城市群中的第一核心，以其为中心计算得到的聚集维数最大，说明其集聚功能最强，在整个城市群中占据最重要的地位，是整个城市群的核心增长极，也是国内重要的经济金融发展中心。同时，我们发现，上海、杭州和南京的集聚维数相差不大，说明长三角城市群正在由单中心的极核模式向以上海、南京、杭州等为中心的多中心模式转变。此外，杭州的集聚维数比南京的略大，说明杭州的集聚能力比南京的集聚能力强。

为了计算结果的严谨性和准确性，我们选取较大的样本量，以 26 个城市为研究对象。把 1500 千米 × 1500 千米的矩形边长视为 1 并将其进行 L 等分，得到 L^2 个小单元，则每个单元的边长为 i=1/L。据此计算出被分形点占据的网格数

M（i），以及第 a 行第 b 列网格中包含的分形点数目 M_{ab}（i），从而得到概率 O_{ab}（i）=M_{ab}（i）/M，并计算得到相应的 H（i），结果如表 6-8 所示。

表 6-8　标度 L 下的 M 值和 H 值

量	数值								
L	2	3	4	5	6	7	8	9	10
M	8	12	14	18	20	28	32	34	38
H（i）	1.1	1.68	2.14	2.38	2.63	2.86	3.25	3.46	3.48
L	11	12	13	14	15	16	17	18	19
M	42	44	52	54	58	60	62	67	69
H（i）	3.41	3.58	3.69	3.86	3.88	3.95	4.06	4.09	4.16

注：以上数据采用 Geoda 地理统计软件生成直线距离，通过网络维数计算整理得到。

在多中心的集聚及扩散效应下，长三角城市群空间布局正处于由沿线（如铁路、高速、河流、海岸等）分布状态向均匀分布过渡的阶段，即由轴线向均衡化发展的阶段。这一点可以通过计算城市群的维数及决定系数得到验证。通过计算得到长三角的容量维数和信息维数的取值范围是 1~2（容量维数为 1.3163，决定系数是 0.9762；信息维数为 1.3186，决定系数是 0.9961），完美验证了城市群空间发展格局的演变。

就城市群空间分布的向心性而言，南京和杭州的集聚维数与上海的数值越来越接近，差异日趋缩小。说明南京和杭州的集聚功能越来越强，周边城市逐步以其为核心发展，围绕南京、杭州已经形成新的二级城市群。南京、杭州与上海逐步形成三足鼎立的局势，城市群多中心发展格局日渐形成。当然，短时间内南京、杭州的集聚能力无法与上海比拟，上海在整个城市群中的核心地位尚未动摇。城市群的空间分布最密集的中心是上海，并逐渐向周边城市扩散且递减。这些新的发展现象说明长三角城市群的空间分布形式已经不再是过去以上海单一城市为核心的发展模式，而是逐步过渡到以多中心为基础进行扩张发展的圈层式发展格局。这种圈层式发展格局，在城市群发展过程中存在多个中心，城市群发展以几个中心城市为节点，彼此间形成错综复杂的联系，最终形成网络式发展格局。

　　运用 2009~2019 年的统计数据，对长三角非农人口 P（L）和城市序号 L 分别取对数，得到 ln P（L）和 lnL，再用 lnP（L）和 lnL 作线性回归，长三角城市群空间组织 Zipf 维数演变图如图 6-2 所示。

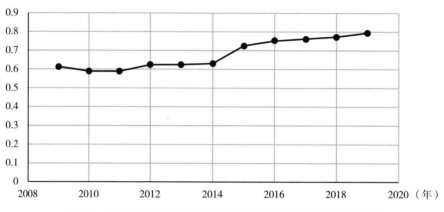

图 6-2　2009~2019 年长三角城市群空间组织 Zipf 维数演变图

　　从统计数据及图 6-2 可以得出以下结论：① 2009~2019 年，Zipf 维数都小于 1，说明长三角城市群人口比较分散，分布在各等级城市中。即长三角城市群呈现位序规模型空间分布特征，人口规模分布合理，功能分工专业化程度较高。②从总体趋势上看，Zipf 维数逐年上升，说明 2009~2019 年长三角城市群趋于集中的力量大于分散的力量，总体上表现为从极核式空间组织向圈层式空间组织演变。③从总体集聚功能看，各个城市发挥的作用并不相同。上海作为特大城市，处于城市群的核心，其集聚功能非常强大。近年来，伴随着人口的高度聚集与涌入，上海的生态承载压力非常大。为了缓解城市发展的压力，防范城市病，上海出台了一系列措施限制人口增长，削弱了首位城市的人口集聚能力。因此，近年来核心城市人口序位系数一直较为平稳。而与上海相反，江浙地区呈现出人口向核心城市集聚的发展趋势。江苏的人口多集中于南京，杭州和宁波则是浙江的人口聚集地。总体来看，在长三角城市群的发展过程中，聚集效应一直居于主导地位，人口呈现向中心城市集聚的发展趋势。④长三角圈层式空间结构的形成，说明上海不再是唯一的中心城市，以南京、杭州等次级中心为代表的城市，在未来位序变化中的作用不容忽视。这些次级中心一般位于上海周边地区，地理位置优越，城市经济发展基础较好。为了争夺城市发展所需的各类人才，彼此将展开激烈的竞争，这种竞争直接导致核心城市位序系数的进一步下降。⑤核心城市位序系数的变化导致城市特征从首位型转变成位序规模型，这种演进过程是经济发展的必然结果，也是城市整体功能优化的内在需求。

不同城市具有不同的资源禀赋、区位条件和发展历史，资源禀赋奠定了城市群生存发展的一般性功能，而基于区位条件和发展历史，城市具有一定的优势和特殊功能，不同的城市各司其职，在城市群中形成分工合作体系。实践中，城市群城市间的分工合作按照城市的等级、规模依次扩散，城市的规模及空间布局影响其扩散的方向及效率，这种分工合作体系建立在一定的空间秩序基础之上。

前文从城市化进程的角度，测算和分析了长三角城市群的规模演变过程，为分析其空间组织的规模演变过程及特征奠定了基础。下面我们运用位序 – 规模原理对长三角城市群的规模分布进行测算，并结合城市群的结构与功能进行分析，从集成和综合的角度揭示其阶段性演变特征。

（一）长三角城市群人口和经济规模演变过程的阶段性特征

根据人口统计数据，利用SPSS19.0统计分析软件选取长三角城市群的26个典型城市，收集2005~2019年的基础数据，按规模分组进行分类分析。唯一的超大型城市上海，自成一类，不参与分组。

从历年统计数据及聚类分析可以得出长三角城市群人口规模分组及演变特征，结论如下：①从人口的总规模看，2005~2019年，长三角城市群人口规模呈几何级数增加，从2005年的14596.4万人上升至2019年的22748.3万人，总人口增加8151.9万人，年均增长率达到3.7%，并且呈逐年增长态势。②从人口规模结构看，2005~2019年，城市群人口规模结构大致呈现金字塔结构，城市与城市间的人口密度存在较大差异。除上海之外，人口最多的城市是徐州，无锡和宁波在核心城市的带动下，经济发展迅速，人口的聚集速度也非常快。

2005年，长三角城市群的核心是上海，整个城市群在上海的带动下，不断向外拓展延伸，延伸的方向主要是沿着交通轴线扩展，城市群空间结构虽然还属于极化发展，已呈现出明显的点轴结构的阶段性特征，但仍保留了部分极化发展阶段的特征。此时，长三角城市群中除上海以外，经济规模大于 2000 亿元小于 4000 亿元的有苏州、杭州、无锡、宁波 4 个城市，表明长三角城市群从 2005 年到 2008 年已经从极化结构缓慢演变为点轴结构。极化发展阶段的特点是单个核心城市集聚发展，其余分散城市的规模等级差别较小，城市群由一个能够发挥中心集聚功能的大城市和若干中小城市组成。2005 年，虽然已经有 4 个经济规模仅次于上海的城市的集聚规模较高，但从聚类分析看，除了上海 1 个中心城市和 4 个集聚规模相对较高的城市，剩下的 21 个城市经济规模差距较小，整体发展水平不高。由此可以推断，长三角城市群虽然步入了点轴阶段，但仍由一个中心程度较高、集聚作用较强的中心城市上海、4 个副中心城市和 21 个分散的等级规模差距较小的城市组成。对应于点轴结构，其功能以要素和产业集聚为主，对低等级城市及腹地区域的辐射和影响力不强，整个城市群体系的功能分工与互补格局还没有形成。

2008 年，长三角城市群仍处于点轴结构阶段，但极化阶段的特征已经消失。首先，2008 年，长三角的经济总量 59602.2992 亿元，与 2005 年相比上升了 29207.5235 亿元。其中，经济规模大于 10000 亿元的城市增加了 6 个，在长三角城市群 26 个城市中已有 20 个城市经济规模大于 100 亿元。其次，城市群中小于等于 400 亿元的小规模城市数量在减少，截至 2008 年，经济规模小于等于 400 亿元的仅有池州 1 个城市。这足以说明长三角城市群在中心城市的辐射作用下，内部经济规模差距在逐渐缩小。苏州、杭州、无锡、宁波和南京等副中心城市逐渐发挥了辐射作用，中心城市与周边城市之间的联系加强，中心城市、副中心城市在集聚要素和产业的同时，逐渐与低等级中心城市及腹地区域形成功能分工和互补的雏形。

2011 年以来，长三角城市群空间组织的结构已进入圈层阶段。各副中心城市周围的低等级中心城市的经济规模在扩大，呈现出较小规模等级城市数量逐渐减少、中等规模城市数量不断增多的趋势。长三角城市群形成了由作为核心的上海，作为副中心的杭州、南京、宁波、合肥等，以及二级城市和更低等级中心城镇构成的空间结构，与此对应的各圈层内城市的产业结构、城市规模层级依次降低。

圈层状结构有利于高等级中心城市与低等级中心城市的联系趋向紧密，使城市群的功能分工更明确，互补性更强。长三角城市群整体规模不断上升，并且保持了比较大的增长幅度。随着城市的发展，其空间规模不断拓展，为人口的集聚和城市经济发展水平的进一步提升奠定了基础。

从人口总量与经济规模的发展看，长三角城市群中二者的发展方向一致，总体规模呈现不断扩张趋势。尽管如此，二者的增长幅度却呈现较大差异，并且在2010年出现了拐点，经济增长率呈现下降趋势。主要原因在于经过前期的高速增长，因技术、资源等瓶颈，导致经济增长率放缓。其中，最大城市上海的发展变化尤为明显。长期经济发展历程中奠定了国际大都市的地位，使得上海这座城市对各类人才的吸引力极强，因而人口规模不断扩大，已成为国内人口密度最大的城市。与此同时，上海的经济规模不断扩张，与人口保持了同向变化，但增长率却在持续下降，并未与人口增速保持相同的增长率，说明人口的高密度聚集，并没有为城市带来持续的 GDP 增长，上海大都市的城市经济发展遭遇到了一定的瓶颈，城市的经济规模与人口规模的不匹配性也日益凸显。

2019 年以来，长三角城市群整体经济增速及 GDP 规模得到了空前的发展，核心城市的集聚作用及辐射效用增强。从城市群整体看，距离上海越近的城市其 GDP 总量往往越高；距离四个副中心较近的城市，其 GDP 总量也比较高。但随着国家层面对长三角城市群在制度方面的安排，这一分布态势有所改变。这是由于城市群空间结构自身调节机制所带来的某种程度的自组织性，使得结构变化得以被限制在一定的边界以内，而且调节机制失控或受到外部力量的干预，有可能导致原有内在的转化规律变更，进而改变原有空间结构及相应的功能，从而影响长三角城市群的整体规模。

（二）长三角城市群规模分布

自 2004 年以来，长三角城市群经过多次调整规划，包含的城市不断发生变化。依据 2016 年 5 月国务院批准的《长江三角洲城市群发展规划》，长三角城市群包含"三省一市"中的 26 个城市（上海，江苏的南京、无锡、常州、苏州、南通、盐城、扬州、镇江、泰州，浙江的杭州、宁波、嘉兴、湖州、绍兴、金华、舟山、台州，安徽的合肥、芜湖、马鞍山、铜陵、安庆、滁州、池州、宣城）。在长三角三省一市中，安徽起着承接东西的重要作用，地理位置重要、生态功能凸显，在打造长三角世界级城市群中，安徽作为后台支撑和桥梁，其重要性不言而喻。在基础设施建设上，安徽起到了推动长三角与中西部腹地互联互通的关键作用，而在生态环境建设中，安徽是长三角的后花园和重要的生态屏障。在长三角区域基础设施建设共通共享和生态环境保护方面，2016年《长江三角洲城市群发展规划》强调"健全互联互通的基础设施网络，统筹推进交通、信息、能源、水利等基础设施建设，构建布局合理、设施配套、功能完善、安全高效的现代基础设施网络，提升基础设施互联互通"。而在生态环境保护方面，《长江三角洲城市群发展规划》提出"依托江淮丘陵、大别山、黄山—天目山—武夷山、四明山—雁荡山共筑西部和南部绿色生态屏障"，强调"深化跨区域水污染联防联治，以改善水质、保护水系为目标，建立水污染防治倒逼机制，实施跨界河流断面达标保障金制度"。2018年，《长三角地区一体化发展三年行动计划（2018—2020年）》提出了一体化发展的任务，具体包括：加快轨道交通网建设、全面提升省际公路运输能力、持续推进区域港航协同发展、协力打造长三角世界级机场群、强化交通运输联合执法、完善公交服务一体化等；同时提议合力打好污染防治攻坚战、建设绿色美丽长三角，包括强化生态系统和生态空间保护、推进江河湖海水环境协同治理、深入推进大气污染协同防治、强化区域环境协同监管、进一步完善区域环保合作机制等任务。安徽的《长江三角洲城市群发展规划安徽实施方案》（皖政办〔2016〕76号）提出要构建高等级、一体化、网络化的基础设施体系，在交通设施上，对外贯通扩容至沪苏浙地区的东向交通大通道，完善多层次综合交通通道体系；对内完善以合肥为中心、以综合交通枢纽城市为节点的内部综合交通运输网；在信息设施建设上，完善区域一体化网络布局；在能源设施建设上，加快能源输送节点和能源产业发展高地建设，为长三角世界级城市群建设提供清洁可靠的能源保障。

鉴于安徽在长三角城市群建设与协调发展过程中的作用日益凸显，尽管长三角城市群经过多次调整规划，包含的城市不断更迭变化，本书依然采用2016年5

月国务院批准的《长江三角洲城市群发展规划》，选取长三角城市群包含"三省一市"中的 26 个城市进行分析，以完整展现并剖析长三角城市群空间演变的阶段性特征。

调研分析发现，长三角城市群城市规模分布符合位序法则，排在前三位的依次是上海、苏州和杭州。南京、合肥、无锡和宁波虽位序略有升降，但稳定在第 4~7 位。值得注意的是，二级城市中，绍兴作为 2004 年、2009 年的第 8 位在 2014 年下降到了第 10 位，而常州的位序不断向前靠，从 2004 年的第 11 位上升到 2014 年的第 8 位。在长三角三省一市中，上海、浙江、江苏均为沿海地区，唯有安徽地处腹地。这在某种程度上构成了安徽的优势，因为沪苏向西、浙江向北的交通均需经过安徽，在交通等基础设施、河流等生态环境上，安徽与沪苏浙天然融为一体。而马鞍山、铜陵等城市随着安徽在长三角城市群中经济地位的不断上升，其位序也不断前移[①]。

综上所述，城市群产业空间集聚与扩散的不断增强，人口规模与经济规模的扩大，形成内生的自增强动力，导致城市群空间规模的外延与扩展。在城市群发展初期，由于城市区域内资源禀赋和区位条件存在差异，经济发展所需要素首先表现为产业组织在共同利益驱动下向资源禀赋丰富和区位发展条件优越的核心区集中，形成产业集聚区。产业组织在核心区集聚，形成规模经济，实现集聚效益，并带动相关产业的发展，城市群区域的人口与经济规模开始扩大。当产业集聚到一定阶段时，产业组织和人口的高度集中，导致集聚经济边际收益递减，部分产业组织的经济活动便会向中心城市的腹地区域扩散，通过辐射和扩散等作用对腹地区域的产业发展产生积极影响，推动腹地区域经济规模扩大，并不断向周边地区拓展生存空间，由此导致城市群的边界不断向外延伸，核心城市的辐射作用及扩散效应所能影响的城市空间也逐渐扩展。同时，城市群规模的扩大又为中心和副中心及更低等级中心城市提供了更大范围集聚要素的空间，并推动产业集聚和扩散在更高层次实现均衡，进一步优化城市群的规模等级及空间布局。城市群内

---

① 杨义武，方大春.安徽省城市群协调发展研究［J］.安徽工业大学学报（社会科学版），2012（1）：3-5.

城市间的经济关联度使得各城市保持联系，这种联系体现在资源和要素的互换以及聚集上。城市群中的中心城市通过辐射作用带动周边地区城市的发展，同时随着经济的发展，自身的集聚功能越来越强[1]，各种生产要素包括人口都会汇集到中心城市，推动中心城市的经济发展。而中心城市在得到充分发展后，又会通过扩散效应，反哺周边城市，并将自身没有比较优势的产业逐步转移到其他城市，其他城市会依据自身的资源优势及产业发展的比较优势，承接优势产业，并进一步打造为自身的特色产业，参与整个城市群的产业分工。这一产业聚集与扩散的过程实际上是城市间产业分工体系形成的过程。在经济新常态背景下，没有一个城市能够孤立存在，城市与城市间的分工协作对城市经济的发展至关重要。产业的集聚与扩散反过来影响城市经济发展水平及发展规模。产业的发展过程中，各城市为了推动特色产业的发展，积极制定产业政策引导资源的有效配置，汇集所有资源为特色产业打造服务，为特色产业的发展提供必要的政策支持，这些措施都极大地提高了城市群内资源配置的效率，推动了城市群经济的快速发展。而城市的发展又推动了城市群整体经济的协调发展[2]。随着产业分工体系的形成，各城市在产业分工过程中建立起密切的经济联系，城市间的经济联系呈现网络化发展，由此导致城市空间经济格局发生重大变化，并趋向于网络化结构的演变。城市群的空间形态在不同的发展阶段会呈现出不同的形式，在城市群发展的早期，大多呈现出单中心的极化发展模式，主要原因在于资源等生产要素有限。要大力发展核心城市，需要汇集众多的生产要素。而核心城市往往由于其自身区位优势等先天优势或者政府政策的支持，具备强大的集聚功能，因而很快发展为城市群的核心城市。而当核心城市的规模扩张到一定程度时，产业的高度聚集，尤其是人口密度达到上限时，城市发展空间承载力的不足日益凸显，需要向周边城市发展以缓解中心城市的发展压力。所以，核心城市不断向周边拓展生存空间，城市规模不断扩张，进一步增强了产业的集聚，以此推动城市区域空间结构的发展，最后达到两者的动态平衡。在产业群落的空间演化进程中，产业

---

① 张明斗，冯晓青. 中国城市韧性度综合评价 [J]. 城市问题，2018（10）：27-36.
② 靖学青. 关于创建长江三角洲区域协调组织机构的探讨 [J]. 经济体制改革，2008（9）：12-14.

聚集和扩散相互依存，交替发展，并在一定条件下相互转换，推动产业空间布局的演变，并由此促进城市群经济由极化—点轴阶段（区域）向圈层网络化阶段发展。

城市群发展之初，各城市间经济发展水平几乎没有差异。随着城市化进程的推进，城市间经济发展水平的差距不断扩大，主要原因在于各城市资源禀赋不同，由此吸引不同的产业在城市空间中依据资源优势进行布局以及集聚。产业集聚在推动城市化发展水平过程中起到重要作用。产业的集聚为当地提供了更多的就业岗位，增强了城市对人口的集聚能力，同时产业的发展也需要更多要素的加入，由此吸引生产要素在城市聚集[1]。可以说，伴随着产业的集聚，越来越多的要素在城市空间集聚，再加上政府政策的扶持等，都成为推动城市经济快速发展的重要因素[2]。一旦城市经济发展水平远超城市群内其他城市，就可以认为城市群中的经济增长极已经形成，并且它将通过扩散效应带动周边城市的发展，不断扩张城市规模。城市空间形态的演进会反过来推动产业的集聚与扩散。而产业的发展（集聚与扩散）又反过来优化周围的空间结构，促进产业链的延伸，逐渐形成沿产业集聚扩散路径的轴带及相应的功能，由此带动城市群协调发展。

二、长三角城市群协调发展水平测度及评价分析

在分析了长三角城市群历史变迁过程及特征后，我们将运用前述计量方法及评价模型，依据长三角城市群的发展特征，选取长三角城市群协调发展评价指标体系，全面评价长三角城市群的协调发展状况。计算过程中涉及 2009~2019 年城市群内各市地区生产总值、市辖区面积、市辖区人口、从业人口、投资总额、财政支出以及高等院校学生人数等各项原始数据，所有原始数据均来源于浙江、江苏、安徽历年统计年鉴，以及《上海统计年鉴》及各市政府所发布的年度统计年鉴、历年中国城市统计年鉴，同时采用了中经网所发布的历年统计数据。

---

[1] 杨昌辉，周开乐，冯南平. 城市群创新发展中的产业转移研究——以皖江城市群为例 [J]. 江淮论坛，2014（5）：54-60.
[2] 张京祥. 城镇群空间发展 [M]. 南京：江苏教育出版社，2000：20-55

不同城市在城市群协调发展中的作用不同，其在城市群中的作用和地位取决于城市的发展状况。不同经济实力以及经济发展质量的城市，与周边城市的经济关联度差异比较大。一般来说，城市的规模越大，说明其集聚功能越强，城市的经济发展水平越高。与之对应的是与城市群中其他城市，通过极化作用和扩散效应保持紧密的联系，带动城市群整体经济的协调演进。在这一协调发展过程中，等级规模以及实力各异的城市积极参与，发挥着不同的作用。为具体测度各个城市的不同作用，我们先对城市群的城市进行等级划分。城市的基本职能是决定城市性质和发展规模的主要因素，因此，我们可以依据城市职能指数划分城市的等级规模。城市在发展过程中需要承担各种职能，以满足城市发展的需要。城市职能指数指在城市体系中，代表某项职能在城市发展中的重要性的指数。城市职能指数通常按该项职能就业人数百分比与整个城市体系该项职能就业人数平均百分比的比值表示。为了准确划分城市等级，我们选取五个指标（地区生产总值（D_i）非农业人口数（N_i）、专业技术人员数（J_i）、固定资产投资额（F_i）、社会消费品零售总额（X_i））分别计算其职能指数，在此基础上计算平均职能指数，用平均职能指数的值作为划分城市等级的依据。

选取各城市（上述 26 个最具代表性的典型城市）2019 年上述五项指标进行计算，计算过程中涉及的数据均来源于各城市历年统计年鉴。职能指数（K_{Di}、K_{Ni}、K_{Ji}、K_{Fi}、K_{Xi}）的计算公式如下：

$$K_{Di} = \frac{D_i}{\frac{1}{n}\sum_{i=1}^{n} D_i}$$

K_{Ni}、K_{Ji}、K_{Fi}、K_{Xi} 可以按此方法推导计算。平均职能指数为上述五项职能指数的平均数，其计算公式如下：

$$K_{Ei} = \frac{K_{Di}+K_{Ni}+K_{Ji}+K_{Fi}+K_{Xi}}{5}$$

据此，可将 26 个城市划分为四个等级，以确定其在城市群中的重要性和地位，如表 6-9 所示。

表 6-9　长三角城市群中心城市等级划分

城市	K_{Ei}	中心城市	城市	K_{Ei}	中心城市
上海	2.95	$K_{Ei}>2.4$ 为一级中心	嘉兴	0.58	$K_{Ei}>0.5$ 为三级中心
南京	2.83		绍兴	0.56	
杭州	2.81		马鞍山	0.54	
苏州	2.64		南通	0.53	
合肥	2.61		舟山	0.52	
无锡	2.56		湖州	0.48	$K_{Ei}<0.5$ 为四级中心
宁波	1.98	$K_{Ei}>0.6$ 为二级中心	铜陵	0.45	
扬州	1.76		金华	0.36	
镇江	1.53		滁州	0.35	
常州	1.25		泰州	0.34	
芜湖	1.19		宣城	0.32	
安庆	1.17		池州	0.29	
台州	1.16		盐城	0.27	

由表 6-9 可见，上海、南京、杭州、苏州、合肥、无锡处于城市群的第一级核心，肩负着带动其他城市协调发展的职责。进一步，我们依据 2009~2019 年长三角城市群发展的相关统计数据，利用第五章构建的模型及计量方法进行相关计算。根据历年统计数据计算，我们得出 2009~2019 年长三角城市群整体耦合度与有序度的变化趋势如图 6-3 所示。

由图 6-3 可以得出以下结论：① 2009~2019 年长三角城市群综合评价日趋接近，说明随着时间的推移，经济的发展不断强化城市化水平与城市韧性之间的交互作用。图 6-3 中处于下方的曲线是有序度，而始终位于其上方的是耦合度的历年发展趋势。说明耦合度水平一直高于有序度水平，即城市化发展水平与城市抗灾害能力之间具有较高的一致性，并且这种一致性高于城市间的协调发展水平。

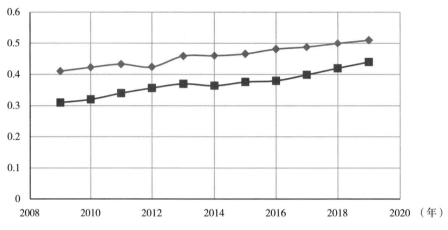

图 6-3　2009~2019 年长三角城市群整体耦合度与有序度时间演变

说明单个城市内部的同步发展比城市间的协调发展做得更好，体现出更高的发展质量和发展水平。②耦合度的提升是推动长三角城市群有序度上升的关键因素。城市群的协调有序发展受多种因素影响，而从耦合度角度看，从 2009 年的 0.4186 发展到 2019 年的 0.5213，耦合度保持了波动上升的趋势，这一发展趋势是推动城市群有序度不断上升的重要因素。在 11 年的发展中，两者的发展方向保持了高度一致，并且两者之间的差距逐渐缩小，说明有序度的增长速度快于耦合度的增长速度。③从城市群有序度变化趋势来看，2009~2019 年，长三角城市群的有序度保持了较快的增长速度，并且在 2017 年步入了新的协调发展阶段，即进入初级协调水平。之所以出现这一良好的发展态势，主要在于抓住了政府为推动城市群发展而出台一系列政策的发展机遇。长三角城市群包括三省一市，政府为了推动其发展，因地制宜，结合各城市资源禀赋等优势条件，制定科学的产业政策，引导其进行产业转型升级。城市群内各城市间在产业分工与转移的过程中，建立起密切的关系网络，在核心城市的带动下协调发展。同时，城市间构建了便捷的综合交通体系。交通网络等基础设施的建立，加速了人口、资源等各种生产要素在城市间的流动，提高了资源配置效率，有利于在最短的时间内将资源汇集到需要的城市，充分发挥规模效应的作用。此外，交通时间的缩短，将三省一市彻底连通，改变了人们地域界限概念，有利于建立长三角城市群的整体观，也彻底改变了人们的生活方式和生产方式。目前，长三角城市群已经形成了以上海、南京、杭州、合肥多个城市为中心的网络化发展格局。④政府间合作得到进一步加强。制定科学的全局规划指导城市群的发展，在基础设施建设等跨域问题上，各地政府紧密合作，共同推动城市群协调发展，提高城市群经济发展水平与发展质量，同时注重提高城市的抗灾害能力，打造韧性城市。

进一步分析城市群内各城市的发展状况可以发现，2009 年，长三角城市群内大部分城市处于失调状态，仅上海、苏州、南京三市呈协调状态，占城市总量的 11.54%，并且协调程度偏低，除上海呈现中级协调发展外，其余两个城市刚刚实现初级协调发展。除沪、苏、宁外，其余城市均处于失调状态，可见 2009 年失调城市基数之大，对于长三角城市群的协调发展是极大的挑战。深入分析原因可以发现，2009 年，城市化水平迅速提升，各种生产要素的聚集以及人口的大规模涌入，对城市的基础设施以及基本运行系统造成了极大的负担，原有的系统不堪重负，必须增容扩建。因此，城市韧性建设无法与快速提升的城市化水平相匹配，二者之间存在较大差异，因而导致耦合协调度较低。经过 10 年的发展，2019 年，城市群空间格局演变过程基本完成，逐渐形成上海、杭州、苏州、南京等协调城市链接成块的空间分布状态。上海成为城市群内唯一实现高级协调状态的城市，2019 年综合得分为 0.729。由此可见，近年来，上海在城市管理体制、发展高新技术企业、产业升级改造中采取一系列措施及创新活动，取得了良好的成效，不仅加强了城市的韧性建设，也切实提高了城市群发展水平及质量，并推动了两者的协调发展。而从城市群内其他城市的耦合协调度看，总体来说，中心城市高于边缘城市。2019 年，协调城市的数量较 2009 年明显增加，尤其是上海的周边城市如苏、锡、常等，在上海的辐射带动下，城市群管理水平及协调度不断提升。

为进一步探究长三角城市群协调发展的机理，利用 GeoDa 软件计算 Queen 权重矩阵下全局 Moran's I 指数值，如表 6-10 所示。

表6-10　长三角城市群全局 Moran's I 指数值

项目 \ 年份	2009	2010	2011	2012	2013	2014	2015	2016	2017	2018	2019
Moran's I	0.076	0.089	0.065	0.038	0.074	0.136	0.192	0.124	0.123	0.195	0.198
Z-variance	0.989	1.112	0.887	0.535	1.089	1.327	1.669	1.248	1.218	1.763	1.772
P-value	0.163	0.131	0.236	0.283	0.153	0.093	0.061	0.125	0.136	0.059	0.083

计算结果表明：2009~2019 年长三角城市群（2014 年、2015 年和 2019 年的莫兰指数值均通过 90% 的显著性水平检验）城市的空间分布与协调发展状况高度一致，协调城市与失调城市在空间上都呈现聚集状态。而其余未通过显著性水平检验的年份，说明城市协调耦合在空间分布上的正相关性不显著，大部分趋于随机分布。从 2009~2019 年这段较长时期看，Moran's I 指数呈波动增长，并且在 2019 年达到最大值，说明城市群的耦合协调发展不断提高，城市的空间集聚效应不断增强。

根据第五章构建的城市群协调发展评价模型，综合考虑长三角城市群协调发展的实际状况，利用熵值法，确定各项指标及其四个子系统的权重值（见表6-11），并把标准化平移变换之后的数值和各项指标的权重相乘，汇总求和首先得到各子系统的发展水平得分。在此基础上，进一步测算城市群系统有序度、综合发展度及有序发展度。

表6-11　长三角城市群协调发展评价指标权重

目标层	系统层	准则层	指标层	指标表示	权重
城市群协调发展评价指标体系	资源子系统（0.10）	资源占有量（0.10）	土地面积	x_1	0.04
			建成区土地面积	x_2	0.03
			城市建设用地面积	x_3	0.015
			城市住房使用面积	x_4	0.015
	环境子系统（0.15）	环境质量（0.07）	园林绿地面积	y_1	0.03
			建成区绿化覆盖率	y_2	0.02
			公共绿地面积	y_3	0.02

续表

目标层	系统层	准则层	指标层	指标表示	权重
城市群协调发展评价指标体系	环境子系统（0.15）	环境污染（0.04）	工业二氧化硫排放量	y_4	0.01
			工业烟尘排放量	y_5	0.01
			工业废水排放量	y_6	0.01
			工业烟尘去除量	y_7	0.01
		环境治理（0.04）	城市生活污水处理率	y_8	0.02
			工业固体废物综合利用率	y_9	0.01
			环境保护投入占 GDP 比重	y_{10}	0.01
	经济子系统（0.40）	经济规模（0.15）	城市生产总值	z_1	0.04
			固定资产投资总额	z_2	0.03
			社会消费品零售总额	z_3	0.03
			实际利用外资额	z_4	0.02
			城市年财政收入	z_5	0.03
		经济结构（0.15）	第一产业占 GDP 比重	z_6	0.05
			第二产业占 GDP 比重	z_7	0.05
			第三产业占 GDP 比重	z_8	0.05
		经济运行效率（0.10）	城市 GDP 年增长率	z_9	0.04
			城市人均 GDP	z_{10}	0.04
			城市人均财政收入	z_{11}	0.02
	社会子系统（0.35）	人口规模（0.08）	城市年末总人口数	u_1	0.05
			人口密度	u_2	0.015
			单位从业人员数	u_3	0.015
		人口结构（0.05）	第二产业从业人员比重	u_4	0.02
			第三产业从业人员比重	u_5	0.03
		基础设施（0.05）	人均城市道路面积	u_6	0.03
			每万人拥有公共汽车数量	u_7	0.02

续表

目标层	系统层	准则层	指标层	指标表示	权重
城市群协调发展评价指标体系	社会子系统（0.35）	居民生活（0.05）	年末城镇居民登记失业人数	u_8	0.02
			城乡居民储蓄年末余额	u_9	0.02
			职工平均工资	u_{10}	0.01
		科教文卫（0.12）	科学事业支出占财政支出百分比	u_{11}	0.04
			教育事业支出占财政支出百分比	u_{12}	0.02
			每万人在校大学生人数	u_{13}	0.02
			国民受教育年限	u_{14}	0.02
			医院床位数	u_{15}	0.02

依次代入具体数据，整理计算得到长三角城市群各子系统发展水平得分（见表 6-12）以及城市群的系统有序度、综合发展度、有序发展度（见表 6-13）。

表 6-12　长三角城市群各子系统发展水平得分

年份	资源子系统	环境子系统	经济子系统	社会子系统
	F（x）	F（y）	F（z）	F（u）
2008	0.4229	1.0463	1.0983	1.1972
2009	0.4356	1.1474	1.2478	1.2569
2010	0.4463	1.1088	1.1586	1.3286
2011	0.4689	1.1368	1.2698	1.3773
2012	0.4614	1.1552	1.2789	1.3836
2013	0.4727	1.1385	1.3092	1.3979
2014	0.5438	1.1546	1.3632	1.4414
2015	0.5479	1.5249	1.3751	1.4789

续表

年份	资源子系统	环境子系统	经济子系统	社会子系统
	F（x）	F（y）	F（z）	F（u）
2016	0.5639	1.3092	1.4168	1.5916
2017	0.5746	1.1696	1.4772	1.6373
2018	0.5769	1.1799	1.4931	1.8353
2019	0.5882	1.1868	1.5494	1.9692

表 6-13　长三角城市群协调发展水平

年份	系统有序度	综合发展度	有序发展度
2008	0.4835	0.9987	0.6779
2009	0.4714	1.0361	0.6962
2010	0.4843	1.0682	0.6983
2011	0.4846	1.0925	0.6990
2012	0.4852	1.1676	0.7132
2013	0.4889	1.1849	0.7163
2014	0.4920	1.1972	0.7258
2015	0.4938	1.2163	0.7274
2016	0.4950	1.2213	0.7296
2017	0.4959	1.2464	0.7313
2018	0.4967	1.2686	0.7429
2019	0.4994	1.3897	0.7698

由计算结果可以得出以下结论：① 2008~2019 年，长三角城市群的综合发展水平呈现明显的逐年上升态势，2019 年的综合发展度比 2008 年增长了 28.14%。说明在国家、省政府和各市政策的大力支持下，长三角城市群 12 年来经济得到长足发展，城市群的整体综合发展程度持续提高，并且增长速度非常快。② 2008~2019 年，长三角城市群的有序发展度呈现明显的阶段性特征，总体呈波

动上升趋势。从各年份计算所得的有序发展度具体数值看，2008~2011 年的有序发展度均低于 0.7，属于初级协调发展阶段；2012~2019 年的有序发展度均高于 0.7，属于中级协调发展阶段。③ 2008~2011 年的初级协调发展阶段，城市群的综合发展度不高，有序发展度同样偏低。比照各个指标的计算数据，我们可以发现，4 年中，长三角城市群的基础设施配套尚不完善，轨道交通等线路尚未延伸至郊区，长三角居民的幸福指数偏低，整体经济实力和城市居民的福利水平还有待提高，因而城市群的协调发展程度较低。④ 自 2012 年开始，长三角城市群进入中级协调发展阶段，城市群的综合发展度较之前明显提高。主要源于这段时期完工并投入使用了很多重要基础设施。可见，基础设施的完善对加快生产要素的流动、推动社会和经济的发展起到了十分重要的作用。

第三节　珠三角城市群协调发展动态变迁历程及评价分析

一、珠三角城市群空间演化变迁及特征分析

珠江三角洲城市群位于中国南部沿海地区，城市群内部共包括 14 个城市（广州、珠海、深圳、佛山、惠州、东莞、江门、中山、肇庆、汕尾、阳江、清远、云浮、河源）。凭借优越的地理位置，国家政策的扶持，珠三角率先进行改革开放，积极参与国际经济交流。在改革的推动以及外向型经济的带动下，目前，珠三角已经发展成为国内最具经济活力的城市群之一。广东省经济总量在全国位居前列，2019 年更是突破 10 万亿元大关，成为国内首个 GDP 破 10 万亿元的大省，而这其中 80% 以上是由珠三角城市群创造的[①]。珠三角城市群区位得天独厚，资源丰富，交通网络密集，城市间经济关联度较高。并且城市群中的核心增长极广州和深圳科技创新能力在全国名列前茅，吸引了众多高科技人才，高科技产业对城

---

① 张浩然，衣保中. 城市群空间结构特征与经济绩效——来自中国的经验证据 [J]. 经济评论，2012（1）：42-47.

市群经济的贡献度较高。

20世纪80年代中后期，珠三角充分利用特殊政策、廉价的土地和劳动力，有效承接了港澳传统制造业转移，通过"三来一补"，大力发展食品加工、轻纺、服装、小家电、玩具等劳动密集型制造业，吸纳农村剩余劳动力，促进了佛山、中山、东莞等地乡镇工业快速发展[1]。此时期，珠三角工业总产值以年均30%左右的速度增长，年均增长速度远高于全省及全国水平，非农产业增加值占地区生产总值的比重快速增加，经济结构逐步由传统农业向现代工业转变。

20世纪80年代末90年代初，随着改革开放进程的推进，珠三角改革开放不断深入，外资引入大幅度增加，工业发展突飞猛进。佛山、中山和珠海3市的乡镇企业抓住国内家用电器消费浪潮，积极引入国外先进技术设备，建立了洗衣机、电冰箱、空调等家电生产基地[2]。与此同时，深圳和东莞等乡镇企业充分利用国家给予的优惠政策、毗邻香港的区位优势及廉价的土地和劳动力，有效地承接了香港电子产业的转移，为以后珠三角东岸地区以IT产业为代表的现代制造业和高新技术产业的发展奠定了基础。乡镇企业的快速发展促进了本地区城乡一体化，然而，珠三角从农业经济向工业经济转变的过程中，城镇体系发展与区域经济发展并不相适应，城市间社会经济发展差距越拉越大。政府高度重视城市群发展规划的编制，珠三角是比较早进行城市群发展规划的地区。从1989年的《珠三角城镇体系规划（1991—2010年）》再到1994年的《珠江三角洲经济区城市群规划》，都体现了广东省政府对城市群发展规划的基本思想及整体规划。提出重点培育城镇群（涉及广佛、珠海、深圳、中山、江门、顺德、东莞、惠州－大亚湾、肇庆、清远），统一规划重大公共基础设施，提高城镇群的经济关联度及经济发展质量，进而推动城市群协调发展。1994年的规划提出：建设"一个整体，珠江三角洲有机协调的城市群；一个核心，广州市中心城区；两个发展主轴，广州至深圳和广州至珠海发展轴线；三个大都市地区，中部和珠江口东岸、西岸都市区"的城市

---

① 张紧跟. 从多中心竞逐到联动整合——珠江三角洲城市群发展模式转型思考［J］. 城市问题，2008（1）：32-33.

② 张虹. 创新型城市群与产业集群耦合演进关系研究［J］. 北方经济，2008（10）：33-34.

群空间发展战略。同时对城市群发展的趋势与策略、目标与准则、政策与实施进行了系统的理论概括和规律性探讨，在城市群规模等级结构、职能结构、空间布局结构等方面提出了新的观点，为以后珠三角城市群的空间格局与发展方向奠定了基础。

村镇工业化的发展推动着珠三角建设用地缓慢增加，并对城镇化产生了巨大的推动作用。主要表现在三个方面：首先，增加了农民的经济收入，提高了农民消费能力，从而带动乡镇非农产业的发展。其次，吸收了大量农村剩余劳动力，实现了农村居民职业的就地城镇化。最后，增强了政府的财政支付能力，保障了政府在公共服务和市政基础设施建设的投入。此阶段，以农村集体土地股份合作制为主体的"南海模式"、以镇办骨干企业为主体的"顺德模式"、以专业镇发展的"中山模式"及以外资企业为主体的"东莞模式"成为珠江三角洲工业化的典范。

经过多年的发展，珠三角城市群已经形成了以下特征：

（一）已形成网络化、多中心的空间结构

改革开放前，珠三角地区以计划经济为主导，城市群发育不成熟，区域城市空间结构呈现以广州为单中心。随着市场经济的进一步完善及深圳的崛起，20 世纪末，珠三角地区逐渐形成了以广州和深圳为双中心的城市群空间结构[①]。2000 年以来，快速交通网络的建立以及城市群内分布密集的交通干线，打通了城市群内各城市之间的联系，其中，2009 年武广铁路开通具有划时代的意义，这是我国第一条时速为 350 千米的高铁线路，它的开通大大缩短了城市间的通勤时间，推动了城市群的快速发展。珠三角城市群也逐步形成多中心的发展模式，在广州、深圳、中山等中心城市的带领下，城市群经济不断协调发展，并且形成网络化的空间分布格局[②]。围绕几个中心城市逐步形成三大都市区、四条城镇密集带，城市群呈现分级、分步骤发展的状态。其中，中部都市区包括广州和佛山，东岸都市区包括深圳、东莞和惠州，西安都市区包括珠海、中山、江门。三大都市区人口密集，经济活跃，建设用地连片分布，各种专业小镇沿交通流量较大的广（州）深

---

① 叶裕民，陈丙欣. 中国城市群的发育现状及动态特征［J］. 城市问题，2014（4）：16-17.
② 姚晓东，王刚. 美国城市群的发展经验及借鉴［J］. 天津经济，2013（12）：14-17.

（圳）、广（州）珠（海）、广（州）开（平）等重要交通线路布局^①。主要城镇密集分布在四条交通干道沿线，而四条城镇密集带将珠三角核心地区与外围地区串联起来，成为核心地区产业转移的经济走廊。

（二）城市中心性差异减小，广州和深圳组织带动整个区域发展

城市中心性体现了城市在区域城市体系中的地位和作用，可用中心性指数量化。影响城市中心的因素主要有人口规模、经济实力和公共服务水平等。通过选取各市辖区的年末总人口、人均 GDP、社会消费品零售总额、地方财政支出、医院和床位数、高等学校教师人数和普通中小学教师人数 7 个指标，计算珠三角城市的中心性指数。结果表明，2000~2013 年，广州中心性指数由 4.23 下降到 3.01，肇庆则由 0.29 下降到 0.23，深圳、珠海、佛山、惠州、东莞、中山和江门 7 市中心性指数略有上升，城市间中心性指数差异系数也由 1.68 降低到 0.81^②。这说明珠三角城市群内部各城市地位及经济发展水平差异在缩小，印证了整个城市群空间结构向多中心模式演变。

根据中心性指数的离散程度，将 2019 年 9 个城市划分为 4 个级别。城市群内部核心城市为广州（3.01）和深圳（1.83）。广州是全省政治中心、经济中心、文化教育科技中心和交通运输中心，综合职能较强、地位较高。深圳科技创新能力强，有证券交易所，在全国金融交易中具有重要地位^③。这两个城市对整个珠三角城市群的发展起到组织和带动作用。相比之下，江门和肇庆两市综合职能较弱、地位较低，未来需加快经济发展，提升综合辐射能力。

（三）城市规模差异缩小，非农业人口空间分布不均衡愈显突出

若按照 1989 年《中华人民共和国城市规划法》城市规模划分标准（该标准主要按非农业人口的数量对城市规模进行划分，即大于 100 万人的城市为特大城市，

---

① 李琬. 中国市域空间结构的绩效分析：单中心和多中心的视角［D］. 华东师范大学博士学位论文，2018：1-48.

② 项文彪，陈雁云. 产业集群、城市群与经济增长——以中部地区城市群为例［J］. 当代财经，2017（4）：109-115.

③ 王婷. 中国城市群空间结构的特征、影响因素与经济绩效研究［D］. 华东师范大学硕士学位论文，2016：1-11.

50 万~100 万人的为大城市，20 万~50 万人的为中等城市，小于 20 万人的为小城市），2010 年，珠三角城市群特大城市、大城市、中等城市和小城市的数量比重分别为 15.94%、15.94%、15.95%、52.17%；2019 年，这一比例变为 16.63%、16.63%、16.62%、50.12%。城市首位度则由 2010 年的 1.67 降至 2019 年的 1.25。这说明珠三角城市规模差异在缩小，中小城市发展较快，城市群协调发展水平得到提高。

二、珠三角城市群协调发展水平测度及评价分析

在分析了珠三角城市群历史变迁过程及特征后，我们将运用前述计量方法及评价模型，依据珠三角城市群的发展特征，选取珠三角城市群协调发展评价指标体系，全面评价珠三角城市群的协调发展状况。计算过程中涉及 2009~2019 年城市群内各市地区生产总值、市辖区面积、市辖区人口、从业人口、投资总额、财政支出以及高等院校学生人数等各项数据，所有原始数据均来源于 2009~2019 年各省、市政府所发布的年度统计年鉴、历年中国城市统计年鉴，同时采用了中经网所发布的历年统计数据。

城市的经济发展水平不一致、城市规模发展不同步，都会影响城市群内城市间的经济关联度，影响城市发展质量，进而影响城市群协调发展水平。珠三角城市群在国内城市群中的活力仅次于长三角，城市间的关联度较高。为了评价不同实力及规模的城市在城市群协调发展中的不同作用，我们选取各城市 2019 年当年的统计数据（主要涉及前文所述的五个代表性指标），代入前述职能指数计算公式，并据此对城市群的城市进行等级划分。如表 6-14 所示。

表 6-14　珠三角城市群中心城市等级划分

城市	K_{Ei}	中心城市	城市	K_{Ei}	中心城市
广州	2.89	$K_{Ei}>2.4$ 为一级中心	惠州	0.45	$K_{Ei}<0.5$ 为四级中心
深圳	2.52		江门	0.39	
东莞	1.25	$K_{Ei}>0.6$ 为二级中心	珠海	0.37	
佛山	0.92		肇庆	0.29	
中山	0.53	$K_{Ei}>0.5$ 为三级中心			

为进一步衡量城市间经济联系的大小，我们运用第五章提出的重力模型计算上述城市间的经济关联度。城市与城市之间的经济联系是具有方向性的。所谓经济联系方向可以用城市群中某一城市与另一城市的经济联系强度占这个城市与其余 8 个城市经济联系强度总量的比重表示，如表 6-15 所示。

表 6-15　珠三角城市群中心城市间经济联系

城市	广州	深圳	东莞	佛山	中山	惠州	江门	珠海	肇庆
广州		28.43	65.9	94.42	30.46	26.78	36.24	19.44	62.48
深圳	4.65		17.18	1.12	16.36	26.56	9.18	35.76	6.87
东莞	11.19	19.63		1.15	6.28	16.54	4.42	6.12	3.58
佛山	76.53	9.22	6.86		8.6	4.82	22.65	5.32	15.66
中山	2.37	12.14	3.5	0.78		3.22	20.85	25.22	3.3
惠州	0.67	9.96	2.69	0.36	0.99		0.64	1.18	0.81
江门	2.46	4.72	1.98	1.48	18.59	1.12		6.16	5.65
珠海	0.81	14.53	1.46	0.26	17.79	20.22	4.2		1.65
肇庆	1.32	1.37	0.43	0.43	0.93	0.74	1.82	0.8	
总计	100	100	100	100	100	100	100	100	100

由表 6-15 可以看出，珠三角城市群内部各城市间的经济关联度较高，彼此之间形成了紧密的联系网。广州与佛山之间的联系最为紧密，此外，广州与城市群内其他城市间的经济关联度都比较密切，充分体现了广州作为核心城市对周边城市发展的辐射效应。与之相比，深圳对其他城市的经济关联度远低于广州，说明深圳对周边城市的影响不如广州。珠三角是我国经济活力较强的城市群，城市间都具有一定程度的经济关联度。对于任意两个城市来说，两个城市之间的经济关联度是相同的，但如果考虑经济联系方向，我们会发现彼此间的经济关联度差异较大。例如，广州对东莞的经济联系是 65.9，而东莞对广州的经济联系只有11.19。说明两个城市相互间的影响力是不同的。广州作为城市群中最早发展、目前最发达的核心城市，对其他城市影响巨大，具有较强的经济辐射作用。而其他城市对其经济发展的影响力相对较小。与此同时，如果考虑彼此在整体城市联系

中所占的比重，我们会发现差异也比较大。如佛山与广州的经济联系强度占佛山与其他8个城市经济联系的51.14%，说明在佛山与所有城市的联系中，它与广州的经济关联度占据重要地位，广州对其经济发展的影响重大；而广州与佛山的经济联系程度则占与广州其他城市经济联系的25.93%，说明佛山对广州的影响远不及广州对佛山的影响大。

综上，珠三角城市群内的经济中心可分四个层次：①一级中心城市为广州、深圳。广州和深圳作为广东的龙头城市，在城市群中处于核心地位，它们与其他城市保持紧密的联系，并带动城市群协调发展。②二级中心城市为东莞与佛山。它们与广州、深圳的经济关联度最强，因而受一级核心城市的辐射作用最大，经济获得长足发展，同时带动其周边城市共同发展，发挥一级核心城市与其他城市之间经济联系的桥梁作用。③三级中心城市为中山。中山制造业发达，与广州、深圳之间经济联系度非常高，同时中山科技水平较高，具备承接广州、深圳产业梯度转移而来的产业。④四级中心城市包括江门、肇庆、珠海与惠州。四级中心城市处于城市群的最末端，由于与核心城市距离较远，因而受其扩散效应影响较小，城市经济发展水平较低，与其他城市的经济关联度较低。其中江门、肇庆本身的经济发展水平质量较差，对城市群整体经济发展贡献度较低，存在被城市群孤立的风险。从城市群整体发展看，这一级城市的发展也不容忽视，否则不利于城市群协调发展。

为进一步探究珠三角城市群协调发展的机理，我们深入剖析了珠三角城市群城市韧性与城镇化水平的空间集聚特征，利用 GeoDa 软件计算 Queen 权重矩阵下全局 Moran's I 指数值，如表6-16所示。

表6-16 珠三角城市群全局 Moran's I 指数值

年份 项目	2009	2010	2011	2012	2013	2014	2015	2016	2017	2018	2019
Moran's I	0.063	0.049	0.087	0.063	0.074	0.126	0.168	0.125	0.131	0.183	0.193
Z-variance	0.893	1.097	0.783	0.438	1.073	1.248	1.327	1.459	1.107	1.836	1.649
P-value	0.148	0.125	0.251	0.263	0.147	0.075	0.043	0.108	0.113	0.052	0.064

计算结果表明：2009~2019 年，珠三角城市群耦合协调度的莫兰指数取值范围为 0.063~0.193。其中，2014 年、2015 年和 2019 年的 Moran's I 指数值分别为 0.126、0.168、0.193，均通过 90% 的显著性水平检验。这表明珠三角城市群中各城市协调耦合发展具有显著的正相关性，也就是说，城市的空间分布与协调发展状况高度一致，协调城市与失调城市在空间上呈现聚集状态。而其余未通过显著性水平检验的年份，说明城市协调耦合在空间分布上的正相关性不显著，大部分趋于随机分布。从 2009~2019 年这段较长时期看，Moran's I 指数呈波动增长，并且在 2019 年达到最大值，说明城市群的耦合协调发展不断提高，其空间集聚能力随之增强。

基于构建的城市群协调发展评价模型，综合考虑珠三角城市群协调发展的实际状况，利用熵值法，确定各项指标及其四个子系统的权重值（见表6-17），并把标准化平移变换之后的数值和各项指标的权重相乘，汇总求和首先得到各子系统的发展水平得分。在此基础上，进一步测算城市群协调发展水平。

6-17 珠三角城市群协调发展评价指标权重

目标层	系统层	准则层	指标层	指标表示	权重
城市群协调发展评价指标体系	资源子系统（0.10）	资源占有量（0.10）	土地面积	x_1	0.04
			建成区土地面积	x_2	0.03
			城市建设用地面积	x_3	0.015
			城市住房使用面积	x_4	0.015
	环境子系统（0.15）	环境质量（0.07）	园林绿地面积	y_1	0.03
			建成区绿化覆盖率	y_2	0.02
			公共绿地面积	y_3	0.02
		环境污染（0.04）	工业二氧化硫排放量	y_4	0.01
			工业烟尘排放量	y_5	0.01
			工业废水排放量	y_6	0.01
			工业烟尘去除量	y_7	0.01

续表

目标层	系统层	准则层	指标层	指标表示	权重
城市群协调发展评价指标体系	环境子系统（0.15）	环境治理（0.04）	城市生活污水处理率	y_8	0.02
			工业固体废物综合利用率	y_9	0.01
			环境保护投入占 GDP 比重	y_{10}	0.01
	经济子系统（0.40）	经济规模（0.15）	城市生产总值	z_1	0.04
			固定资产投资总额	z_2	0.03
			社会消费品零售总额	z_3	0.03
			实际利用外资额	z_4	0.02
			城市年财政收入	z_5	0.03
		经济结构（0.15）	第一产业占 GDP 比重	z_6	0.05
			第二产业占 GDP 比重	z_7	0.05
			第三产业占 GDP 比重	z_8	0.05
		经济运行效率（0.10）	城市 GDP 年增长率	z_9	0.04
			城市人均 GDP	z_{10}	0.04
			城市人均财政收入	z_{11}	0.02
	社会子系统（0.35）	人口规模（0.08）	城市年末总人口数	u_1	0.05
			人口密度	u_2	0.015
			单位从业人员数	u_3	0.015
		人口结构（0.05）	第二产业从业人员比重	u_4	0.02
			第三产业从业人员比重	u_5	0.03
		基础设施（0.05）	人均城市道路面积	u_6	0.03
			每万人拥有公共汽车数量	u_7	0.02
		居民生活（0.05）	年末城镇居民登记失业人数	u_8	0.02
			城乡居民储蓄年末余额	u_9	0.02
			职工平均工资	u_{10}	0.01

续表

目标层	系统层	准则层	指标层	指标表示	权重
城市群协调发展评价指标体系	社会子系统（0.35）	科教文卫（0.12）	科学事业支出占财政支出百分比	u_{11}	0.04
			教育事业支出占财政支出百分比	u_{12}	0.02
			每万人在校大学生人数	u_{13}	0.02
			国民受教育年限	u_{14}	0.02
			医院床位数	u_{15}	0.02

依次代入具体数据，整理计算得到珠三角城市群各子系统发展水平得分（见表6-18）以及城市群的系统有序度、综合发展度、有序发展度（见表6-19）。

表6-18 珠三角城市群各子系统发展水平得分

年份	资源子系统	环境子系统	经济子系统	社会子系统
	F（x）	F（y）	F（z）	F（u）
2008	0.4369	1.0326	1.0527	1.1736
2009	0.4378	1.1425	1.1538	1.2302
2010	0.4426	1.1126	1.1572	1.2608
2011	0.4583	1.1296	1.2585	1.3528
2012	0.4598	1.1487	1.2602	1.3649
2013	0.4626	1.1385	1.2874	1.3752
2014	0.5447	1.1438	1.3582	1.3846
2015	0.5495	1.1536	1.3683	1.4135
2016	0.5583	1.2849	1.3829	1.4373
2017	0.5631	1.2648	1.4562	1.5295
2018	0.5726	1.2794	1.4643	1.6492
2019	0.5752	1.2836	1.4826	1.8524

表 6-19 珠三角城市群协调发展水平

年份	系统有序度	综合发展度	有序发展度
2009	0.4863	0.9697	0.6829
2010	0.4821	1.1545	0.6745
2011	0.4835	1.1625	0.6845
2012	0.4847	1.1645	0.7134
2013	0.4856	1.1647	0.7205
2014	0.4862	1.1786	0.7314
2015	0.4879	1.1801	0.7316
2016	0.4886	1.1914	0.7412
2017	0.4892	1.2136	0.7419
2018	0.4895	1.2342	0.7528
2019	0.4926	1.3263	0.8216

由计算结果可以得出以下结论：①作为国内最早进行改革开放的地区，珠三角城市群经过几十年的发展，综合发展水平不断提升。2009~2019 年，珠三角城市群的综合发展水平明显表现出逐年增长的态势，2019 年的综合发展度比 2009 年增长了 36.77%。说明在国家、省政府和各市的政策大力支持下，城市群的整体综合发展程度在持续提高，城市群经济发展水平及经济发展质量均有较大提升。城市经济发展水平和经济发展质量的提升与城市间密切的经济关联度密不可分。总体来看，城市间的空间联系水平与经济发展水平呈正向关系。② 2009~2019 年，珠三角城市群的有序发展度呈现明显的阶段性特征，总体呈波动上升趋势。从各年份计算所得的有序发展度具体数值看，2009~2011 年的有序发展度均低于 0.7，属于初级协调发展阶段；2012~2019 年的有序发展度均高于 0.7，属于中级协调发展阶段。③ 2009~2011 年的初级协调发展阶段，城市群的综合发展度不高，有序发展度同样偏低。比照各个指标的计算数据，我们可以发现，这 3 年中，珠三角城市群的内部因为基础设施重复建设等问题，浪费了大量资源，统一规划的缺失

或执行不到位造成城市群的有序发展程度较低。④自 2012 年开始，珠三角城市群进入中级协调发展阶段。城市群的综合发展度较之前明显提高，城市群发展速度较快。主要原因在于这段时期，珠三角城市群建立了区域协调机构，加强了城市群内部跨域问题的协调与治理。可见，协调机构的建立以及功能的完善对加快生产要素的流动、推动社会和经济的发展起到了十分重要的作用。

城市间的经济关联度随着城市经济的发展历程而呈现出不同的特点。早期，在城市群发展过程中，主要以点带面的方式，通过核心城市的辐射作用带动周边城市以及城市群整体经济的发展。城市间资源要素的跨域流动随经济发展而日益频繁，并不断强化了城市间的联系。最初，城市间的经济联系水平差异较大，主要原因在于城市所处的地理位置差异以及城市在城市群体系中的功能不同。随着城市的发展，城市群协调发展的需求日益凸显，那些原本经济联系不密切的城市也必须加强与其他城市联系，才能与城市群保持协调发展。这就要求城市间的联系方式及联系广度必须拓宽，在城市间建立起网络化的、多方面的联系，以满足经济一体化要求，推动城市群协调发展。目前，珠三角城市群内已经建立了错综复杂的联系网络，城市群经济十分有活力，城市经济绩效也有大幅度提升。2006年，珠三角人均 GDP 超过中等发达国家水平（突破 6000 美元），而在 2008 年又进一步发展，突破 9000 美元。城市群经济发展速度和城市经济发展水平都有惊人的表现。珠三角城市群在广州、深圳双核心的带动下创造了举世瞩目的奇迹。但城市群发展过程中也面临新的问题，如行政分割明显，尚未建立城市群间的协调发展机制；产业同质化严重，没有形成以产业分工及协作为支撑的经济实体。首先，珠三角城市群分为四个层次，四个层次间的城市间经济关联度差异较大，没有统一的规划，城市群空间布局有待进一步优化。广州、深圳作为核心城市，虽然与其他城市关联度较高，在带动其他城市经济发展方面功不可没。但城市本身定位不清晰，与其他城市产业同构现象严重。作为核心城市，没有与其他城市建立结构清晰的多层级城市分工体系，其自身也处在产业转型期，没有建立本市的特色产业，各市之间工业化道路趋同，城市之间为争夺资源恶性竞争，严重影响城市群经济协调发展，如深圳与东莞的产业结构同质性系数高达 0.9995。其次，城市群内城市各自为政，缺乏规划统筹协调，基础设施的重复建设非常严重，交通一体化尚未实现，交通拥堵，城市宜居性差，各城市之间内耗过多，不利于城市群协调发展。

上述分析表明：珠三角城市群要实现协调发展，必须从制度建设等各方面着手解决。

第四节　长株潭城市群协调发展动态变迁历程及评价分析

一、长株潭城市群空间演化变迁及特征分析

长株潭城市群是我国第一个进行区域经济一体化实验的城市群，它位于湖南东北部，由湘江下游的长沙、株洲、湘潭三个中心城市组成。随着经济的发展和时间的推移，长株潭的概念得到拓展，环长株潭概念得到推广。广义的长株潭不仅指长株潭三个城市，而是包括其周边城镇在内的城镇密集区。随着经济的发展，交通日益通达，高速公路、城际铁路等各种交通干线打通了三市及周边地区的联系。地理位置的紧凑及交通的便利，大大推动了长株潭城市群的经济发展，目前长株潭城市群已成为湖南经济发展的引擎。长株潭城市群面积占湖南的13.3%，2019年以占全省20.9%的人口创造了全省42.35%的GDP[1]。经过多年的累积发展，长株潭城市群已成长为湖南经济、文化和社会协调发展的举足轻重的增长极，在全省居于领先地位[2]。

长株潭城市群的形成与发展经历了漫长的过程。早期，凭借粤汉铁路等交通网络优势，长沙获得了长足的发展。长沙以其城市发展基础和湘江上下游物资集散中心的地位，逐步发展为核心城市，引领城市群发展。新中国成立后，国家政策的指引与生产力布局促进了长株潭经济的蓬勃发展和城市群的迅速形成。改革

---

① 王玮. 聚集经济视角下湖南省"3+5"城市群发展模式研究 [D]. 湖南科技大学硕士学位论文，2009：1-50.
② 罗莉华. 长株潭城市群协调发展研究 [D]. 重庆大学硕士学位论文，2016：20-90.

开放后，长株潭抓住发展机会，经济迅速崛起[①]。1982 年，为了积极应对南部沿海改革开放政策带来的冲击，推动湖南经济的发展，提出"长株潭一体化"建议。此后，政府为推动长株潭一体化进行了多次探讨，出台了一系列政策。2007 年，长株潭不负众望，被确定为"两型"社会建设综合配套改革试验区，并在中部崛起中做出突出贡献[②]。长株潭在发展过程中，不断进行制度创新，在城市建设及生态治理方面取得了突出的业绩。城市群内基础设施健全，高速公路等交通网络完善，四通八达，奠定了中部核心城市的基础。随着经济的发展，长株潭城市群的集聚功能不断增强，已经成为湖南高科技人才的聚集地，目前湖南 3/4 以上的科研人员都在此汇集，80% 以上的科技成果均源自于此。

长株潭城市群自然资源丰富，生态环境优越，空间形式错落有致。在多年的发展过程中，长株潭城市群表现出了不同于沿海城市群的发展特征：①相对于沿海城市群的外资驱动，长株潭的经济高速发展主要靠国内政策等各方面因素的驱动；②产业园区经济的快速发展带动了区域经济的高速增长，推动了长株潭城市群产业结构的变迁及城市群协调发展；③不同于沿海移民城市主要依靠外来人口拉动经济增长并推动城市化进程，长株潭城市群经济的发展及城市化进程的推进主要依赖于周边郊区人口的城镇化；④在空间聚集形态上，沿海地区城市群向城市中心集聚，而长株潭城市群则表现为沿交通干线聚集的空间发展模式；⑤长株潭城市群位置优越，不同于沿海地区天然的区位优势，长株潭的优越性主要体现在邻近众多发达城市群，武汉城市群、珠三角城市群、长三角城市群通过扩散效应，带动长株潭城市群的经济发展。

目前，长株潭城市群经过多年的发展，其空间布局不断发展演进，长沙是最早的核心城市，而后株洲、湘潭相继跟上，三市共同组成城市群的核心，引领城市群整体经济发展。截至 2019 年末，长沙人口为 738.24 万人，人均 GDP 为全省首位，已成为城市群内当仁不让的首位城市。在核心圈层外，周边城镇纷纷组团发展，在核心城市的辐射下不断发展，并不断向外拓展发展空间。

---

① 王娟.中国城市群演进研究［D］.西南财经大学博士学位论文，2012：1-50.

② 向鹏成，罗莉华.长株潭城市群可持续发展综合测度研究［J］.世界科技研究与发展，2015（8）：13-14.

二、长株潭城市群协调发展水平测度及评价分析

为准确测度长株潭城市群协调发展水平，我们将运用前述城市群协调发展评价模型及计量模型进行计算分析。计算过程涉及城市群内各市地区生产总值、地区生产总值指数、分类消费品价格指数、市辖区面积、市辖区人口、从业人口、投资总额、财政支出以及高等院校学生人数等数据。本书研究及计算涉及的原始数据均来源于 2008~2019 年湖南省政府、长沙市政府、株洲市政府、湘潭市政府所发布的年度统计年鉴、历年中国城市统计年鉴，同时采用了中经网所发布的统计数据。

为测度长株潭城市群不同实力及规模的城市在城市群协调发展中的不同作用，我们选取各城市 2019 年的统计数据（主要涉及前文所述的 5 个指标），并运用前述职能指数公式进行计算，并据此对城市群的城市进行等级划分。根据计算结果，可将长株潭城市群 9 个典型城市划分为四个不同的等级，如表 6-20 所示。

表 6-20　长株潭城市群中心城市等级划分

城市	K_{Ei}	中心城市	城市	K_{Ei}	中心城市
长沙	2.58		醴陵	0.55	$K_{Ei}>0.5$ 为三级中心
株洲	2.46	$K_{Ei}>2.4$ 为一级中心	韶山	0.43	
湘潭	2.42		望城	0.36	$K_{Ei}<0.5$ 为四级中心
浏阳	1.13	$K_{Ei}>0.6$ 为二级中心	湘乡	0.24	

为进一步衡量城市间经济联系的大小，我们运用第五章提出的重力模型，计算上述城市间的经济关联度。城市与城市之间的经济联系是具有方向性的。所谓经济联系方向可以用城市群中某一城市与另一城市的经济联系强度占这个城市与其余 8 个城市经济联系强度总量的比重表示，如表 6-21 所示。

表 6-21 长株潭城市群中心城市间经济联系

城市	长沙	株洲	湘潭	浏阳	湘潭	醴陵	韶山	望城	湘乡
长沙		32.46	56.89	83.97	32.28	28.97	45.26	28.98	69.25
株洲	5.79		18.94	6.19	19.47	32.93	8.49	38.93	7.89
湘潭	37.89	22.69		2.43	9.35	14.37	3.89	4.72	3.46
浏阳	48.27	10.35	7.93		8.49	4.69	18.93	8.93	17.39
湘潭	2.74	15.35	4.92	1.43		3.58	19.38	12.27	3.66
醴陵	0.89	2.89	3.73	2.74	1.35		1.58	2.46	0.51
韶山	0.98	3.89	1.23	1.58	19.36	1.48		3.25	3.78
望城	1.55	12.13	5.25	0.72	8.93	13.4	1.36		1.95
湘乡	1.89	0.24	1.11	0.94	0.77	0.58	1.11	0.46	
总计	100	100	100	100	100	100	100	100	100

由表 6-21 可以看出，对于任意两个城市来说，两个城市之间的经济关联度是相同的，但如果考虑经济联系方向，我们会发现彼此间的经济关联度差异较大。例如，长沙对株洲的经济联系是 32.46，而株洲对长沙的经济联系只有 5.79。说明两个城市相互间的影响力是不同的。长沙作为城市群中最早发展、目前最发达的核心城市，对其他城市影响巨大，具有较强的经济辐射作用，而其他城市对其经济发展的影响力相对较小。与此同时，如果考虑彼此在整体城市联系中所占的比重，我们会发现差异也比较大。例如，湘潭与长沙的经济联系强度占与湘潭其他 8 个城市经济联系的 55.62%，说明在湘潭与所有城市的联系中，它与长沙的经济关联度占据重要地位，长沙对其经济发展有着重大影响；而长沙与湘潭的经济联系强度只占与长沙其他城市经济联系的 10.32%，说明湘潭对长沙的影响远不及长沙对湘潭的影响大。

综上，长株潭城市群内的经济中心可分为四级：长沙、株洲、湘潭属于一级中心；浏阳与湘潭是二级中心；三级中心城市是醴陵；四级中心城市包括韶山、望城和湘乡。长株潭三市处于核心的位置，其中长沙与各市均保持了较强的经济关联度，长沙、株洲、湘潭作为长株潭城市群的核心城市，构成了长株潭城市群的一级经济联系空间；浏阳和湘潭处于第二级经济联系空间，与其他城市经济联系密切，在带动其他城市经济发展中的作用不容忽视，是仅次于核心城市的经济增长极；醴陵处于第三级经济联系空间；韶山、望城、湘乡处于第四级经济联系空间。

为进一步探究长株潭城市群协调发展的机理，我们深入剖析了长株潭城市群城市韧性与城镇化水平的空间集聚特征，利用 GeoDa 软件计算 Queen 权重矩阵下全局 Moran's I 指数值，如表 6-22 所示。

表 6-22　长株潭城市群全局 Moran's I 指数值

项目＼年份	2009	2010	2011	2012	2013	2014	2015	2016	2017	2018	2019
Moran's I	0.064	0.079	0.080	0.026	0.069	0.127	0.173	0.114	0.121	0.184	0.186
Z-variance	0.943	1.095	0.732	0.428	1.064	1.216	1.548	1.182	1.197	1.634	1.628
P-value	0.146	0.121	0.225	0.263	0.146	0.075	0.041	0.109	0.116	0.046	0.068

计算结果表明：2009~2019 年，长株潭城市群耦合协调度的莫兰指数均为正值，取值范围为 0.064~0.186。其中，2015 年、2017 年和 2019 年的 Moran's I 指数值分别为 0.173、0.121、0.186，均通过 90% 的显著性水平检验。这表明长株潭城市群中各城市协调耦合发展具有显著的正相关性，也就是说，城市的空间分布与协调发展状况高度一致，协调城市与失调城市在空间上都呈现聚集状态。而其余未通过显著性水平检验的年份，说明城市协调耦合在空间分布上的正相关性不显著，大部分趋于随机分布。从 2009~2019 年这段较长时期看，Moran's I 指数呈波动增长，并且在 2019 年达到最大值，说明城市群的耦合协调发展不断提高，城市的空间集聚效应不断增强。

长株潭城市群协调发展系统是由四大子系统（资源－环境－经济－社会）构成的整体，各子系统彼此联结、相互依存，遵循一定的规律，耦合发展，共同推动整体城市群的协调发展。因此，单个子系统的发展水平对整体系统的协调发展将产生重要影响，在测度城市群协调程度时，要结合考虑各子系统的经济发展水平以及子系统彼此联系和经济发展的协调程度。

　　按前文所述城市群协调发展评价模型，依据评价步骤，综合考虑长株潭城市群协调发展的实际状况，利用熵值法，确定各项指标及其四个子系统的权重值（见表6-23），并把标准化平移变换之后的数值和各项指标的权重相乘，汇总求和首先得到各子系统的发展水平得分。在此基础上，进一步测算城市群系统有序度、综合发展度及有序发展度。

6-23　长株潭城市群协调发展评价指标权重

目标层	系统层	准则层	指标层	指标表示	权重
城市群协调发展评价指标体系	资源子系统（0.10）	资源占有量（0.10）	土地面积	x_1	0.04
			建成区土地面积	x_2	0.03
			城市建设用地面积	x_3	0.015
			城市住房使用面积	x_4	0.015
	环境子系统（0.15）	环境质量（0.07）	园林绿地面积	y_1	0.03
			建成区绿化覆盖率	y_2	0.02
			公共绿地面积	y_3	0.02
		环境污染（0.04）	工业二氧化硫排放量	y_4	0.01
			工业烟尘排放量	y_5	0.01
			工业废水排放量	y_6	0.01
			工业烟尘去除量	y_7	0.01
		环境治理（0.04）	城市生活污水处理率	y_8	0.02
			工业固体废物综合利用率	y_9	0.01
			环境保护投入占 GDP 比重	y_{10}	0.01
	经济子系统（0.35）	经济规模（0.15）	城市生产总值	z_1	0.04
			固定资产投资总额	z_2	0.03
			社会消费品零售总额	z_3	0.03
			实际利用外资额	z_4	0.02
			城市年财政收入	z_5	0.03

续表

目标层	系统层	准则层	指标层	指标表示	权重
城市群协调发展评价指标体系	经济子系统（0.35）	经济结构（0.12）	第一产业占 GDP 比重	z_6	0.04
			第二产业占 GDP 比重	z_7	0.04
			第三产业占 GDP 比重	z_8	0.04
		经济运行效率（0.08）	城市 GDP 年增长率	z_9	0.03
			城市人均 GDP	z_{10}	0.03
			城市人均财政收入	z_{11}	0.02
	社会子系统（0.40）	人口规模（0.10）	城市年末总人口数	u_1	0.05
			人口密度	u_2	0.025
			单位从业人员数	u_3	0.025
		人口结构（0.08）	第二产业从业人员比重	u_4	0.04
			第三产业从业人员比重	u_5	0.04
		基础设施（0.05）	人均城市道路面积	u_6	0.03
			每万人拥有公共汽车数量	u_7	0.02
		居民生活（0.05）	年末城镇居民登记失业人数	u_8	0.02
			城乡居民储蓄年末余额	u_9	0.02
			职工平均工资	u_{10}	0.01
		科教文卫（0.12）	科学事业支出占财政支出百分比	u_{11}	0.04
			教育事业支出占财政支出百分比	u_{12}	0.03
			每万人在校大学生人数	u_{13}	0.02
			国民受教育年限	u_{14}	0.02
			医院床位数	u_{15}	0.01

依次代入具体数据，整理计算得到长株潭城市群各子系统发展水平得分（见表 6-24）以及城市群的系统有序度、综合发展度、有序发展度（见表 6-25）。

表6-24　长株潭城市群各子系统发展水平得分

年份	资源子系统	环境子系统	经济子系统	社会子系统
	F(x)	F(y)	F(z)	F(u)
2008	0.4125	1.0442	1.0782	1.1587
2009	0.4312	1.1246	1.1314	1.2255
2010	0.4378	1.1045	1.1412	1.3244
2011	0.4589	1.1245	1.2451	1.3845
2012	0.4579	1.1523	1.2155	1.4012
2013	0.4231	1.1254	1.2003	1.2944
2014	0.5411	1.1425	1.2456	1.4213
2015	0.5399	1.2141	1.2712	1.4106
2016	0.5614	1.2211	1.3621	1.5462
2017	0.5544	1.1741	1.3711	1.6214
2018	0.5477	1.1644	1.4298	1.7954
2019	0.5823	1.1701	1.4526	1.8563

表6-25　长株潭城市群协调发展水平

年份	系统有序度	综合发展度	有序发展度
2008	0.4761	0.9587	0.6769
2009	0.4678	1.0245	0.6678
2010	0.4721	1.0514	0.6745
2011	0.4755	1.0459	0.6845
2012	0.4658	1.1547	0.6947
2013	0.4756	1.1876	0.6987
2014	0.4522	1.1901	0.7045
2015	0.4589	1.2014	0.7124
2016	0.4426	1.2125	0.7213
2017	0.4326	1.2341	0.7119
2018	0.4455	1.2657	0.7014
2019	0.4445	1.2741	0.7245

由计算结果可以得出以下结论：① 2008~2019 年，长株潭城市群的综合发展水平明显表现出逐年增长的态势，2019 年的综合发展度比 2008 年增长了 32.89%。说明在国家、省政府和各市的政策大力支持下，城市群的整体综合发展程度在持续提高。② 2008~2019 年，长株潭城市群的有序发展度呈现明显的阶段性特征，总体呈波动上升趋势。从各年份计算所得的有序发展度具体数值看，2008~2013 年的有序发展度均低于 0.7，属于初级协调发展阶段；2014~2019 年的有序发展度均高于 0.7，属于中级协调发展阶段。③ 2008~2013 年的初级协调发展阶段，城市群的综合发展度不高，有序发展度同样偏低。比照各个指标的计算数据，我们可以发现，这 5 年中，长株潭城市群的基础设施配套较差，居民生活水平偏低，整体经济实力较弱，因而城市群的协调发展程度较低。④自 2014 年开始，长株潭城市群进入中级协调发展阶段。城市群的综合发展度较之前明显提高，城市群发展速度较快。主要原因在于这段时期，长株潭城市群建设完工并投入使用了很多重要基础设施。可见，基础设施的完善对加快生产要素的流动、推动社会和经济的发展起到了十分重要的作用。

第五节　城市群之间的影响与城市群协调发展

城市群发展的历程表明，任何城市都不可能孤立发展。在经济新常态背景下，城市群的发展也不是孤立的，不同城市群之间彼此关联、相互影响。

一、经济全球化背景下崛起的城市群决定了任何城市群都无法孤立存在

当今世界经济发展的主要驱动力是科技，而约束世界经济发展的主要是环境问题。人类历史上历次科技革命对生产方式乃至人们的生活方式都产生了深远影响。世界经济增长也越来越依赖于科技革新，科技也逐渐成长为世界经济增长的新的支撑点。伴随着科技革命，各项研发活动如火如荼，并且不断推广应用。生产和生活中不断出现新技术、新产品，这必将给经济发展以及人们的生产生活带

来颠覆性的变化。尤其是在大数据、物联网时代，信息技术革命将导致商业模式的变革，带来新的服务业态。未来全球经济发展的方向将集中在数字化、信息化、智能化产业，人类将逐渐步入"互联网+"和"工业4.0"时代。另外，纳米材料、3D打印、航空航天、交通运输、生物医药等技术也将不断发展和完善，从而扩展生产和生活空间，改变生产和生活方式[①]。

随着经济的发展，生态环境对于经济发展的制约作用日益凸显[②]，全球所有国家都面临气候变暖、资源短缺的严峻挑战，转变经济发展方式势在必行。越来越多的国家意识到可持续发展的重要性，由此助推了一系列新兴产业的兴起，节能环保、新材料以及新能源产业蓬勃发展。

由于科技革命和环境问题的影响，没有任何城市群可以孤立发展，城市群与城市群间的合作与联系日益密切。

二、城市群之间的联系日益密切

随着改革开放的不断推进和深化，中国经济出现了发展的奇迹。在此过程中，我国逐步构建了完善的市场经济，经济结构不断优化，产业结构的转型升级日渐完成，GDP不断增长，居民收入水平不断提高，国内消费需求已经成为拉动经济增长的重要力量。经济的发展推动了城市化进程。2014年，国务院发展研究中心和世界银行联合发布《中国：推进高效、包容、可持续的城镇化》，报告预测，到2030年，我国的城市化率将达到70%左右，城市人口大约10亿人。按照这一估计，未来10年是城市人口急剧增长的10年，城镇人口将新增加近2.5亿人。大量人口的涌入，标志着城市化进程的推进，也引发了交通堵塞等一系列城市病，对城市治理提出了新的挑战。唯有改革才能逐步解决中国城市二元结构的矛盾。为此，以北京、上海等为代表的大城市开展了一系列制度改革，从户籍制度的变革到社会保障体系的构建与完善，都进一步推动了城市群的协调发展。同时，中

---

① 陈美玲.类生态系统视角下的城市群空间优化路径研究［D］.中国社会科学院研究生院博士学位论文，2015：90-93.

② 石建平.复合生态系统良性循环及其调控机制研究［D］.福建师范大学博士学位论文，2005：21-45.

国区域经济的发展格局将基本由城市群主导,并且城市群之间的联系日益密切①。随着经济新常态的到来,区域经济发展的战略正逐渐告别过去的四大板块战略,取而代之的是"一带一路"倡议、长江经济带战略和京津冀协同发展战略。未来在区域经济发展过程中,城市群将发挥举足轻重的作用,而三大倡议和战略的实施也有赖于城市群的发展。不同规模的城市群在区域经济发展中的地位不同,作为国内最具代表性的长三角、珠三角和京津冀三大城市群,在自身集聚效应不断强化的同时,示范效应也将越来越明显,它们将带动我国经济的发展;中西部城市群也将不断发育成熟并成为区域发展的增长极。以城市群为依托,长江经济带、"一带一路"等城市群间彼此联系的经济发展模式将构成我国的区域发展主轴。

三、整体协调发展

城市群作为经济发展的重要载体,彼此间密切的联系以及集聚程度的加强,将推动中国经济走向整体协调发展。毋庸置疑,我国经济发展过程中形成了较大的差异,不仅东西部之间,城市群之间、行业之间的发展差距也很大,说明我国经济发展过程中存在明显的结构红利。这种差异性会推动资本和劳动力不断流转和转移,即从生产率低的部门和地区向生产率高的部门和地区转移。伴随着资本和劳动力的这种转移,我国整体生产率高速增长。在一国范围内,劳动力的自由迁徙和转移完全可能实现,由此必将影响中国经济增长在地理上的空间格局。可以预测,未来10年,中西部地区劳动生产率会提高得很快,但从空间上看,中国经济在聚集中实现区域的协调发展是必然趋势,增长在地理空间上仍然会被极化,长三角城市群等东部沿海城市群仍然是中国经济增长的"极点",即使在中西部地区,增长也不可能是遍地开花,也会出现多个城市群与增长极②。近几年来,中央政府陆续将各类地区规划上升为国家战略,说明了中国经济在空间上已经由"条

① 周姣.城市群协调发展的动力与路径研究 [D].暨南大学硕士学位论文,2011:10-90.
② 崔宇明,代斌,王萍萍.城镇化、产业集聚与全要素生产率增长研究 [J].中国人口科学,2013(4):54-63.

状"变为"块状"，经济增长在城市群空间的聚集也已被决策者看到①。市场竞争的结果是区域发展的不平衡，因此，区域差距是市场经济发展的必然结果。在市场经济条件下，没有绝对的区域平衡，只能寻求区域协调发展。区域协调发展并不是追求总量意义上的均衡发展，而是追求人均意义上的平衡发展；并不仅指经济意义上的平衡发展，也包括人均生活质量与社会福利方面的平衡发展。要改变现有的不平衡状态，政府必须担负起责任，通过在地区间适度地促进基本公共服务的均等化等社会体制改革来缩小区域发展差距，促进地区间的生活质量平衡。

综上所述，城市群间相互影响、协调发展是必然趋势，但不同级别的城市群对其他城市群以及整体经济发展的影响是有差异的。

第一，长三角城市群对其他城市群的影响及相互联系：长三角城市群必将发展为最为成熟的世界级城市群，其协调发展竞争力具有明显的优势。长三角城市群是我国经济最为发达的地区，也是目前公认的世界第六大城市群。按目前的经济发展速度预测，到2050年，长三角城市群将会成为超大的世界级城市群，其经济总量将大大超越"亚洲四小龙"的经济总量。同时，长三角地区地缘相近、人缘相亲，具有区域联动发展的历史渊源和坚实基础，在区域一体化方面已经初见成效，与国内其他城市群相比也具有明显的优势。可以说，长三角城市群的发展带动了东部、中部城市群的协调发展，并对全国城市群的整体协调发展起到了示范作用。长三角城市群对其他城市群的影响主要体现在以下方面：①拉动周边城市群乃至整个东部区域经济快速发展。城市群作为物质、人口以及资源高度集中的集合体，可以通过经济辐射效应，推动周围乡村的发展，拉动整个区域经济的快速发展。2016年印发的《长江三角洲城市群发展规划》明确提出，长三角城市群应发展高新技术产业，发展新型能源，促进产业结构转型，带动周边地区一体化协同发展。作为华东地区最大的城市群，长三角吸引了大量的人口、资本与能源的集聚，获得了飞速发展②。而长三角城市群高度发达的同时，也带动了周边城

---

① 毕秀晶.长三角城市群空间演化研究［D］.华东师范大学博士学位论文，2014：48-50.
② 包晓霙.中国长江三角洲都市圈发展状况研究［D］.重庆大学硕士学位论文，2007：64-68.

市群经济的协同发展，促进了我国东部区域经济一体化发展。②推动周边城市群城镇化进程，提高我国东部区域城镇化整体水平。长三角城市群作为中国城镇化最高的城市群之一，在提高城镇化水平方面应起到模范带头作用。长三角城市群具有典型的高密度城市特征，吸纳更多的外来流动人口，缓解老龄化带来的城市压力。在经济新常态背景下，长三角城市群应推动传统产业转型，大力发展金融、商贸、物流等现代服务业。推动老城区、旧工业区的城市更新，优化城市功能布局与空间结构，严格规范增量用地的建设。优化产业结构与功能布局，扶持高新技术产业发展，营造良好的创新环境，提高我国周边城市群乃至东部区域的城镇化水平。③带动周边城市群协调发展，并推动我国中部、东部区域一体化协同发展。根据"核心－边缘"经典区域理论，一个区域可以通过发展核心城市来带动边缘城市的发展，从而最终达到区域一体化协同发展的目的。随着上海作为核心城市的能力不断加强，以及南京、杭州、武汉等大城市的不断发展，长三角城市群内部各城市形成相互合作、优势互补、资源共享的新局面。加快长三角城市群内各城市间生产要素的集聚和产业间的流动，并与周边城市群形成良好合作，发挥各城市自身优势，必将推动我国中部、东部区域一体化协同发展。

但与此同时，长三角城市群的发展也离不开其他城市群。例如，作为长三角城市群核心城市的上海，带动长三角城市群协调发展的能力远不如其他世界级城市群的核心城市。上海的发展很大程度上归功于国外资本与科技的引进。然而与纽约、东京等核心城市相比，上海的创新能力不足，高新技术发展缓慢，产业转型势在必行。而在产业转移的过程中，其他城市群肩负着承接长三角城市群转移产业的重任，并通过产业转移的过程密切彼此间的联系，推动城市群整体协调发展。

第二，珠三角城市群对其他城市群的影响及相互联系：从国家层面看，《珠江三角洲地区改革发展规划纲要（2008—2020年）》首次将珠三角地区的改革发展上升为国家战略，将珠三角定位为探索科学发展模式试验区、深化改革先行区、扩大开放的重要国际门户、世界先进制造业和现代服务业基地、全国重要的经济中心，提出"与港澳紧密合作、融合发展，共同打造亚太地区最具活力和国际竞争力的城市群"。作为城市群发展的试验区、改革先行区，珠三角的发展与其他城市群密不可分。①珠三角先进的发展理念极大地影响了周边的长株潭及滇中城市群。在中国的改革开放、经济起飞和融入全球化过程中，珠三角一直扮演着重要角色。改革开放后，毗邻港澳的深圳和珠海经济特区的设立，使珠三角变成了我国对外开放的前沿。20世纪90年代后，珠三角的改革开放继续向纵深发展，市场经济更加活跃，成为"世界工厂"。改革开放前30年，珠三角一直是我国城镇化的重要支点，吸纳了大量的外来人口①，同时也是引导中国融入全球化的重要动力。珠三角过去30年的快速发展主要依赖吸引外资和人才引进②。外来资源的引进弥补了本土资源的不足，这对于其他城市群的发展具有重要借鉴意义。②进一步深化港澳合作、强化与泛珠三角各省及周边城市群的联系。珠三角充分利用靠近港澳的优势、"前店后厂"的合作模式，实现了经济的跨越，随着珠三角经济的转型，城市群发展水平的提高，粤港澳合作进入了新的阶段。应充分利用粤港澳大湾区建设的机遇，建立开放的经济合作载体，广泛开展产业发展、商贸物流、科技创新等方面的合作，提升整体的竞争力，实现区域发展的共建共荣。泛珠三角地区地域广阔、资源丰富、市场潜力大、经济发展的互补性强，应充分发挥其在产业结构、科技创新、对外联系方面的优势，积极加强与泛珠三角省市的合作，扩大腹地，推进产业转移，强化泛珠地区交通、生产、贸易网络的培育。城市群之间的竞争，最终表现为生态与文化的竞争。珠三角发展应将保护生态环境、提高人的生活质量放在重要位置。重点加强生物多样性、沿海生态及山地森林生态的保护，从人的幸福生活出发，关注经济、生态、社会等多方面协调发展，将城市历史传统、文化底蕴、市民风范、生态环境等多要素进行融合，彰显珠三角历史悠久、务实创新的岭南文化，突出人文引领，带动周边城市群协调发展。③在珠三角产业转型升级过程中，周边的长株潭、滇中等城市群起到了承接其落

---

① 段成荣，赵畅，吕利丹. 中国流动人口流入地分布变动特征（2000-2015）［J］. 人口与经济，2020（1）：89-99.

② 蔡海峰. 城市群功能专业化分工测度与影响因素研究［D］. 暨南大学硕士学位论文，2016：68-72.

后产业的作用，并由此带动城市群发展。自从珠三角承接港澳等地区的产业转移，便逐渐走向工业化。然而，珠三角地区工业化的过程，既是高能耗过程，也是高污染过程。该区域长期固守这种低端发展模式，使得产业结构不合理，资源环境压力增大，社会矛盾日益增多，以高能耗、高污染为特征的粗放式经济增长方式已经不可持续。为此，珠三角加大力度调整产业结构，推动产业转移，试图将劳动密集型的低端生产环节和高耗能企业转移出去。而在产业转移承接过程中，长株潭以及滇中等周边城市群充分发挥了作用，并在这一过程中密切了彼此间的联系，促进了城市群整体协调发展。

事实上，除了上述两大城市群，其他城市群彼此间的发展同样是相互影响的。在经济新常态下，城市群间的联系越来越密切，没有城市群能够孤立存在和发展。这就要求我们在制定城市群协调发展策略时，不仅要立足本城市群的发展实际，还要兼顾周边其他城市群的发展，推动国内所有城市群整体协调发展。

第六节　本章小结

本章采用计量模型对我国十大城市群（京津冀、长三角、珠三角、长株潭、成渝、长江中游、山东半岛、辽中南、中原、关中）经济增长的基本特征和空间分布进行了分析，并运用计量模型分析和检验 2000~2019 年十大城市群协调发展的经济增长效应及运行机制。实证分析显示，城市群的协调发展对城市经济具有稳健的促进作用。因此，推进城市群建设及协调发展对城市经济的总体发展具有重要意义。为进一步测度各城市群协调发展的实际状况，本章选取了长三角城市群、珠三角城市群、长株潭城市群进行实证分析。在分析各城市群空间演化特征的基础上，运用计量工具及第五章构建的评价模型，对城市群城市间的经济联系、城市群协调发展水平进行测度，为后续提出城市群协调发展模式、机制架构及具体实现路径奠定基础。

第七章 经济新常态下城市群协调发展模式探析

前面章节阐述了城市群协调发展机理并构建了城市群协调发展评价模型，同时，运用该模型测度并评价了国内主要城市群的协调发展状况。本章将在借鉴国外城市群发展经验的基础上，结合我国经济新常态下现实发展状况，构建城市群协调发展模式。

第一节 西方城市群发展历程及经验借鉴

城市经济不断演化，并在政府政策的扶持下逐渐形成城市群。城市经济的发展在条件优越的区域聚集了大量生产要素，区域内各城市依据自身的资源优势，发展特色产业，并在此基础上建立城市间的产业分工体系。资源在某个区域的高度聚集一方面因为规模经济效应的形成而提高了劳动生产效率，另一方面会引发很多城市问题。人口过度集中、生态环境恶化、交通越来越拥挤、失业人口渐增等，都是城市经济发展到一定程度不可避免的现象，这些都将影响城市发展的效率，导致不得不放慢步伐来解决在城市经济发展中遇到的这些现实问题。为此，各国政府有意识地将人口和产业扩散到大城市周边地区，即采取城市群的布局方式，以期缓解核心城市的压力，并在其辐射带动下拉动周边城市经济发展。18世纪后期，在工业革命浪潮的席卷之下，伴随着工业革命带来的普遍生产效率的提高，整个城市群经济出现空前增长，城市化进程加速进行。经过200多年的城市化发展，发达国家目前已经发展出众多成熟的城市群，其在发展过程中累积的经验以及采用的模式可以作为我国城市群协调发展的有益借鉴。

一、国外四大城市群的发展历程

欧美日是城镇化的先行者，其城市群的发展也先于我国，特别是美国大西洋沿岸大城市群、日本东海道城市群、欧洲西北部城市群、英国伦敦城市群的发展已取得众多成功经验，值得我国城市群借鉴。

（一）波士顿－华盛顿城市群

该城市群位于美国的核心经济地带，分布在美国西北部的大西洋沿岸，纽约居于城市群中心，通常简称为波士华城市群，是世界上首个被认可的城市群[①]，也是目前世界上实力最强的城市群。整个波士华城市群的结构呈金字塔形，其空间范围北起缅因州，南至弗吉尼亚州，跨越 10 州，绵延 600 千米，总面积约 14 万平方千米，人口约 4500 万人。波士华城市群几乎囊括美国东北部的所有大城市以及部分南部城市，包括波士顿、纽约、费城、巴尔的摩、华盛顿五大都市以及 40 多个中小城市组成。群内城市化水平高达 90%，是美国最重要的经济中心，城市群制造业产值占全美的 30% 以上。

随着经济的发展，波士华城市群不断发展演变，主要经历了四个阶段：第一阶段，各城市呈现孤立分散、各自发展的状态，主要是指城市群 1870 年以前的发展。这一阶段，城市规模随着人口的聚集、经济的扩张而不断扩大，尽管城市化水平得到提升，但这一阶段主要是各城市各自独立发展，城市地域空间分布松散，城市群内存在众多小城市，它们松散分布、彼此之间的联系较少。第二阶段，主要是指城市群 1870~1920 年的发展，即城市群的城市体系形成阶段。这一阶段，城市数量明显增加，城市规模较之原来急剧扩大，与此同时，美国产业结构发生巨大变化，城市群内逐步形成以纽约和费城为核心的城市发展轴线，城市化水平显著提高。第三阶段，大都市带雏形阶段，主要是指城市群 1920~1950 年的发展。随着工业化后期的到来，城市的聚集功能不断增强，核心城市的集聚度和规模不断扩大，其生态承载压力较大，由此推动城市边界不断向郊区拓展，进而向外延伸形成大都市区。1950 年以后属于第四阶段，此时大都市带的发展进入成熟阶段。科技创新是这一阶段经济发展的重要助力，并带来了交通网络和通信网络的翻天覆地的变化，随之而来的是城市产业结构的升级换代，城市空间进一步沿交通轴线拓展，大城市周边的郊区城市化进程不断加快。大都市带空间范围不断拓展延伸，并且其空间格局不断演化融合，城市功能逐渐成熟，城市群功能分工体系逐步完善，五大都市圈（波士顿、华盛顿、费城、巴尔的摩、纽约）彼此吸引、相向蔓延，最终连接成片，形成跨越数州的波士华城市群 [①]。

由于内部独特的区域分工格局，波士华城市群已经发展成为美国最大的生产基地、最大的商贸中心，在美国经济发展中起着举足轻重的作用。同时，波士华城市群还是世界最大的金融中心，这里有着世界上最先进的金融交易系统，最活跃的金融交易，因而对世界金融乃至经济发展的影响不容小觑。世界商业和金融中心纽约，不仅拥有全球最为发达的商业和生产服务业，同时在军火生产、机器制造、石油加工和食品加工方面也占有重要地位。高科技产业、金融、教育、医疗服务、建筑和运输服务业汇集在波士顿，其中，最具特色和优势的产业是高科技产业和教育，如哈佛大学、麻省理工学院、波士顿大学等一大批世界著名学府分列其中。费城因其地理位置优越而成为全美最繁忙、经济结构最多样、最具活力的港口城市，其集装箱容量在北美各大港口中位居第二，港口的繁荣带动了费城整个交通运输业的发展。美国首都华盛顿，既是政治中心又是经济中心，全球性金融机构如世界银行、国际货币银行和美洲开发银行的总部均位于此。巴尔的摩在军工、机械制造方面具有领先地位，这与华盛顿特区密不可分。两者之间的区域关系使巴尔的摩得到了联邦政府不少直接、间接的财政支持，例如政府采购项目。因此，巴尔的摩利用时机大力发展了国防工业。

波士华城市群的空间格局演变历程可以划分为点轴扩张和联网辐射两个阶段 [②]。经历漫长的发展，该城市群形成了合理的空间布局，各城市间完成了产业

① 陈之莹. 中外城市群空间组织模式对比研究［D］. 浙江财经大学硕士学位论文，2015：17-22.
② 崔红军，姜楠. 国外都市圈模式对长三角都市圈发展启示［J］. 现代商贸工业，2010（9）：28-29.

分工及功能整合，城市群的整体效率得到提升，奠定了美国经济繁荣的基础。城市群发展始于重要港口城市，呈斑点状分布。伴随着经济的发展，中心城市的集聚功能不断强化，围绕中心港口城市集聚了大量人口及产业，随之而来的是中心城市生态承载能力受限，必须不断向外延伸发展。此时，周边城市出于产业承接等原因接受中心城市的辐射效应，经济也得到一定程度的发展，城市空间不断向外拓展，城市规模不断扩大。同时，周边的近郊区也因经济发展而加速了城市化进程，城市群中城市的数量明显增加。围绕城市群的中心城市，逐渐形成新的都市圈，并沿着海岸方向不断扩展融合。中心城市之间通过沿海主要交通干线连为一体，并且人口和各种经济要素不断在干线两侧集聚，在此基础上，逐步形成新的聚落中心。与此同时，城市群凭借内部功能强大的网络实现了空间经济发展一体化。

（二）日本太平洋沿岸城市群

日本的城市群采取圈域经济的都市圈发展模式，城市间以经济联系为纽带沿地域圈层不断拓展延伸，逐步形成了以东京、大阪为核心的东海道城市群，即日本太平洋沿岸城市群。日本在"二战"后迅速崛起，在政府政策的支持下，东京、大阪、名古屋迅速发展，城市的集聚度越来越高，尤其是人口密度已经接近城市的生态承载极限，不利于城市经济的快速发展。为此，三大城市逐步向外拓展延伸，逐步分别形成以东京、大阪、名古屋为核心的三个都市圈，在此基础上沿交通轴线进一步延伸，发展形成带状的东海道城市群。东海道城市群的形成解决了三大核心城市面临的大城市病，拓展生存空间后占地面积约 3.5 万平方千米（一般是指从千叶向西，从京都、神户、大阪到东京、静冈、名古屋、横滨的城市范围）。城市群形成后，基于各城市的自然条件和资源优势，形成了完善的产业分工体系，目前该城市群已经成为日本第三产业最发达的地区，日本 80% 以上的第三产业均汇集于此。该城市群以占日本国土 6% 的面积，创造了全国 65% 的工业总产值[1]。目前城市群内人口密集，约有 7000 万人口，人口数量及密度均居日本首

---

[1] 宁越敏，李健. 让城市化进程与经济社会发展相协调——国外的经验与启示［J］. 资源与人居环境，2005（8）：32-34.

位。日本是岛国，受自然条件限制，资源贫瘠，因而日本政府尤为重视国土的开发和规划，并制定了一系列方案优化城市群的空间分布及产业布局。城市空间布局的优化推动了城市群经济协调发展。

日本重工业自 20 世纪 60 年代开始快速发展，为日本经济发展作出了巨大贡献。为了在现有发展基础上进一步拓展工业实力，提升国民收入，日本中央政府随即筹备打造"太平洋工业带"[①]。但这一计划的推行遭遇到来自民众的抗议和阻力。为了实现收入倍增，提高居民福利，同时兼顾地区经济发展的平衡，日本中央政府不得不放弃原有计划，另谋出路[②]。20 世纪 70 年代，日本开始进行产业升级以及产业转移，推动工业由原来的四大工业基地（东京、名古屋、大阪、北九州）向其他城市转移，以便培育新的次级中心，同时完成四大工业基地的产业转型和升级改造，从以重工业为主转向资本密集、知识密集的高附加值、高技术含量的服务经济模式。此方案在实施过程中受制于财力、物力，无法在日本全面推行，因而采用点状开发方式，集中资源重点打造个别城市，使之成为新的经济增长极，并带动日本经济整体协调发展。

（1）从规划层面考虑，由于国土面积有限，规划在日本的经济发展中显得尤为重要，因此日本政府特别重视规划。日本是最早进行国土规划的国家[③]。自 20 世纪 60 年代以来，日本先后进行了六次影响比较大的全国综合开发规划。并且规划的内容随城市的发展、时代的变迁而有所不同，体现了城市经济发展的阶段性特征。例如，1962 年颁布的第一次规划的背景主要是大都市过度发展造成的城市病影响了城市的协调发展，因而其强调大都市充分发挥扩散效应，向周边地区拓展延伸，构筑城市群，延展生存空间，解决大都市集聚过度问题。1969 年颁布的第二次规划，主要是针对东京、大阪城市经济集聚过度问题，重点是化解东京、大阪城市发展困境[④]。1977 年颁布的第三次规划，强调城市群的拓展延伸要沿

① 王乃静. 国外城市群的发展模式及经验新探［J］. 技术经济与管理研究，2005（4）：28-29.

② 房国忠，刘贵清. 日美城市群产业空间演化对中国城市群发展的启示［J］. 当代经济研究，2009（9）：28-31.

③ 刘贵清. 日本城市群产业空间演化对中国城市群发展的借鉴［J］. 当代经济研究，2006（5）：23-24.

④ 刘刚. 美国和日本城市群发展的比较研究［D］. 吉林大学硕士学位论文，2007：45-78.

着交通轴线进行，以便提高经济发展效率，改变城市群人口密集、产业过度分散、随意扩张的倾向。1987 年颁布的第四次规划，强调城市群中应依据产业优势发展多中心，引导产业空间布局朝多极分散方向发展，以便各城市充分发挥优势，带动城市群整体协调发展。1998 年颁布的第五次规划，则强调产业的多极分散并不是随意扩散，而是要遵循一定规则，形成一系列产业轴型结构。2008 年将《全国综合开发规划》修改为《国土形成规划法》（又称"六全综"），把国土规划体系从四级结构转变为二级结构，并强调可持续发展。

（2）从区域分工协作考虑，以东京、名古屋和大阪为核心的三大都市圈形成了地域分工合理、各司其职的空间格局。东京圈具备了政治、经济、文化、信息等综合功能，已发展成为国内最大的经济、金融中心，同时，其作为最大工业城市群的地位依旧无法动摇，区域内集聚了众多跨国公司的总部，是国际航运、商贸和消费当之无愧的中心。多中心在城市群的汇集，加剧了资源的聚集，在优化资源配置基础上，实现了综合经济效应。

（3）从城市的空间布局考虑，中心城市、近郊卫星城市以及远郊卫星城市共同组成日本的城市群。三类城市在城市群中发挥不同的功能。中心城市主要是对整个城市群实行统一的组织管理，想方设法增强对卫星城市的吸引力。卫星城市的生产和生活活动大体与中心城市的中枢管理保持一致。在中心城市的辐射带动下，卫星城市迅速崛起。卫星城市的发展缓解了中心城市的发展压力，但卫星城市无法取代中心城市的核心地位，卫星城市的空间分布相对零散，其集聚度也无法与核心城市同日而语。以东京为例，东京集中了日本的国家机构，国家级机构及世界级行政中心均设立在此，其余城市像大阪、名古屋等设有分支机构[①]。日本解决大城市拥挤问题的一项重要举措是，中心城市的中小企业外迁，在卫星城市设立中小企业，而将企业管理中心留在大城市。

（4）注重城市群的协调发展，并尝试建立统一的协调机构来推动城市群协调发展。关西经济联合会是日本建立城市群协调机构的成功案例。关西经济联合会

---

① 刘曈. 世界主要都市圈经验的借鉴和北京都市圈的发展［D］. 中共中央党校硕士学位论文，2011：50-63.

属于非营利性的民间组织，成立于 1946 年，内部下设各类专业委员会，委员会的主要工作是处理城市群内的公共事务，加强城市政府间沟通，协助企业与政府交流对话，为企业赢得政府的支持，也为政府的各项重大战略争取企业的资金支持，提升经济发展的总体效率。关西经济联合会因其成员多来自关西地区的企业单位和社会团体而得名，自设立后，在促进关西地区经济协调一体化发展方面起到了重要作用。由于其在推动城市群经济协调方面的作用及影响力，吸引了众多企业和社团加盟，总数达到 800 多家。关西经济联合会也因此成为城市群协调机构的典型代表和代名词。

（5）日本太平洋沿岸城市群是在政府规划的指引下，沿交通轴线拓展延伸，形成的带状城市群。完善的交通网络设施，打通了东京、大阪等核心城市与周边城市的联系，为新都市圈的形成奠定了基础。而城市群经济的协调发展，又为基础设施建设、交通网络的延伸提供了经济基础，由此进一步推动交通网络的完善并加速周边地区的城市化进程，周而复始，良性循环。可见，完善的交通网络等基础设施在日本城市群经济发展进程中起到了十分重要的作用。

（三）欧洲西北部城市群

大巴黎地区城市群、莱茵－鲁尔城市群、荷兰－比利时城市群共同构成世界闻名的六大城市群之一，即欧洲西北部城市群。城市群内部整体架构松散，整个城市群分为明显的大、中、小城市，城市间各司其职，形成较为完善的功能分工体系。城市群内交通网络发达而密集，为城市间的联系提供了良好的条件。交通网络等基础设施完善是该城市群的重要特征。欧洲西北部城市群总面积 14.5 万平方千米，人口总数大约 0.46 亿人。城市群内城市集聚度较高，拥有 10 万人口以上的城市有 40 座。城市群内每个城市都具有各自的职责和功能，并依此在城市群中形成功能分工体系，城市空间格局在此基础上形成，这种格局有利于推动城市群协调有序发展。

巴黎城市群中的塞纳河是欧洲经济的发源地，也是巴黎城市群的发展起源。巴黎城市群的核心是巴黎，最初在政策支持和自身优势条件下，巴黎获得长足发展，并且集聚功能迅速增强，城市中人口高度密集，呈现出明显的向心聚集发展①。随着城市经济发展水平的提高，巴黎的集聚度越来越高，与之伴生的是巴黎城市负荷越来越重，严重影响城市经济的发展。为此，客观上要求巴黎向外扩展，寻求生存空间。此时，政府出台政策限制巴黎都市圈的扩展，沿着塞纳河下游规划、引导布局人口和企业，由此形成沿塞纳河呈带状分布的巴黎城市群。

德国的莱茵－鲁尔城市群中，鲁尔区是城市群工业最发达的地区，是因工业发达而逐渐形成的多中心城市群。城市群地处中欧南北和东西两轴线之上，莱茵河贯穿城市群南北，可直达荷兰鹿特丹港出海，交通极为便利。城市群煤炭资源丰富，因而工业发达。工业以采煤、机械、冶金、石油化工为主，埃森位于城市群中央，是军工、飞机制造业的中心；多特蒙德位于铁路、公路和运河的交汇点，是采煤和冶金工业中心；杜伊斯堡位于莱茵河和铁路的交汇点，是钢铁、机械制造和化学工业的中心；杜塞尔多夫是城市群的行政中心。

荷兰－比利时城市群是一个多中心城市群，以阿姆斯特丹、鹿特丹和海牙三个大城市为核心，围绕三个核心城市逐步形成都市圈，共同形成城市群。该城市群也是欧洲西北部城市群的重要组成部分，呈现为马路形环状格局。整个城市群中城市依自身优势发展主导产业，并由此形成城市群中的功能分工体系。城市群内工业、商业、金融业、运输业、行政、文化、服务等各项功能分别由不同的城市承担。荷兰的首都阿姆斯特丹，是城市群内最大的城市，也是经济、文化和金融中心，城市的优势产业是技术密集型工业，附近的卫星城镇主要是发展重工业；鹿特丹是世界第一大港，又是重工业中心；莱登是城市群的教育中心。

（四）英国中南部城市群

英国中南部城市群以伦敦－利物浦为轴线延伸发展，伦敦是其核心，整个城市群由大伦敦地区、伯明翰、谢菲尔德、利物浦、曼彻斯特等大城市，10余个中小城市以及众多小城镇组成。英国产业密集带和经济核心区就汇集在这一城市群

---

① 燕中州，朱鹏，王泽敏，穆瑞章.欧洲主要城市群发展概况及经验借鉴［J］.天津经济，2013（1）：18-22.

中，城市群内人口 0.365 亿，总面积 4.5 万平方千米。英国中南部城市群在世界级城市群中规模最小，但发育最早。其推进城市群建设的主要做法有以下几点：

一是充分发挥城市规划作用。英国不仅重视城市规划的作用，更将它作为国家的一项大法，从而保证了城市规划实施的严肃性和权威性。在充分尊重民意的基础上，英国制定了一套"以人为本"的规划体系。另外，民间规划机构也在英国城市规划发展中扮演着重要角色。如民间规划组织伦敦规划咨询委员会，负责规划咨询事宜，协调大伦敦的规划工作，并已发表了一系列有关伦敦的规划研究报告。20 世纪 90 年代初期引入的战略规划指引，对于保持城市群整体战略发展规划的一致，推动城市群协调发展意义重大。

二是组建大伦敦市政议会。尽管英国十分重视城市群协调机制的建立，但它的探索并不一帆风顺。1964~2000 年，英国不断探索建立城市群协调机制，并经历了曲折的发展历程。最初，英国创建了"大伦敦议会"，由其专门负责伦敦城市群的管理与发展问题。后来由于大伦敦议会的废除，导致该城市群协调机构的作用极其有限。此后，这一协调机构在城市群发展中几乎未发生作用。而依据 1985 年《地方政府法》，真正承担城市群战略规划职能的部门是环境部，并不是大伦敦议会。撒切尔夫人当政期间，政府大力推动市场化和公有制进程，很多公共领域的产品供给和投资都强调市场规律的作用。事实表明，公共产品供给和投资领域，并不适合采用市场方式配置资源。由此导致的资源浪费和经济损失巨大，最终部分项目规划无法实施，投资难以协调，生态环境也面临严重的污染问题。直到 2000 年才重新成立并运行至今的大伦敦市政议会，主要负责交通、经济发展、环境问题、旅游和娱乐等战略规划的编制，从整体上构建土地利用的基本框架。在新的统一市政府领导下，作为二级政府的自治市政府主要承担着本区的日常事务，继续提供地方性的服务，如教育、住宅、城市更新、公路维护、区域规划、文化和休闲产业等，但必须和大伦敦市长紧密合作以保证伦敦政策的一致性。大伦敦市政府和各自治市政府两级政府是合作和协调的关系，并非上下级关系。

三是推进一体化建设。城市不论规模大小，在发展权利上一律平等，在城市联盟中的地位也一律平等，城市之间开展平等协作。正由于区域城市一体化，各城市实现优势互补、联动发展，伦敦、利物浦、曼彻斯特这些规模大、实力强的中心城市才能够发展成为具有巨大国际影响力的大都市。

四是加强城乡协调发展。英国是全世界第一个实现城镇化的国家，也是最早面对城乡发展失衡问题的国家。1868 年、1875 年，英国先后两次颁布《工人住宅法》，解决贫民窟问题。拆毁贫民窟后，政府兴建了商店、公园、仓库、车站、剧院等设施。此外，积极培植新的区域增长极以带动落后地区的发展。

五是注重环境保护和治理。这既是英国城市群发展中的经验也是教训。工业革命发展和两岸人口激增，致使泰晤士河污染严重。从 1858 年开始，为拯救泰晤士河，英国历届政府推出了许多措施：①修建大型下水道，拉开治理泰晤士河的序幕。②伦敦对泰晤士河水质实施监控并加强污水处理。③ 20 世纪 50 年代末，政府通过立法对向泰晤士河排放工业废水和生活污水进行严格管理。④ 20 世纪后期，英国对水的供给和管理行业实行私有化。经过 150 多年的治理，泰晤士河已经发生根本性变化，成为欧洲最洁净的城市水道之一。

二、国外城市群协调发展模式及其经验启示

（一）要素流动自由

综观上述国外特大城市群，均区位优势明显，自然资源富足优越。西方几大城市群大都处于适宜人类居住的平原地带，便于农耕、居住和联络，同时多数沿湖、沿河和沿海分布，不仅保证内外交通的便利，又可以为城市的工商业发展和居民生活提供必要而充足的水源。但这些城市群最主要的特征是要素自由流动。国外几大城市群既有分布于同一个国家的城市群，也有跨越国界分布在不同国家的城市群。相近的经济制度和文化传统，使得市场机制能够发挥重要作用，从而要素的流动不受阻碍，为城市之间形成紧密关系奠定了基础。

由于要素的自由流动，科技进步又加速要素流动，导致世界经济中心的转移以及城市群在世界范围内次第兴起。纵观世界经济发展，科技的每一次飞跃引起世界经济中心转移，而经济中心的每一次转移又带来区域范围内工业化和城市化

的迅猛发展，从而催生了城市群的产生与发展。如 18 世纪后工业革命使英国成为世界经济增长中心，英国中南部城市群获得发展机遇；19 世纪西欧地区成为世界经济增长中心，欧洲西北部形成规模不等的城市群。进入 20 世纪以后，世界经济中心从西欧转向北美，美国东北部大西洋沿岸城市群、北美五大湖城市群兴起；20 世纪 50 年代以后，美国经济中心向中西部转移，推动了美国中西部地区大都市区和城市群的发展。

（二）中枢功能突出

国外特大城市群往往发挥着全球及国家中枢的重要功能，它们常常集现代工业职能、商业金融职能、外贸门户职能和文化先导职能于一身，成为国家及国家之间经济活动最密集、经济效益最高、对外开放程度最高的区域，也是新技术、新思想的诞生地，对国家、地区和世界经济发展具有支配作用。城市群及国家中枢功能的发挥主要凭借两个重要条件：

一是核心城市具有极高的国际化程度。纽约、华盛顿、伦敦、巴黎和东京等都是知名的国际大都市，尽管每个城市的国际化特色领域不同，但都具有高端国际化功能。如美国东北部大西洋沿岸城市群是世界上最大的城市群，华盛顿是美国的首都，纽约是联合国总部所在地，说明这一城市群不仅是美国的政治中心，也是被广泛认可的世界政治活动中心。

二是城市群具有极高的一体化程度。不仅在一国之内的城市群具有很高的一体化程度，而且跨国城市群内的城市之间表现出很强的"同城效应"，区域一体化达到很高水平。国外城市群大多拥有高度发达的水、陆、空等多种交通设施以及通信体系构成的基础设施网络，其中，高度发达的铁路、公路设施是城市群空间结构的主体骨架。城市群内产业带和城镇密集带通过发达的交通和通信网络相连，由此形成城市群发展空间，有利于城市群协调发展水平的提高和经济发展质量的提升。

（三）空间结构合理

空间结构特征是国外城市群发展最集中、最综合的表现。国外几大城市群的空间结构特征如下：

一是城市群外部形态以带状为主。美国东北部大西洋沿岸、日本太平洋沿岸和英国中南部这三大城市群均沿海岸延伸，呈现带状的空间结构，而欧洲西北部城市群略呈环状拓展。

二是城市群内部呈现单核心城市带动、多中心城市均衡发展两种模式。日本太平洋沿岸城市群和英国中南部城市群都属于单核心城市带动模式，该模式一般都拥有一个辐射带动能力极强的超级城市，深刻影响着群内每一个城市的发展。多中心城市均衡发展模式的典型代表是欧洲西北部城市群，多个中心城市分工明确、彼此依存、协调发展，共同推进区域经济的发展，而非其中一个核心城市贡献主要力量。

三是城市群具有明显的层次性。如波士华城市群由波士顿、纽约、费城、巴尔的摩、华盛顿五大都市圈组成，每个都市圈又由若干都市区组成，每个都市区又由一个城市与周边小城镇共同构成。

四是城市群空间拓展具有阶段性和动态性。国外城市群的演进发展经过了漫长时期，大多经历了城市离散发展、单中心孤立发展、多中心形成以及网络化发展的四个阶段，不同发展的阶段城市群表现出不同的特征，并随时间推移不断演进发展。

（四）产业发展成熟

产业发展水平是城市群发育和成熟的重要标志。国外几大城市群的产业发展具有三个共同特征：

一是产业体系完善。产业的上下游之间、整体与局部之间、制造业与生产性服务业之间相互依存和衔接，形成低成本、高效率和紧密型的产业带，而产业带又把多个城市聚合成一个紧密的大城市群。如芝加哥都市圈，拥有非常完备的产业体系，城市群内工业体系全面，配套设施完善，世界名优产品；汇聚了于此。产业体系发达，产品结构完善，有百余种名优产品和拳头产品；建成了世界上最大的历史悠久的农矿产品期货市场，现在各期货交易所囊括世界商品贸易80%以上；城市群内交通网络密集且发达，水陆交通枢纽在北美规模最大，体系最完善，世界上最繁忙的航空港也在此城市群中；世界上吞吐量最大的内陆港在此建成，并逐步发展为著名的国际贸易港口；三次产业的数量和服务质量在全球均属一流，世界各大银行、大企业、大公司总部云集于此；城市群的经济适应能力和抗风险能力非常强，这主要依赖于雄厚的经济发展实力以及科学合理的经济结构。

二是产业分工合理。各城市基于自身产业特色，彼此间形成合理而紧密的分工协作关系。例如，美国东北部大西洋沿岸城市群中，纽约是全球的金融中心，费城和巴尔的摩的重工业发达且各具特色，波士顿是著名的文化中心。欧洲西北部城市群中，荷兰兰斯塔德作为一个理想的城市群典范，其成功的主因是中心城市有较好的分工。各个城市均专注于某一项功能，并在此基础上形成城市群的功能分工体系。例如，阿姆斯特丹是经济中心（承担的职能主要是金融、贸易、文化、旅游）；鹿特丹是航运中心（承担的职能主要是物流贸易、临港制造业）；海牙是政治中心和外交活动中心（承担的职能主要是公共管理、会展旅游以及国际事务）；在科研和教育方面独树一帜的是乌德勒支。城市间的分工不仅体现在部门的专业化，更重要的是职能的专业化。每个城市重点承担某一方面的职能，各司其职，协调发展。在四大城市中集聚的主要是公司的总部、研发总部和商业服务部门，这些部门的聚集可以更好地利用四大城市创造的基础设施，便于信息交流，有利于企业的发展。而周边的中小城市集聚的往往是生产职能和日常办公职能，以达到节约资源、因地制宜安排生产的目的。

三是产业集群发展水平高。极高的产业集群发展水平构成国外四大城市群的核心竞争力。如纽约都市圈，已发展成为国际金融产业中心和集群地，在行业内有比较明显的优势：①拥有世界级的金融产业（交易）平台，纳斯达克、纽约证券交易所、纽约期货交易所都是具有世界影响力的金融平台。②拥有世界上最多和最先进的金融机构，城市群内金融机构数量众多，金融和保险公司有3000多家，外国银行和办事处有10000多家。如此众多的金融机构汇聚在一个城市中，在世界城市发展中也属罕见。这些金融机构是城市连接其他城市的工具，也是城市经济发展影响世界经济发展的重要途径。③具有全球影响力，纽约作为全球金融中心，全球的金融交易及金融创新均汇聚于此。全球16%的外汇交易量、14%的衍生金融工具的成交量、34%的外国债券发行量都是在纽约金融市场完成的。

巨大的金融交易量以及金融创新工具的研发，推动了纽约金融经济的进一步发展，也奠定了纽约在世界金融体系中的地位。

纵观国外各大城市群的发展历程，根据空间主体之间主次关系划分，发展模式主要分为两大类：一是核心城市带动型的城市群发展模式；二是多中心齐头并进型的城市群发展模式。而西方城市群的主要发展模式是核心城市带动型。以纽约为中心的美国大西洋沿岸城市群、以洛杉矶为中心的美国太平洋沿岸城市群、以东京为中心的日本沿岸城市群、以伦敦为中心的英国首都城市群的发展都属于第一种类型。这种类型的共同点是，都有一个特别大的城市作为核心，以很强的辐射能力向外逐层影响、带动城市群中每一个城市的发展。第二种类型的城市群以莱茵—鲁尔（德国）、兰斯塔德（荷兰）为发展典型。其共同点是多中心并存，协同并进发展。如莱茵—鲁尔（德国）城市群由20个城市组成，各个城市的人口规模相对较小，但却依据功能分工分别履行不同的职责，各有所长——波恩是政治文化中心，科隆是商业中心和交通枢纽，埃森是煤化工和精密机械中心，杜塞尔多夫既是金融中心也是化工和服装业中心，多特蒙德是炼钢、重机工业中心等，这些城市协调、均衡发展，构成德国最大的工业中心。兰斯塔德城市群（荷兰）也属于典型的多中心城市群——海牙是政治文化中心，阿姆斯特丹是经济和金融中心，鹿特丹是大型港口，乌德勒支是交通枢纽。各城市之间分工明确，相互影响又彼此联系。

纵观各国及几大城市群发展进程，城市群协调发展中积累的经验大致包括如下几个方面：

1. 城市群形成与发展的根本驱动力是工业化

国外大城市群伴随着工业革命而产生，并且都以工业化为基础和先导。由于工业革命最早起源于英国，所以英国自然成为世界上最早开展工业化与最快完成城市化进程的国家。在此推动下，英国的曼彻斯特、伯明翰、利物浦等多个城市在工业革命的带动下迅速成长，并形成了由伦敦、伯明翰、曼彻斯特、利物浦等城市聚集而成的城市群。随着城市聚集功能的加强，人口、资本、技术等各种生产要素迅速汇集到城市。城市的发展推动了城市群的诞生。德国鲁尔、法国北部、美国五大湖沿岸和大西洋沿岸等地区，就是在工业革命过程中发展成为城市群。由于工业化的推动，这些城市往往聚合了很多职能，如工业职能、外贸口岸职能、金融职能、商业职能、文化先导职能等，逐渐发展成为该国社会最先进、经济最发达、经济效益最丰厚的地区。经济的发展推动了这些地区新思想、新技术的孵化，思想和技术的变革又反过来带动了本国经济的发展。

2. 基于特色产业参与产业分工，城市间彼此依存，合作共进

以美国大西洋沿岸城市群中各城市的分工协作为例。纽约作为城市群中的第一大城市，既是全世界的金融中心，也汇集着多个跨国公司总部和专业管理机构。费城是城市群中规模第二大的城市，是城市群中重工业最发达的城市，石油化工、造船基地是其特色产业，同时也是钢铁冶金中心的聚集地。著名的文化中心——波士顿，哈佛大学、麻省理工学院等高校坐落于此。华盛顿作为美国的首都自然而然成为政治中心。该城市群聚集了数量众多的港口，各个港口在长期经济发展过程中，形成了合理的分工——纽约港以集装箱运输为主，属于商业港口；巴尔的摩港是矿石、煤和谷物的转运港；近海货运集中在费城港；兼有海港功能的波士顿港也是著名的商业港口，主要从事地方产品的转运。

可见，城市群在发展过程中，各个城市逐步形成了具有优势的特色产业，城市之间联系紧密，形成了统一的自由市场，推动了各种生产要素在城市群中的无障碍流动，提高了资源配置效率，并加速了经济集聚和人口等生产要素的集聚，进一步提高了城市群经济发展水平。

3. 核心城市的集聚作用和辐射效应得到充分发挥

核心城市是城市群中最先得到发展的城市。最初，核心城市基于自身区位优势以及国家政策支持等迅速发展，集聚功能不断增强。当核心城市集聚到一定程度时，为了缓解自身发展压力，必须通过向周边城市扩散来获得新的发展，此时，主要起的作用是辐射作用。可以说，核心城市集聚和辐射功能的强弱直接关系到城市群的协调发展。核心城市的发展影响的不仅是其自身，还会直接影响城市群内所有城市的发展。正因为核心城市地位的特殊性以及在整个城市群经济发展中的重要性，各国政府越来越重视培育经济增长极，重视打造核心城市。例如，"二

战"后日本政府倾注众多资源和财力物力打造了日本的经济增长极东京。集多种功能于一体的新东京，涵盖了日本的金融、工业、商业、政治文化中心以及交通中心五大功能，它不仅带动了城市群整体经济的发展，而且也逐步发展成为国际性大都市。

4. 交通网络发达并且其作用得到重视和发挥

城市群高速发展的重要驱动力是发达的交通网络。一方面，交通网络设施能够直接扩展城市群空间，使得城市群沿交通干线在空间上不断延伸，指明了城市空间的扩展方向，进而改变城市群整体的空间范畴；另一方面，交通网络的延伸和拓展，直接改变了城市与外界交流的便利程度及城市的区位条件，激发了新的城市功能区甚至形成新的城市群落，并由此形成城市群全新的产业空间格局。可见，交通网络延伸、拓展及完善对城市群产业布局的空间演化影响深远。城市群产业空间布局随着城市群经济的发展而不断演化升级，在强化内部向心集聚能力的同时，也不断向外扩散辐射。

城市群产业空间布局扩展演化最普遍的形式是沿交通轴线不断集聚和扩散。可以说，国外城市群的快速发展主要源自于交通网络建设的驱动。现代经济中，各城市间基于不断密切的交流合作、依托地方优势形成的城市群体系，必须以完善的交通、通信网络为基础。多数城市群都拥有由高铁、高速公路、通信网络等构成的完善的基础设施网络，这些基础设施将城市连接成统一整体，构成了城市群空间架构的脊梁。

（五）强化政府间的合作与协调

西方国家在城市群的发展历程中，都非常重视政府间的合作与协调，并成立了专门机构负责城市群协调发展中的问题。例如，早在1964年，英国政府就创建了"大伦敦议会"，专门负责伦敦城市群的定位、发展与管理问题。1985年颁布《地方政府法案》以后，政府又责令环境部履行战略一职。但后续执行过程中，由于政府强调发挥市场的作用，导致涉及公共领域的很多大型项目难以推进，投资无法落实，环保也无法达标。20世纪90年代之后，在伦敦城市群范围内全面引进战略规划指引，才得以完成了整个城市群战略规划的一致性，并进行了有效的协调。

同样，法国巴黎城市群也是在法国政府的推动下才得以顺利发展的。1958 年，巴黎政府制定了区域发展规划[①]。而成立于 1961 年的巴黎地区整顿委员会在城市群的规划和发展中起到了重要作用。制定于 1965 年的巴黎地区的战略规划，用崭新的多中心布局方案，代替原来在一个地区内修建单一大中心的传统思路，从而引领巴黎进入全新的发展时期。正是由于法国政府各项规划的实施和推进，法国类似"巴黎－里昂－勒阿弗尔"的一系列著名城市群才会崛起。

日本政府通过颁布法律、法规较早介入城市群协调发展。如 1940 年制定的国土开发纲要，1950 年制定的国土综合开发法。1962~1998 年，日本政府为优化产业空间布局，先后五次制定了日本国土综合开发计划。这些开发计划在推进城市群协调发展以及产业优化过程中起到重要作用。

（六）注重城乡协调发展

城市化进程的推进加速了城市经济的发展，也拉大了城乡发展差距。很多国家城市的发展是以牺牲农村发展为代价，政府由于对工业化、现代化的渴望，在重视城市经济发展的同时往往忽视农村的发展。事实上，农村作为整个社会不可或缺的一部分，其发展不容忽视。只有城乡一体化发展才是真正意义上的协调发展。各国政府对城市的青睐，导致在城市建设过程中占用了大量资源，而广大农村连基本的基础设施建设都无法保障。农民生活水平极端低下，大多数农民为了生存而选择去企业打工，进入城市生活。然而，一旦大批农民涌入城市，企业根本无法提供足够多的就业岗位，失业就是农民不得不面对的问题，他们在城市的生活状态可能比在农村更糟糕，连基本的生存都无法保障。接踵而来的是城市整体的贫困、环境恶化等问题。这些都不利于城市群经济的协调发展。

日本在农村经济发展方面积累了丰富的经验。日本政府很早就意识到农业和农村发展的重要性，为了促进农村经济发展，制定了一系列的法律措施。日本政府政策的推动，带动了农村经济的发展，其经验也为各国纷纷效仿。日本政府对

---

① 谢起慧. 发达国家建设韧性城市的政策启示［J］. 科学决策，2017（4）：60-75.

农村和农业的多样化投资，推动了农村经济的发展。例如，为了建设农村基础设施，日本政府采用多种方式筹措建设资金，如财政拨款、发行地方债券等。有了资金保障，农村的基础设施建设得以全面展开，农村交通干线等基础设施得到完善，这为加强城乡联系、促进城乡一体化奠定了基础。同时，中心城市由于集聚度过高，人口密度太大，急需进行产业升级转移以及人口的分流，农村城镇化为农村承接中心城市的产业转移以及人口分流奠定了基础。这也加速了新型农村的建成，农业再也不是农村的主导产业。20 世纪 80 年代，在日本农村第三产业的比率已经高达 42%，原有的农村已经逐步发展为了小城市。

（七）注重生态保护

国外大城市群的形成发展过程中都曾出现过严重的环境问题，城市化的复杂化使大城市付出了惨痛的环境代价。工业化的发展推动着城市化的进程，人口高度集中于中心城区，导致住所拥挤、生活环境恶化、中心区渐渐失去了吸引力，出现了郊区化的趋势，郊区化又进一步加速了中心区的衰落，整体上制约着区域经济、社会的可持续发展。许多大城市群逐渐意识到环境保护的重要性，纷纷提出关注环境保护、开展环境整治、构建生态区域等重大发展战略，将建设重点转移到内城，提出振兴旧城，在历史文化保护、环境与文化等方面采取可行性措施。

伦敦的绿带网状模式是各城市和区域效仿的榜样。英国是"田园城市理论"的故乡，伦敦深受其影响。伦敦在空间上以竖向发展为主，在城市生态建设和绿地建设方面颇有建树。利用绿带来限制建成区的发展，外围的绿带以及区内的绿地等公共敞开空间不容受到侵犯，避免了整个区域空间无序分布的现象，并通过建设绿地、绿色廊道与河流等连接各级绿地，形成绿地网络整体，在大伦敦范围内将 100 座广场进行步行化。另外，建设自然保护区、建设自然保留地、构筑生物通道、形成网络结构的开敞空间一直是规划的重点。

（八）推崇集约型的城市群增长方式

交通方式的选择对城市规模和密度影响不容忽视，它将直接影响城市的增长方式。城市交通方式的选择对于城市的密度影响重大。例如，如果城市中占主导地位的交通方式是公共交通，那么城市人口的密度将随之增大。因为公共交通能够为大规模人口出行带来便利。而城市的密度又将反过来一定程度上制约交通工具的选择。在美国新兴城市，由于人口密度小，私人轿车成为城市的主导交通工具。私人轿车的普及，使得美国进入汽车社会。私人汽车进入每一个家庭，意味着出行更加便利，人们倾向于住在距离上班地点较远的城郊，因为那些地方空气清新，生活环境更好。随着人口的大规模向外迁移，城郊也慢慢出现超市等生活配套设施，伴随而来的是城市不断向外蔓延。但这种对外扩张具有低密度、盲目蔓延的特征，城市土地没有得到高效利用，由此产生了一系列问题。首先，车道和停车场要占用城市大量的面积。其次，轿车的燃料消耗是最大的。这将导致环境污染和不可持续发展。在《城市发展史》中，芒福德曾指出，"人类有很多交通方式可以选择。究竟哪一种交通方式更便捷更廉价，这是一种复杂的比较，但是世界上只有一种交通方式最能让商人赚钱，这种方式就是私人轿车。于是商人们勾结了地方政府，把这种交通方式强行推给民众。"政府借助税收方式筹集了大量资金，并将其用于公共基础设施建设，修建了价格非常昂贵的交通网，从而使得美国进入汽车社会。

事实上，在特定时期，城市居民对交通工具的需求是相对稳定的，如果对一种工具的需求增长，必然意味着另一种工具的需求下降，因为居民的总需求是相对稳定的。这就说明，不同交通工具之间在同一时期内是替代关系，它们之间是此消彼长的。当城市中以私人轿车为主导交通工具时，必然减少对公共交通的投入，从而使公共交通发展不起来。

20 世纪 80 年代，越来越多的学者开始关注交通工具选择对城市经济发展的影响。私人汽车蔓延带来的各种环境问题（如汽车尾气排放造成的空气污染）及其社会经济后果受到广泛关注。人们认为"以小汽车为导向的交通方式、低密度的城市扩张，这种城市蔓延方式是一种不可持续的增长方式"。"紧凑型城市"和"精明增长"的概念应运而生。美国学者认为，为了充分有效地利用资源，居民日常生活中应放弃以私家车为主的出行模式，提倡公交出行，倡导低碳化生活方式。为此，政府必须投资建设大量的轨道交通系统，合理规划公路建设，并以各交通站点为中心，围绕交通站点规划建设居住区、办公区、商业等配套设施，以为人们的工作、生活提供便利。通常这些配套设施应建在离站点一定半径范围内，以提高人们的幸福感。实践表明，"集约和精明"地规划利用土地，是未来城市发展的主流，也是推动城市群可持续发展的重要途径。

综上所述，从全球城市群的萌芽、兴起、形成到蓬勃发展，经历了一个比较长的发展时期，同时也为我国城市群的协调发展提供了很多启示。

1. 城市群发展规划要尊重其自身的历史

城市群是提高区域竞争力的一种手段，因此发展城市群已经成为一种战略选择。如何处理好城市群发展的必然性与历史性之间的关系是城市群发展中的根本性问题。客观地说，城市化的启动首先是在区位条件比较优越的地方开始，如港口、交通要冲、市场交汇点，以及资源产业容易汇聚和人口便于集中的地方。同时，城市化也大都从商贸业发展开始，通过市场的不断发展形成了各个城市的历史发展轨迹。由各大城市组成的大城市群，其发展轨迹一开始就受到各个城市历史发展轨迹的惯性聚合影响，进而通过市场新的不断发展，磨合形成大城市群的发展轨迹。这种发展轨迹本身具有历史客观性，城市发展的轨迹总是有惯性的，而惯性的力量难以克服。因此，城市群的发展需要经过较长一段时间的磨合。

2. 城市群的规模

世界大城市群发展过程中面临的困境主要体现在以下方面：

一是城市群的规模运作风险。任何事物的发展都要有个"度"，超过了这个"度"，事物的发展会走向反面。生物学家古尔德曾提出一个观点，"动物的体型达到一定程度以后，身体结构的选择余地就小了；身体如果比较小，身体结构的选择余地就非常之大"。超大城市群必须建立起自己的体系和架构，正如大型动物，因系统过于庞大，其结构的选择余地反而小了。城市群的体系中必须包含城市交通系统、治污系统、给排水系统等大系统。大城市群是城市化发展的载体，这个载体在发展的过程中也必须把握"度"。世界有四大顶级的大城市群，而中型城市群也是一片汪洋大海，这是符合城市生态平衡的。如果不在宏观上把握这个"度"，城市经济有可能走向反面，效率反而会降低。

二是城市群存在着系统风险。城市群的管理架构体系模糊、系统机制难以健全，这是必须付出的体系风险代价。针对上述两大风险，我们应该把注意力放在适宜的环境条件和体系规模中，使体系的运作效率达到最佳。因此，城市群的发展规模应该多元化，而不应该只强调大。

3. 城市群的集约型发展

城市群发展过程中选用交通工具，应考虑以下因素：

第一，燃料问题。中国人口众多，如果以小轿车为主要交通工具，那么所消耗的石油量是巨大的。而世界的资源是有限的，说明美国的生活模式无法向其他国家移植。

第二，空间问题。中国的城市大多数密度比较大，而城市群的空间是有限的，如何合理利用有限的空间是城市政府必须面对和思考的问题。如果大力发展轿车，城市被交通跑道占用，那么必然影响人们的生活质量。

第三，公正问题。当私人轿车成为主要交通工具时，不平等将由此产生。由政府出资提供各种公共品，然而政府在谁消费谁出资、谁少消费谁出资这一问题上很难做到公平。原因就在于公共物品具有非排他性，很难通过设立收费机制使公共物品具有排他性，或者即便能够做到但成本过高，从而使得这种制度安排毫无价值。

因此，我国要大力发展以公共交通为主导的交通系统，这样才能维持城市的可持续发展，并提高人们的生活质量。.

在经济全球化、全球城市化、城市聚合化的时代，尤其在我国经济新常态的特殊历史时期，创新城市群协调发展的新模式势在必行。

第二节　经济新常态下城市群协调发展模式

所谓城市群协调发展模式，指的是为了推动城市群协调发展，在综合考虑空间结构布局、组织管理方式、运作机制安排、合作领域范围等的基础上，采取一系列措施实现协调发展的途径。协调发展不仅指合适的组织管理形式，还包括适宜的具体发展内容，城市群的协调发展是形式与内容的统一，只有二者均符合协调发展，才是合适的协调发展模式。

一、城市群协调发展的多种模式探析

在借鉴国内外成熟城市群发展成功经验的基础上，综合考虑城市群所在的内外环境以及面临的挑战和机遇，结合特定城市群的发展特点、定位和现状，最终选择适合的发展模式。在制定行之有效的城市群协调发展模式前，有必要分析城市群发展的各种模式，并在对多种模式进行比较、分析、演绎和逻辑推理基础上，确定城市群协调发展模式，以便指导城市群的协调发展实践。城市群自身的复杂性决定了其协调发展必然涉及诸多方面，必须通过多种途径、采取多种手段相结合才能实现，例如，需要通过完善空间结构布局、制定组织管理方式、选择运作机制、明确产业布局和分工领域等途径来实现。本书在总结分析各种类型的协调发展模式利弊的基础上，结合经济新常态下城市群的特征及发展现状，提出城市群协调发展的模式。

（一）依据空间结构特点划分的城市群协调发展模式

随经济发展阶段不同城市群空间结构不断演进，具有不同的空间分布及特点，呈现出差异性及多样性。从城市群地域空间布局特点出发，结合国内外城市群发展模式的经验及实践，本书将城市群空间结构归纳为六种模式。

1. 极核模式

极核模式是指城市群最初以空间中某个特大城市为核心，核心城市通过集聚效应和扩散效应，在城市群内其他城市与核心城市之间建立经济关联，城市间因功能分工而形成城市群内的产业分工体系，进而形成一个明确的发展区域。特大城市作为城市群的核心城市，集中度较高，并且对城市群的形成和发展起决定性作用。其他城市分别在城市群中居于不同的等级层次，城市间密切合作，并在核心城市的辐射带动下协调发展。随着经济的发展和城市化水平的提高，核心城市不断向外延伸，使其郊区实现城市化，最终实现城乡一体化的空间格局。

极核模式的典型代表有美国的五大湖城市群、我国的长三角城市群[①]。以长三角城市群为例，上海作为首位城市的核心地位是显而易见的。上海是中国的金融、科技中心，也是服务业最发达的城市，城市内集中度非常高，其对周边城市的辐射作用毋庸置疑。在上海的带动下，长三角目前已发展成为城镇等级齐全、城市化水平较高的城市群，基本上形成了以南京为次级中心和以杭州、宁波为次级中心的两条城市带。

2. 双核模式

所谓双核模式（又称为双子星座发展模式），是指在城市群的发展过程中始终存在两个中心城市，这两个中心城市无论是城市规模与吸引力，还是城市在城市群中所起的作用，都不存在明确的主从关系，两个城市彼此依存、相互牵制，在该城市群的发展过程中一直居于主导地位。

双核心城市在城市群发展过程中始终起到重要作用，两个城市在经济实力、区位优势、城市规模、集聚能力上不分伯仲，彼此依存、相互牵制，共同带动整个城市群协调发展。例如成渝城市群中，成都和重庆的双核心作用十分明显，犹如椭圆的两个焦点。济南和青岛、沈阳和大连等国内城市群也具有这种双核心发展的特征。双核心发展模式能够充分发挥两个城市的辐射带动作用，使城市群发展成为具有一定影响力的城市群。

3. 多中心模式

多中心模式，是指在城市群的形成、发展过程中以多个城市为核心的发展模式。多中心模式不同于单中心模式，并不存在单一的、占绝对地位的核心城市，城市群中存在多个中心，并且围绕多个中心形成不同的都市圈，城市群发展呈现多元化特征。多中心发展模式下，城市规模相对较小，城市间通过职能分工建立起合作互补的经济联系。在这种分散发展及空间布局下，城市间的发展相对均衡，并逐渐演化成分散组团模式。多中心下的多元辐射发展可能导致投资分散，无法实现有限资金的最优配置，无法充分发挥辐射带动作用，阻碍城市群整体经济增

---

① 顾朝林. 城市群研究进展与展望［J］. 地理研究，2011（5）：10-12.

长。我国的珠三角城市群和长株潭城市群的发展类似于多中心型模式，珠三角已经形成了以广州、深圳、珠海为核心的三足鼎立发展模式；长株潭以长沙、株洲、湘潭为中心，不断向周边拓展延伸。

4. 交通"珍珠链"模式

所谓交通"珍珠链"模式，是指城市发展及总体布局沿着交通要道的发展轴线展开，各个主要城市如同交通轴线上的珍珠，通过交通网络连接。随着城市群的发展，城市间的交流日趋频繁，这就要求具备完善的交通网络基础。各城市之间以完善的交通运输网为依托，成为交通运输网上的联结枢纽，并立足本地资源，形成各具特色的地域分工和互助合作。实际上，城市群的城市扩展大多数是沿着交通走廊的轴线，形成经济发展轴线和城市发展地带。这种发展模式下，城市选择在有利的交通轴线上布局，不断吸引各种生产要素向城市集聚，以节约时空成本，提高经济效率。沿着交通运输轴线展开的城市布局，有利于城市群经济联系和城市之间的合作。这为拓宽城市经济腹地范围、增强城市的辐射力与吸引力提供了客观条件，有利于推动城市群经济协调发展，促进城乡协调发展。随着经济的发展，在核心城市的集聚与扩散效应影响下，城市沿着交通干道或者经济发展轴线不断扩展延伸，由此逐步形成形态各异的城市群。在发展过程中，逐步形成了单轴线型、十字型以及放射状型等多种多样的沿交通轴线的具体形式。

5. 网络化模式

所谓网络化模式，通常是城市群发展水平较高、城市发展相对成熟，并且处于高级阶段时所选择的模式。网络化模式可以协调城市规模经济的集中或分散。在网络化发展模式下，层次、功能和结构各异的大中小城市，通过交通网络、资金网络、信息网络、技术网络、商品网络、人才网络等紧密联系在一起，彼此间形成竞争、分工及互补的城市群体系，促进了城市之间的高效交流与协调发展。在网络化模式下，城市网络结构相对合理，城市之间的网络关系错综复杂，并呈现多层次化。随着交通网络、通信与信息网络的现代化发展，城市之间、城乡之间的网络联系日益频繁，网络流动速度空前，这都将进一步加强城市群间的联系。

6.“小城市群＋一核”模式

在本书的研究中，我们发现在城市群的发展初期，还存在一种新型的发展模式，即“小城市群＋一核”模式。这种模式下，有一个核心城市和一个小城市群。在这个小城市群中有多个中心城市。但多个中心城市在经济发展中，并没有受到核心城市的强烈辐射影响，反而通过城市定位，在某一个产业或领域中形成了明确的产业分工并整合成与核心城市实力相近的经济区域。这个小城市群的整体经济能力，与核心城市之间形成了类似于双核模式的发展类型。

这种模式最典型的就是广西的南北钦防（南宁－北海－钦州－防城港）城市群[1]。在这个城市群中，南宁是广西的省会，是广西政治、经济、信息、教育、文化、学术的中心。近年来，在强首府战略的推动下，南宁成为了广西具有核心地位的城市。而三个主要港口城市（北海、钦州和防城港）主要利用自身的沿海优势发展港口产业，但各个城市在功能上也明确进行了分工。北海，风景秀丽，旅游基础设施完善，港口资源佳，其功能定位是国际知名的旅游城市；钦州，集沿江、沿海交通为一体，其功能定位是以发展临海大型工业为主、商贸和特色旅游为辅的港口工业型城市；防城港，是我国唯一的一座沿海及沿边的港口城市，其功能定位是发展为集进出口贸易和特色旅游于一体的综合性城市[2]。最终，以南宁为核心城市和以港口业务为主导、各港口城市分工合作的南北钦防城市群（北海－钦州－防城港）形成了。核心城市南宁和小城市群之间在经济上的主从关系并不明确，但互相依存，共同发展进步。

（二）依据运作机制划分的城市群协调发展模式

在城市群协调发展进程中，依据运作机制可以总结出三种最具代表性的模式：政府主导型模式、市场主导型协调发展模式和复合发展模式。

---

[1] 熊勉.广西南北钦防城市群协调发展研究［D］.中央民族大学硕士学位论文，2013：55-68.
[2] 张协奎，林剑，陈伟清，安晓明，韦玮，张泽丰.广西北部湾经济区城市群可持续发展对策研究［J］.中国软科学，2009（5）：26-28.

1. 政府主导型模式

所谓政府主导型模式，指的是在政府的主导下，以政府行政力量为主，引导和调控资本、劳动等各类生产要素按政府规划或经济发展需要的方向流动，进而推动城市经济的发展，最终实现城市群整体协调发展。这种方式又被称为"自上而下"的协调发展模式。从大多数发展中国家城市群发展的实践看，这种以政府为主导的自上而下的协调发展模式是发展中国家普遍采用的模式。政府主导型模式的典型代表国家是墨西哥和印度。这类国家由于城市化起步较晚，通常都以赶超先进国家为目标，而在政府主导下，各类生产要素及资源可以集中向国家优先发展的第二产业和城市倾斜。

政府主导型模式下，政府的主导作用非常明显，政府拥有至高无上的权力，能够调动一切生产要素和资源，集中优势推动城市群快速、协调发展，这种能力和力量是任何经济组织都无法比拟的。在政府的直接调控下，各类生产要素能够迅速聚集，城市的聚集功能可以迅速增强，人口聚集以及城市规模的扩大，使得规模经济效应快速显现，推动了城市群协调发展。

这种模式的内在不足在于：城市的快速发展依赖于政府的推动，这种短期迅速发展的经济规模缺乏坚实的经济基础，可能存在很多隐患。城市经济水平的快速提高，人口的过度聚集，如果没有与之相匹配的城市基础设施、社会保障措施等，有可能引发严重的城市问题和社会问题。此外，政府主导模式下，由于内在的层级机构设置，信息传递的速度和效果往往远远低于企业组织，这与市场经济的快速发展严重不匹配。这种制度下难以发挥企业及第三方组织的作用，严重的会阻碍城市化进程的推进。

在我国长三角城市群的发展过程中，政府主导作用比较典型。作为长三角的核心城市，上海是依靠规划管理型的政府来引领经济发展的。20世纪80年代，上海就开始向沿海城市学习，探寻经济发展之路。90年代以后，随着国家市场经济改革的深化，对市场经济的实现路径有了更加深入的认识，市场经济的本质在于优化资源配置。上海开始探寻市场经济发展模式，开启向新加坡等国家学习之路。上海较大力度的经济改革始于国务院制定的浦东开发战略，以此为契机，上海开始了一场以政府为主导的自上而下的经济改革。政府取代市场，发挥资源配置和引导经济发展的职责，改革成绩斐然，短短十年时间，上海城市焕然一新，成为中国城市发展的标杆。

2. 市场主导型模式

所谓市场主导型模式，指市场主体运用市场机制的作用，在市场主体的逐利行为下，通过引导城市群内部各种要素合理流动，带动城市群整体的有序发展。这是一种"自下而上"模式。

市场主导型协调发展模式是以亚当·斯密看不见的手理论为指引，通过价格等市场因素自发协调城市群的发展过程。这种模式下，市场的自发调节作用得到强化，而政府的直接干预逐渐退出，取而代之的是市场机制，它在城市群协调发展过程中起决定性作用。随着工业化、商品化进程的推进，城市群的城市化水平逐步提高，对人口、资本等要素形成巨大的吸引力。各种要素及资源的集聚过程主要靠市场力量自发完成，政府的调控与干预较少。

我国的珠三角城市群是市场主导型协调发展模式的典范[1]。改革开放起源于珠三角，广东是市场经济路径的先驱，最早主要是学习香港模式[2]。香港，可以说是当今国际经济体中，把亚当·斯密的政府"积极不干预"理论运用得最"彻底"的地区，几乎所有的经济活动都由市场进行自我调节。而广东政府在学习香港模式过程中，以尽量减少行政干预为目标，政府的作用逐步弱化直至完全退出，政府发起了一场以市场为主导的改革[3]。这一变革是自下而上的，完全根据市场需求来调配资源，因而能够迅速聚集各种资源，根据市场需求进行生产。这在当时的短缺经济形势下具有积极意义，能够快速大幅扩大生产规模、提升供给能力，仅仅10年，广东的工业水平就跻身全国前列，珠三角城市群也随之快速形成和发展[4]。

----

① 刘锦，田银生. 粤港澳大湾区背景下的珠三角城市群产业—人口—空间交互影响机理［J］. 地理科学进展，2018，37（12）：1653-1662.

② 程玉鸿，李克桐."大珠三角"城市群协调发展实证测度及阶段划分［J］. 工业技术经济，2014（4）：14-15.

③ 何晖，刘德学. 珠三角城市群内部职能专业化水平测度与分析［J］. 科技管理研究，2016（4）：21-22.

④ 冯静. 珠三角城市群协调发展的实证研究——基于区域经济一体化的分析［J］. 企业导报，2010（4）：17-19.

3. 复合发展模式

所谓复合发展模式，是指不仅仅依靠政府或市场的力量，而是将二者的力量结合，在二者的共同作用下，引导资源优化配置，促进城市群协调发展的模式。这种模式在明确政府在城市群发展进程中的引领作用基础上，重视市场机制对资源配置的作用，强调要综合使用政府和市场的理论来整合资源，带动城市群整体协调发展。

随着经济的发展，城市的壮大，人口逐渐向城市汇集，产业逐渐集聚到城市。随着城市规模的扩大，城市病逐步出现，政府是解决城市病以及公共产品问题的关键。而市场在处理公共产品问题上往往存在市场失灵现象，容易造成资源的浪费。因此，政府的科学规划和管理对城市化进程的推进非常重要。然而城市群的协调发展离不开市场的作用。城市诞生源于市场的繁荣，市场在优化资源配置、提高生产效率方面有其自身的优势。并且，市场化有利于打破行政壁垒，破除地方保护主义，建设一体化市场，推动城市群协调发展。

（三）按组织管理方式划分的城市群协调发展模式

随着城市集聚度越来越高，各种城市病日渐凸显。城市群发展过程中出现的基础设施重复建设、产业趋同、环境污染等问题，迫切需要良好的管理体制加以解决。合理的组织管理模式有助于协调政府间面临的跨域问题，打破行政边界的限制，加强城市间的协调与合作，破除行政壁垒，促进城市经济提升发展水平和质量。国外城市群在组织管理方面的成功经验可以归纳为三种典型模式：

1. 行政区一体化模式

所谓城市行政区一体化模式，指的是将城市群中的若干城市合并，组建新的城市政府并设立新的组织机构，以此建立凌驾于所有城市之上的强大的行政组织和中心城市，管辖城市群内的各项事务，并推动城市群经济协调发展。

行政区一体化模式的优势在于，城市群内的所有城市合并，在集权政府的统一管理下，能够执行城市群内的统一规划，充分调动各城市的资源财力，为城市公共产品服务。统一的行政管理也更易贯彻执行各项决策。群内城市合并，可以提高城市的行政级别，同时能减少行政区内部的层次和数目，提高行政效率。城市群内层次越多、行政区数目越大，边界问题越多，公用设施的空间规模越小，地方政府之间协调的可能性越低。行政区数量并非越少越好，适量减少行政区数量能够提高新政府的行政效率；但在一定的区域范围内，行政区数量过少会导致管辖范围过大，反而会增加行政管辖的难度。

行政一体化模式并非十全十美，同样存在缺点：第一，城市群内行政一体化的实现难度较高，主要阻力来源于各市行政官员，合并后的统一行政管理势必影响他们的既得利益以及职位安排。第二，各地政府合并后，容易导致行政机构数量增加、机构庞大，有悖机构精简政策，容易造成政府对经济的过度行政干预，陷入合并—竞争膨胀—再合并的恶性循环。

因此，我国现行的行政管理体制下，合并城市群内同级政府并不可行。这种做法不符合精简政府机构的基本原则，容易导致同级机构冗余庞大，降低政府的行政效率。此外，一旦合并，大量行政官员难以安排，阻力非常大。而改变下一级机构的行政隶属关系，如实行以市管县、撤县建区等方式比较容易行得通，因为这种做法不增加机构设置，不涉及人员安置，阻力较小。目前，国内城市群采用这种做法的比较多，如广州将番禺、花都两市撤市设区纳入管辖，佛山把顺德、南海、三水三个城市撤市设区而纳入直接管辖。但这种做法也需要慎行，因为容易剥夺下级行政机构的自主权，影响其积极性。

杰克森维尔大都市区是国外行政区一体化模式的典型成功案例。杰克森维尔大都市区包括杜维尔、克雷、南索和圣约翰四县，而杰克森维尔市与其所在的杜维尔县则完全合并形成了单层的大都市政府[①]。合并前的市、县各自负责不同的事务，彼此交叉，效率低下。面对供水、供电、大气污染、垃圾处理、交通、土地利用规划等公共领域问题，各地政府矛盾重重，毫无应对之策[②]。为提高经济管理效率及社会公平，并减少地方政府数目，1967年各市县全部合并形成单

---

① 付婷婷.区域经济联系研究［D］.兰州大学硕士学位论文，2010：32-47.
② 高秀艳，王海波.大都市经济圈与同城化问题浅析［J］.企业经济，2007（8）：16-19.

一机构的大都市政府。合并不只是简单的地域上的统一，更是实质上的统一，强调管理模式的同步，行政规划的内在统一，并由此实现规模经济，切实降低行政成本。

2. 政府联合组织模式

政府联合组织模式，指的是鉴于城市群统一行使跨界职能几乎不可能，转而采取设立专门负责协调城市间跨域治理问题的中介机构（非政府机构）例如区域协调委员会，以行使类似于大都市区政府的某些行政职能，主要采取协商方式推动城市群各地方政府统一规划涉及跨区域的交通、环保、水利等问题，以推动各城市之间的协作，合理、高效解决公共服务的跨域管理问题。

这种模式的优点是：区域协调委员会虽然属于政府组织，但并非单独的政府机构，其规模较小、灵活性较大，方便广大市民参与和监督，能够提高决策的透明度和科学性。从可操作性来看，协调委员会从机构设置到开始运作，便于操作和调整。这种模式的缺陷在于，协调机构的自身权限有限，缺少相应的行政干预权，因此其决策实施的效果并不理想，尤其是对城市群内更大范围的跨域公共服务束手无策。华盛顿大都市区是施行这种管理模式的典型城市化地区。我国的长三角城市群在发展过程中，也成立了长三角16市城市经济协调会等类似城市群协调机构，但在实践中效果不佳。

3. 紧密型双层结构模式

所谓紧密型双层结构模式，是指在城市群各城市的基础上，通过建立具有明确的组织形式和调控职能的联合政府——区域都市政府（属于政府机构），并赋予其一定的实权，以便解决城市群内的协调发展问题（基础设施规划建设、资源的开发利用和大区域环境整治等）。其工作重点是基础设施建设与区域空间发展，以及二者与自然环境的关系。

这种模式实质是通过淡化城市群内各市政府的管理职能来削弱或适当限制其权限，逐步将宏观经济协调的职能转移到区域都市政府，以此共同组成一个空间一体化管理的都市区双层政府体制。

这种模式的主要优点：在这个双层结构中，各城市地方政府与都市政府之间有明确的职能分工与合作。这种结构既不限制城市政府行使非跨界职能，又可以满足人们对边界外公共服务的需求；在确保行政机构精简的同时，保留了部分行政干预权力。都市政府拥有较大的对社会和经济的行政管理权限，有足够的规划、管理权限，有权在整个城市群区域内调动次级城市的各种要素，并逐渐向行政组织与管理职能一体化迈进。

当然，这种模式下如果城市群内的城市隶属于不同的行政区域，则都市政府建立某些跨界职能机构的难度会较大，会遇到来自各方面的阻力。目前，我国只有隶属于同一省域内的城市群才有可能采用这种模式。施行这种管理模式的典型例子是国外的迈阿密城市群。在实施过程中，上层政府承担了少量的服务，下层政府主要承担具体的公共服务工作，公共服务的成本主要由都市区的税收负担。

（四）基于区域合作的城市群协调发展模式

所谓区域合作，是指区域之间、区域内部不同地区之间的城市经济主体，按照一定的目标、原则和制度，将城市发展的各种要素在地区或区域之间进行重新配置和优化，以期实现最大的社会效益、经济效益和生态效益的行为。合作并不完全等同于协调，它们之间是手段与目的的关系，合作是实现协调目的的手段之一，因此，区域合作模式是区域协调模式的一个方面。探讨城市群区域合作的模式对于各地区广泛有效地开展区域城市合作、提高城市群整体水平和竞争力具有重要的理论和现实意义。

区域合作是复杂的社会现象，可归纳出三种主要的区域合作模式。

1. 单一化合作模式

所谓单一化合作模式，是指以某个领域为内容、特定目的驱动下的区域合作模式。两个或两个以上的区域之间出于某种特定目的，在合作初期，一般会选择科技、文化、经济等领域中的某个领域作为突破口，并以此为契机，进一步扩大双边的交流与合作。这种模式一般是在政府推动下完成初期合作，合作的内容比较单一，且这种不稳定的合作关系，容易因其他因素的影响而出现波动。

单一化合作模式通常是区域之间开展大规模合作的铺垫和前奏，一般较多地存在于经济结构和发展水平相差较大的国家及地区间。当今区域合作现实中，单一化合作模式已不再是主要模式，但仍大量存在。比如，长株潭城市群一体化就是选择区域基础设施的规划建设作为合作的突破口，以推动交通同环、能源同体、信息同享、生态同建、环境同治五个基础网络的规划建设向未来的经济一体化延伸。

2. 综合型合作模式

所谓综合型合作模式，是指随着经济的发展，合作领域不断扩大、合作内容不断拓展的合作模式。这种模式在合作初期领域狭小、合作内容单一、合作途径单一，但后续会扩张到城市群的各个领域，是目前最为常见的合作模式。城市群中各类企业在利益驱动下，通过多种方式进行投资、经营、销售、管理等方面的合作，城市间合作呈现出综合性的特点，并且各行业和领域的合作形成相互促进、共同繁荣的互动关系。这种合作一般基于空间地缘关系，也即只有在边界相连的城市之间发生，城市各要素在邻近的区域之间流动所受到的空间障碍和交易成本相对较小，容易形成密切的区域合作关系。

3. 多元化全方位合作模式

所谓多元化全方位合作模式，是指参与主体多元化、参与产业多元化、在综合机制协调下的全方位区域合作。多元化全方位合作模式是一种历史悠久、发展较为成熟的区域之间的合作，区域间形成密切的协作关系，而且国民经济众多产业都广泛地形成合作关系。区域合作的主体多元化，包括企业、非政府组织、政府等，各城市在市场驱动、政府推动、民间互动等多种机制下形成共生共荣、水乳交融、高度融合的全方位合作关系。当这种协作关系发展到高级阶段，为更好地推动城市群整体经济的发展，客观上需要更多元、更全面的合作模式，由此催生"多元化全方位合作模式"。因合作目标和内容是全面的，因此必然要对区域或地区之间政策、制度、社会文化等深层次领域进行沟通与整合。因而，区域合作必然成为区域间社会互动化、经济一体化、文化整合化的重要力量和内容，是城市群走向成熟化、高级化的标志。

目前，世界上具有这种模式的区域合作并不多，主要表现在发达国家和地区的合作中，以欧美发达国家和地区最为典型。

二、构建"圈层带动式"城市群动态协调发展模式

根据各国城市群协调发展过程中的经验借鉴，结合我国经济新常态的发展现状，本书提出我国不同层次、类型和阶段的城市群协调发展模式，以提高我国城市群的演进效率，加速城市群协调发展。

城市群在不同发展阶段具有不同的发展水平和层次特征，表现出不同等级的系统性和协调性，致使城市群发展模式在不同阶段需选择适应其阶段性发展特征的发展模式。经济新常态下，城市群网络化水平较高，社团性等社会属性开始显现，因此，在选择发展模式时要充分考虑这些特征。一般而言，城市群空间转换初期其整体和个体网络性都处于较低水平，城市等级性高，核心城市的中心性极为突出。此时，各城市之间联系较少，难以形成高效互动。因此，应加强政府的科学规划，为城市互动提供必要的条件，如基础设施建设、财政资金支持等，以弱化治理行为中距离和时滞的约束。随着基础设施等条件的优化，城市群网络化水平进一步提升，进入城市群空间转换中期。政府角色逐渐弱化，市场的作用愈加显现，城市群的网络等级性降低，逐渐形成多个核心城市，这一阶段应充分发挥市场对资源配置的辐射和带动作用。当城市群空间转换基本完成时，进入复杂网络化发展阶段，市场在经济社会发展中仍发挥主导作用，但城市群网络空间的社会属性开始凸显。尤其是社团性发展特性，使城市与城市之间、城市与社团之间，以及社团与社团之间的联系趋于复杂化。如何形成社团内部资源的优化配置以及社团之间的协调发展是城市群协调发展的关键。

模式是抽象的，而实践运用是形象具体的，每一个模式的提炼都是对实践的总结和抽象过程。从前面的分析可知，每个模式单独使用往往都有其先天的不足，针对经济新常态下城市群发展的新特点，本书构建了"圈层带动式"的城市群动态协调发展模式。

"圈层带动式"是指经济新常态下城市群的发展大多呈现出明显的两个圈层状

态，即经济较为发达的核心圈层和周边的外围圈层。这两个圈层的发展特征差异较为明显，一般来说，核心圈层里的城市不仅经济发达程度最高，并且在地理位置上紧密相连，已经形成了比较紧密的社会经济联系和比较紧凑的城市空间结构，协调程度较高，城市群特征比较明显，并且核心圈层对城市群内其他城市的辐射带动作用越来越强；而外围圈层的城市不仅经济发达程度较核心圈层低，相互之间以及与核心圈层城市之间的联系也比较松散。因此，对不同的圈层之间及圈层内部之间的协调需要区别对待。对于核心圈层，应充分发挥其完善的市场机制促进资源的优化配置，强化核心城市的扩散效应，加强城市间的经济关联度，强化城市间的协作，在城市群内实现共享资源，实现整体城市共同发展，缩小城市群内各城市之间的差距，形成多方协调共同发展的局面。对于外围圈层，应立足本地特色，建立优势产业，积极参与城市群分工协作，推动城市群协调发展。所谓"动态协调"是指随着城市群发展阶段的逐步提升，其协调发展的模式是不断动态演进的。综上所述，经济新常态下城市群协调发展模式确定为"圈层带动式"动态协调发展模式。

该模式的具体内涵表现在以下四个方面：

（1）在空间结构方面，城市群应该综合考虑当前网络化发展的趋势，依据群核带动轴线模式布局，即以群核型和走廊轴线型相结合，在核心增长极周边沿着主要交通干线不断拓展延伸，形成"一核、一副、两圈、三轴"的空间一体化格局，最终发展为全面的网络化模式，以适应新经济形势下城市与城市之间错综复杂的联系并促进城市群协调发展。"一核"即一个群核，是指以城市群中的核心城市为首组成的紧凑型城市群共同构成城市群的核心增长极，向外辐射并带动整个城市群的发展；"一副"即一个副中心，是指建立城市群的副中心，向外辐射从而带动周边城市的发展；"两圈"是指城市群依据发展程度和空间分布可以区分为内外两个圈层，即核心圈层和外围圈层，这两个圈层的发展应该有一定的时序和侧重点，首先推动核心圈层内部的协调发展，然后逐步推动内外两个圈层之间的协调发展；"三轴"即建立三条城市群发展走廊轴线，沿轴线发展。"一核、一副、两圈、三轴"空间一体化格局建立的目的在于在城市群中形成强大的扩散效应和示范效应，最终快速推动城市群的协调发展。

（2）在运作机制方面，集权政府型的运作模式虽然具有能够快速集中有限资源办大事的优势，但这种模式过分强调政府的作用，行政色彩浓厚，完全忽视市场的力量，也阻碍了企业和非政府组织作用发挥，并不适合当前的经济形势及城市群发展状况。根据经济新常态下城市群发展现状，目前最适宜采用的是以政府为引导，以市场为基础，使政府力量和市场力量以及非政府组织等第三方力量一起发挥作用的复合协调运作机制。

（3）在组织管理方面，如果构建紧密型双层结构的联合政府，就必须在城市群各城市之上再增设一级政府，这不符合当前我国精简政府机构的行政管理体制改革方向，势必增加大量的行政管理人员，扩大财政支出。而如实现行政区一体化，合并现有庞大的各城市政府，并建立一个大城市政府，由一个统一城市政府来管理，在现行的城市政府事权较多、行政管理事务非常繁重的状况下，这种模式必将带来行政效率低下，上层政府应付不暇，同时这种管理模式也剥夺了下层政府的自主权，极大地影响了其积极性，因此，这种模式也不可行。综上所述，比较合适和可行的组织模式是政府联合发展模式。所谓政府联合发展模式是建立强有力的城市群协调组织机构——城市群协调委员会，对于跨界的公共服务和管理问题该委员会具有绝对的权威，涉及跨区域的交通、资源、环保、争端的仲裁等方面的问题，均由其协调解决。这是未来城市群协调发展模式组织管理的发展方向。

（4）在区域合作方面，为实现各种生产要素在不同城市之间高效率地运转与流动，应在城市群中推行多元化全方位合作模式，以调动所有的主体参与到城市群的协调发展过程中。城市群合作的主体应该涵盖所有的社会主体，即城市群内的政府、企业、民间组织以及个人等各类主体。政府作为经济活动的监管者和参与者、企业作为城市经济中最活跃的参与者，二者是城市群区域合作中两大重要主体，但民间组织和个人也是不可或缺的参与力量，最终形成"政府主导、企业主角、民间推动、个人参与"的多元化合作格局。为促进城市群内各城市之间的相互合作持续进行，关键在于探讨和建立合理的区域利益补偿机制与共享机制，要确保各种合作最终能得到实实在在的收益，从而使城市群内各城市基于自身需要出发，主动参与城市间的合作，推动城市群协调发展。

第三节　本章小结

　　本章在总结国外著名城市群发展模式及特征的基础上，借鉴国外城市群协调发展的经验，综合考虑现阶段我国经济新常态下城市群发展的特征，在分析比较多种城市群协调发展的优势及劣势的基础上，构建了"圈层带动式"城市群动态协调发展模式。这种发展模式不仅克服了多种单一模式的先天不足，而且充分考虑了经济新常态下城市群协调发展的特征，其特色主要体现在空间结构、运作机制、组织管理及区域合作四个方面。

第八章 经济新常态下城市群协调发展机制架构

在研究了经济新常态下城市群协调发展模式的基础上，本章将基于治理理论，从政府合作、市场机制、非政府组织机制三方面入手探讨城市群协调发展机制架构。

第一节 城市群协调发展机制架构的总体思路

城市群的协调发展过程涉及多个单体城市以及公共事务，在我国现行的城市行政制度下，众多跨域问题单靠政府的力量无法圆满解决。综合考虑城市群复杂生态的特殊性，城市间政府的管辖权通常以行政边界为界线，而城市群发展过程中面对的诸多问题都跨越了行政边界，具有复杂性和特殊性，单靠政府的力量无法圆满解决。只有多方合力才能有效促进城市群协调发展。本章基于治理理论，从政府机制、市场机制、非政府组织机制着手，搭建城市群协调发展的机制架构。

传统区域经济发展具有单一性，这种单一性体现在一个区域只有一种决策机制，一种发展秩序，一个核心结构，也称之为单中心结构[①]。传统区域经济发展的缺点是其模式（单中心结构）的内在缺陷。单中心结构能够有效规避各中心"各为其主""零散化"的发展格局，统一规划城市群的发展并推进整个社会福利的改进。表面上看，单中心是一种理想的模式。但事实上，单中心模式的推行有严格的假设前提，对城市中公共服务、居民偏好、管理决策系统的统一性均具有严格

---

① 王雪莹.基于协同理论的京津冀协同发展机制研究［D］.首都经济贸易大学硕士学位论文，2016：20–40.

的要求。大量研究和经济发展实践表明，其假设前提或多或少无法满足。现实经济生活中，单中心结构并不具有完善的环境以实现其理想效应。各个城市公共服务存在明显的异质性，居民偏好更是千差万别，甚至同一居民的偏好随时间的推移也会发生较大改变，管理决策失灵的情况时有发生[①]。结合我国城市群发展的实践过程，城市群内的每个城市都是相对独立的决策主体，尽管很多城市群存在比较明显的单中心体系结构，但现实经济生活中，单中心的单一发展秩序和决策机制并不能解决复杂多变的经济市场环境下的种种问题与困难，因而难以推行。在城市群发展的初期，单核心的优势比较明显，各项资源和生产要素聚集在城市群的单个核心城市中，有利于迅速做出决策。然而，随着城市群的自然演进，核心城市的生态承载能力越来越接近极限，必须不断向周边城市拓展发展空间。城市群规模逐渐变大，空间结构不断升级，发展形式逐渐多样化，表现在城市群日益呈现出二元、三元或多元核心趋势，城市群中的城市在不同核心城市的辐射带动下推动城市群协调发展。随着城市群多元化发展趋势的定格，单中心结构模式再也无法满足城市群发展的需要，客观上需要更加丰富的发展环境，更加多样的发展模式，更加完善的管理机制，以推动城市群协调发展。

与单中心相比，在城市群空间布局中存在多个决策中心的多中心结构，是在经济新常态下更适合城市群协调发展的现实选择。多个决策中心相较于单中心，每个中心都有一定的决策权，能够及时高效解决其辖区内发生的问题，因而具有更强的适应性。每个决策中心在行政边界范围内行使管辖权和决策权，各个中心彼此竞合，在分工协作和竞争驱动下推动城市群协调发展。现实生活中，城市生活所需要的公共服务和公共产品都是由地方提供的。城市群的规模越大，对于公共服务和产品的需求越大；城市群的规模越小，对于公共服务和产品的需求越小[②]。不同城市的居民偏好存在较大差异，城市群内的各个城市也存在明显异质性。由此，单中心的城市发展模式不能满足当下城市群多样化的需求，需要构建多中

[①] 岳红举. 中原城市群协调发展机制研究［J］. 湖北经济学院学报（人文社会科学版），2012（10）：8-9.

[②] 袁莉. 城市群协同发展机理、实现途径及对策研究［D］. 中南大学博士学位论文，2014：12-56.

心的城市发展模式。多中心的城市发展模式要求在一个城市群区域内有多个管理、组织、决策机制，多个发展中心，相互之间协作发展，形成一个复合多元的发展模式。

　　构建多中心发展机制是城市群发展的必然选择，也是理想选择。奥斯特罗姆（2000）研究表明，针对城市群公共服务，应当建立多中心组织结构[①]。城市群公共服务分为直接服务和间接服务两种，直接服务是与居民的日常生活紧密相关的公共服务，比如交通管制、日常巡逻等，直接贴近居民生产与生活。而间接服务是指技能培训、实验室建设等具备一定技术含量、具有资本特征的服务。两种类型的服务特征不同，决定了它们的供给方式不一致。若要对一定区域内居民生活生产所需的直接服务进行统一的安排和调度，会造成不必要的资源浪费或者必要时刻资源服务的不足，因此直接服务不适宜统一的安排和调度，所需要的大量的本地化信息无法通过统一安排得到满足和保障。间接服务则可以统一提供，因为此类服务具有资本密集型特征，规模经济递增的趋势。而直接服务适合采用多中心决策，以便适应当地居民的偏好。多中心模式具有鲜明的本地化特征，能够有效保障城市群直接服务的提供。

　　城市群发展治理需要多方面主体的参与和协作。在城市资源配置问题上，仅仅依赖政府或者市场，都无法达到最优的效果。具有公共物品及外部性的产品，因其非排他性和外部性，使得私人企业和市场往往不愿意承担这种产品的供给，因为"搭便车"现象以及产权的纠纷，往往导致此类产品的供给过程以及资源配置出现"市场失灵"现象，即公共产品供给不足或者资源配置难以达到最优状态。针对此类现象，公共产品的供给过程中应引入政府机制。然而，并不是有了政府的参与一切问题就迎刃而解。事实上，政府在资源配置过程中，能够依据职能合理分配中央和地方的职责，保障公共服务、公共产品等的合理配置。但同时，政府职能具有局限性，依然存在"政府失灵"的问题，因此仅仅依赖政府同样无法确保城市公共资源的合理配置，无法确保城市治理的最优效果。如何解决政府失

---

① 原倩.城市群是否能够促进城市发展［J］.世界经济，2016（9）：17-19.

灵与市场失灵，是关系到城市群协调发展的重大问题。

由于政府失灵和市场失灵的存在，单靠政府或市场无法完美解决公共产品的供给和治理问题，还要依赖各方主体进行集体综合治理。无论是政府还是市场个体，都能通过各种途径获取公共资源，享受公共服务[1]。

社会在不断发展前进，即也意味着每时每刻都在发生变化。现实中，经济、文化、科技、生态所处的环境都在不停地变化，不可能有一种完全合理、有效、完善的治理机制能解决所有千变万化的社会问题，能应对任何环境中的公共资源治理问题。因此，对于城市公共资源治理问题，需要政府、市场、个体、集体的共同参与。对不同的公共设施、公共物品、公共服务，应由不同的主体进行治理，或由单一主体治理，或由多个主体协作治理，方能建立最优的治理制度，实现公共资源的最优配置。判断和选择治理制度的重要标准之一是制度是否能够实现资源的最优配置，提高资源的使用效率。具体来说，可以依据以下标准进行判断和选择：

第一，不对所有公众开放或能够设计收费制度提供的城市公共资源应交由市场进行配置。市场的优势是能够迅速进行资源配置，实现资源的最优配置。市场配置资源优势的发挥前提是产品必须满足排他性以及非外部性。排他性能够保证不具备权利的人无法使用该产品，非外部性可以保证从事经济活动时其成本与后果完全由该行为人承担。排他性和非外部性同时存在的产品应由私人市场提供。因为它们不具备任何公共产品属性，因而市场配置资源的优势可以充分发挥出来。现实经济生活中，对于某些可以通过制度安排改变产品公共物品属性的，也可以采用市场配置，以实现资源利用效率的最大化。例如，对于原有公共设施，如果可以采用技术手段或制度安排使其具备排他性，则可交由市场配置。

第二，无法排他或者排他成本较高的公共物品，市场并无意愿供给。因为对于生产者来说，整个供给过程无法实现利润最大化目标。此时，政府提供或集体供给是较好选择。这一类公共资源产品通常与民众生产生活息息相关，应用面广

---

[1] 刘学华，张学良，李鲁. 中国城市体系规模结构：特征事实与经验阐释［J］. 财经研究，2015，41（11）：108-123.

泛，具有一定规模，同时需要有更高权威和较强执行力的主体进行配置治理。当物品的提供具有明显的规模经济效应，并且由于涉及人群众多难以做到排他性或者排他成本太高时，由政府供给该物品是比较高效的选择。比如，在城市群中针对各个企业提供的知识信息服务，以及面对公众提供的便民生活公共服务，这类服务需要准确的本区域信息，需要更高标准的监督和考核成本，则交由政府进行治理更为妥善。若要对城市群中的公共水资源、矿山资源、矿产资源以及公路设施等公共资源进行适度规模的配置和管理，则进行集体配置管理更为妥善。

城市群协调发展追求的是城市群范围内各个城市之间打破壁垒，加强合作，整体推进，统一治理，逐步实现规模经济的发展，这一过程需要构建科学、完善的城市群协调发展一体化机制。

城市群协调发展一体化机制的构建需要完备的基础理论。新区域主义理论研究成果中涉及的"多元治理主体""协商治理机制""多层次治理制度""重视合作和一体化发展"以及"选择最优的合作策略"等观点为构建城市群协调发展一体化机制奠定了一定的理论基础[①]。结合前述经济新常态下城市群协调发展机制及众多治理研究的理论成果，本书提出如下构建城市群协调发展一体化机制应当遵循的总体思路：

第一，城市群是由资源－环境－经济－社会四个子系统构成的复合生态系统，城市群的协调发展体现在城市系统和乡村系统的耦合协调发展，必须重视城际之间、城乡之间的互动和联系，构建包括乡村在内的城市群协调发展的良性循环机制。

第二，城市群系统是开放系统，各子系统之间不断地交换物质、信息、能量等，内生动力和外生动力耦合共同推动城市群协调发展。在构建城市群协调发展的机制架构时，要注重充分发挥内外生动力的作用。

第三，城市群协调发展的机制架构要注重推动城市群协调发展，要缩小各个城市在资源、经济、环境等方面的发展差距，实现城市群内各城市之间经济效益

---

① 陆大道. 论区域的最佳结构与最佳发展——提出"点-轴系统"和"T"型结构以来的回顾与再分析［J］. 地理学报，2001（2）：4-12.

的均衡发展。不能为了追求经济效益只重视发展快的城市，而不顾发展进程较慢的城市，避免城市发展差距过大造成其他方面的不利影响；同时避免政府的过度干预，减少不必要的行政成本，保障城市经济自由发展的空间和活力。

第四，不能忽视多元主体力量在城市群协调发展中的作用。构建城市群协调发展机制的基本思路是不再单纯依赖政府或市场力量，而要调动多方力量建设有效的城市群协调发展机制，充分发挥各类主体在促进城市群协调发展中的潜力。要将政府干预、市场调节和社会其他各方力量三者结合起来，形成有效合力以实现城市群的协调发展。我国目前已初步形成以政府为主导的城市群协调发展机制的雏形，但除了政府以外，其他主体的作用远远没有发挥。现行体制下，企业、各类中介组织等非政府组织在城市群协调发展过程中的参与度不高，作用没有发挥出来；行业协会组织以及由专家组成的专业咨询中介机构尚未建立或者未真正发挥作用，几乎没有参与城市群发展策略的制定与执行。例如长三角城市市长联席会等组织，它们在城市群协调发展中发挥的作用非常有限。

第五，注重构建多层级的城市群协调发展机制架构，鼓励多种模式共存发展。我国幅员辽阔，各地经济发展水平差异较大。在经济新常态下，国内众多城市群均处于不同的发展阶段，城市群的治理模式也因区域不同而各具特色。然而，城市群的协调发展对于我国经济发展意义重大，直接关系到我国人口、资源、环境的可持续发展以及城市空间布局的合理性。在城市群协调发展过程中，在强调结合地域特征发挥各自特色时，必须强调中央政府的宏观规划及统一的政策指引，以促进城市群在全国范围内的整体协调发展。为了加强统筹规划，有必要建立全国范围内或者城市群范围内的区域管理机构，完善统筹城市群协调发展的法律法规，并在国家层面出台有关政策和措施，规范管理各类城市群协调发展机构。建议成立面向全国的城市群区域规划管理委员会，统筹管理全国范围内各大城市群，并颁布促进各城市群相互合作、协调发展的相关政策，鼓励不同城市群之间加强交流与合作，共谋发展。同时，在各大城市群区域内，鼓励并支持建立多种治理模式，统筹推进，重点突破。我国的城市群存在不同程度的发展差异，各城市群内部也存在发展差异，针对不同环境、不同发展阶段的城市内部问题，应采取不同的治理方式，才能更有针对性地解决好问题。因此，在同一个城市群内部也可能存在多种治理模式，众多不同的治理模式对城市群的协调发展共同发挥作用。同一城市群内也会存在各种差异，例如经济市场发展程度不同、政府部门管理能力不同、发展政策不同、适用法律法规不同、居民的生产生活不同等因素，都可能影响城市群协调发展机制的选择，这些不同的机制恰恰是城市群特色的体现，因此，要鼓励城市群协调发展模式的多样化。

第六，注重并鼓励多层次互动。依据城市群协调发展的空间变迁历程，城市群的空间演进有不同的发展层次，要鼓励多层次不同模式的互动。可以在不同层次的发展模式之间建立沟通协作的网络，使得它们在发展过程中能够取长补短，相互学习和借鉴各自的长处和经验，促进城市群的整体协调发展。

第二节　城市群协调发展机制架构的理论依据

城市群的协调发展过程涉及城市群的协调发展过程，涉及众多公共管理事务，在我国当前经济发展形势之下，公共事务管理方案一直没有定论。究竟应该交由政府管理还是完全交由市场管理，或是政府与市场联合管理，都没有形成完善的解决策略，没有完全解决公共事务管理的各种问题[①]。现实的经济发展是复杂多变的，无论是政府还是市场，都有可能存在"失灵"的状况，甚至二者同时失灵的状况也时有发生，这使得公共服务的提供和治理面临窘境。在经济新常态的今天，随着我国城市群落的蓬勃生长，城市群已经成为我国地域经济发展的重要单元，并成为空间经济地理领域增长的发动机。城市群协调发展过程中同样面临公共事务管理的问题与挑战。城市群鲜明的跨行政区特征与其并非一级实体的政府机构之间的内在矛盾，让如何有效提供城市群内公共服务和公共物品成为难题[②]。公共服务和公共物品的供给涉及跨域问题，而城市群内以行政边界为管辖权注定政府

---

① 牛俊伟. 城市中的问题与问题中的城市 [D]. 南京大学博士学位论文，2013：25-68.
② 孟祥林. 城市化进程研究 [D]. 北京师范大学博士学位论文，2006：10-36.

无法完美解决这一问题。城市群协调治理理论为破解这一难题提供了思路。

一、跨域治理的内涵和特征

随着城市群经济发展规模的逐渐扩大，城市群发展过程中面临的跨域问题越来越多，如何协调城市群的公共治理，有效化解公共事务管理的困境，成为各国或地区公共治理的当务之急。20世纪80年代兴起的新公共管理运动，将企业家精神引入政府，但单纯的企业家精神与民营化思维并不能够从根本上解决政府失灵问题，因此，如何有效地回应企业、非政府组织和民众需求，解决城市群协调发展中出现的种种问题，成为公共管理发展的一个方向。跨域治理能够很好地解决这个问题。

政府管理中的跨域事务指一项事务需要两个及以上的管理主体进行协同管治[①]。政府跨域治理则是对追求公共目的和相关公共利益的跨域事务进行整体管治的行为。

政府管理中的跨域事务指在相同时间段内，两个或两个以上管理机构交叉覆盖，其中的共同事务指需要多方协商、共同治理的事务。政府跨域治理是地方政府对追求公共目的和相关公共利益的跨域事务进行整体管治的行为。因此，因为"跨"的不同，跨域治理的概念有广义和狭义之分。广义上，跨域治理包括地理上跨行政区域，在组织上跨不同性质的组织如政府、市场和非营利组织，在政府内部跨部门。而狭义的跨域形式具体指跨行政区域的区域治理模式。本书研究的跨域治理指跨越行政区域的城市群治理模式，即狭义的跨域治理。

跨域治理主要强调其跨区域性，所谓跨区域是指产品或服务的提供和治理涉及多个政府或领域，其表现形式多种多样。跨域治理重在"跨域"。所谓"跨域"是指不同主体、不同等级、不同领域之间横向或纵向的贯通，比如政府与市场、上级政府与下级政府、同级政府之间、不同市场之间的横纵贯通，以及不同领域内不同的治理策略和治理政策等，都可以看作是跨域。跨域治理的主体多样，社

[①] 邬晓霞，卫梦婉.城市治理：一个文献综述［J］.经济研究参考，2016（5）：29-30.

会经济传统治理主体主要是政府，政府占据主导地位，以政府极具权威的行政权力能力对公共事务进行绝对控制和管理。跨域治理不同于传统治理，其治理主体多元化，政府、市场、社会团体、非营利组织等，都可以参与相关公共事务的管理[①]。多个主体统筹治理，共同发力。不仅提供多种治理方式，也加强了各个主体之间的交流与协作。作为一种新型的治理模式，跨域治理主要具有三个特征：

第一，跨域治理涉及多个主体，不局限于政府，强调多个主体共同参与和治理。社会经济传统治理主体主要是政府，政府占据主导地位，以政府极具权威的行政权力能力对公共事务进行绝对控制和管理。跨域治理不同于传统治理，其治理过程需要多元主体的参与，政府－市场－社会组织－非政府组织等各种组织构成了整个治理过程的多样主体[②]。而传统的治理模式是以政府为中心，以行政区划为界限，政府居于权力中心，其治理具有权威性，本质上是管理和控制。跨域治理的主体不仅包括政府，还包括市场、非营利组织和其他社会组织等，具有多元性，体现了不同主体之间的分权与合作，各个主体共享跨域公共事务的管理权。市场的高效率有利于公共事务的解决；非营利组织和其他社会组织的非营利性、独立性，使其在处理公共事务中起着十分重要的作用。因此，面对跨域的公共问题和公共事务，政府、市场、非营利组织及社会组织都是治理的主体，在治理的过程中，政府往往发挥主导作用，但并不排斥其他的主体，并在一定程度上引导它们的发展。

第二，跨域治理的对象主要涵盖公共议题、公共事务，均具有跨域性。跨域治理的对象是跨域的公共问题，这里的域既可以理解为特定的地理空间，也可以理解为组织界限和不同的行动者。政府是公共管理的重要主体，基于分工和专业化原则，构建了金字塔式的层级组织结构。政府的不同层级具有不同的权限，不同层级政府或同一层级政府的不同部门之间，具有明确的分工，履行不同的职能。

---

① 周利敏，原伟麒.迈向韧性城市的灾害治理：基于多案例研究［J］.经济社会体制比较，2017（5）：22-23.
② 洪世键.大都市区政治碎化与中国的大都市区治理改革［J］.厦门大学学报（哲学社会科学版），2015（1）：17-19.

政府的层级权限以及部门分工是保证政府管理良性运作的制度基础。但是，各级政府、不同政府部门间作为一个整体，在面对共同问题和重大挑战时，彼此间的合作与协调不可避免，很多时候，跨层次、跨部门协调是解决重大问题的前提。这与政府日常管理中以行政边界作为行使职能的原则完全背离。这种跨层次、跨部门协调，已经超越了行政边界，出现职责的交叉也很正常，跨域问题就此出现了。

第三，跨域治理的结构呈现网络化。跨域治理是一种网络化治理。在经济高速发展的时代，城市群协调发展迈上了新征程。城市群公共事务跨域治理问题显现出来，打破了原有的单一、静态的发展格局和等级制的治理模式，对如今复杂、多元、动态的发展环境提出了全新的挑战。跨域问题，说明原有的以行政边界为界线的层级协调模式已经无法适应当前复杂多变、充满差异性的外部环境。这对于当代管理者而言是巨大的挑战，必须以全新的视角重新审视当前的环境。为了实现共同利益和发展目标，必须重新构建行动网络和治理模式。为此，学者们进行了一系列研究和探索。网络化治理在理论上为跨域治理提供了新的借鉴策略。以美国学者 Stephen Goldsmith 和 William Eagles 为代表的学者认为，网络治理模式是适应经济新形势的治理模式，将直接取代等级政府的官僚机构管理[1]。政府部门对公共事务的管理愈加依赖于各种协议、合作关系、同盟联络等构成的纵横交错的网络。城市网络化特征使得网络治理成为一种互利共赢的合作机制。网络治理涉及多个主体，其目标一方面是协调各网络主体之间的利益，另一方面是作为网络组织的城市内部资源与外部城市网络资源的整合。无论是利益的协调还是资源的整合，其终极目标都是互利共赢，推动城市群协调发展。各网络主体利益的协调实质上是城市中各利益相关者之间的利益分配与平衡，需要按利益制衡原则分配各网络主体之间的权力。网络治理强调的互利共赢的合作机制，是各主体参与治理的基本原则和行动框架。现实经济生活中，应将这种良好的合作机制制度化，定期进行有效的跨域合作，以增进城市间的合作，推动城市群协调发展，提升城

---

[1] 张迎旭.基于自由发展观的城市群协调发展评价研究［D］.西安理工大学硕士学位论文，2008：12-67.

市经济发展水平，让网络化治理更好地服务于城市群公共事务管理。

二、跨域治理合作框架

美国学者 Robert Agonov 和 Michael McGuire 在《协作式公共管理：地方政府新策略》一书中对跨域治理的协作内容进行了详细的说明。他们把城市之间的协作性管理活动总结为五大类：搜寻信息资源、找寻调整方案、制定相关政策、资源交换和项目合作。其中，搜寻信息资源、找寻调整方案主要是纵向协调，而制定相关政策、资源交换和项目合作主要是横向协调。

（1）搜寻信息资源。作为一种纵向协作性活动，在现代经济生活中，信息的重要性毋庸置疑，尤其是在诸如专业技能等其他资源由诸多参与主体干预的情形下，信息是一项重要的政策制定资源。搜寻信息主要包括：寻求一般项目信息；为项目和工程寻求新的资金；寻求标准和规则的解释；寻求一般项目指导；寻求技术援助。

（2）找寻调整方案。城市纵向协作性活动包括在上下级管理者目标相一致的前提下，在标准、规定或者方针的边缘地带，也即不存在违规操作的情况下，通过项目调整，获得自主执行权。找寻调整方案的活动包括放松管制、灵活管制或解除管制、法律救济及灵活性、政策改变、项目资助的变革、介入典范项目、基于绩效的自由决定权等。

（3）制定相关政策。许多城市共同决策以增强全体利益，进行协作与互惠互利的种种行动。政策制定的协作包括获得政策制定援助、参与正式的协作企业、参与联合政策制定、巩固政策结果等。

（4）资源交换。交换资源是城市管理活动中的一个重要组成部分，需要资源的参与者必须与那些希望贡献资源的参与者协作。主要包括寻求金融资源、使用联合金融激励、签订规划与执行合约等。

（5）项目合作。当为了完成一项特殊项目或者为了达成特定的目标时，城市管理者就变为项目的合伙人。这种合作主要表现为，为了特定项目建立协作关系和寻求技术援助。

基于此，本书对跨域治理视野中的纵向和横向活动进行了分类、跨域治理视野中的合作如表 8-1 所示。

表 8-1　跨域治理视野中的合作

分类标准	基于辖区（Jurisdictions）	基于部门（Sectors/Organizations）
横向（Horizontal）	A：辖区间横向协作 例如：珠三角一体化，泛珠三角、长三角、京津冀、川渝经济一体化，东北三省立法协作，长江湿地保护网络（区域共同应对气候变化）	B：部门间横向协作 政府职能部门间协作，如金融 / 食品安全监管 / 应对气候变化中的部门间协作；政府与非政府组织间协作；政府与私人部门间（公私伙伴关系）协作
纵向（Vertical）	D：辖区间纵向协作	C：部门间纵向协作 垂直管理部门：中央职能部门与地方职能部门

横向的基于辖区的管理由各个区域的政府机构组成，虽然政府间具有不同的运行目标和政策策略，但有时为了解决一些跨区域的问题，需要政府间共同合作，例如面临跨区域的环境问题，需要辖区政府间的横向对话；在纵向的基于辖区的管理中，将分析的焦点扩展至中央政府和区域政府间关系上，特别是单一制国家，中央政府的政令执行必须依赖地方政府的服从与合作。地方政府作为行为主体，和中央政府间构建良好的协作关系，往往影响到其获得资助金和项目建设权的结果，进而影响到整个区域的发展。基于部门之间的横向协作主要强调部门与部门之间的沟通，此种合作强调部门间的平等对话，任何参与者都没有决定其他主体战略的权力，通过平等协商和对话，最终形成"相互得益的解决方法"，但是，地方政府对于协作得出的解决方案负有直接责任；基于部门的纵向合作，是在中央职能部门和地方职能部门之间展开的沟通和对话，它们之间不仅仅聚焦于权力的命令、服从之上，而且通过良好的协作机制，共同商讨区域内公共事务的管理问题，提高区域内公共服务的质量和水平。

三、跨域治理的模式选择

在国外区域治理的实践过程中，多个国家结合自身实际，在区域治理过程中探索并形成了多种具有代表性的跨域治理模式。具体说来，主要以英国的区域治理、美国的都会区治理以及日本的广域行政为代表，不同跨域治理模式特点比较如表 8-2 所示[①]。

表 8-2　不同跨域治理模式特点比较

	英国区域治理	美国都会区治理	日本广域行政
形成背景	英国网络的建立和发展，以及伙伴关系模式的形成，为其区域事务处理的关键	美国为联邦国家，对于跨区域事务，以都会区为主体	日本到了平成时代（1989 年），地方分权的提倡更为积极，广域行政遂成为地方分权的具体手段
法令依据	地方政府法（Local Government Act）	联邦与各州相关法规，并无一部统一适用的法规	地方自治法 地方分权推进法
治理模式	伙伴关系模式	区域整并模式 多重地方治理模式	广域行政
具体策略	地方策略性伙伴 地方公共服务协议 地方协定	单一行政区 都会区联邦体制 调整都市机能运作方式 都会区协商机制	市町合并 协议组织 广域联合

资料来源：吴济华，林皆兴.跨域治理暨县市合并课题与策略［M］.台北：巨流图书股份有限公司，2012.

四、跨域治理的实现机制

为保障跨域治理的合作框架正常并有效运行，必须建立一整套完善的运作机制，一个有效、高效的跨域治理包括治理意向的快速达成、治理过程的顺利开展、治理结果的科学评价以及治理行为的永续性经营。

---

① 吴济华，林皆兴.跨域治理暨县市合并课题与策略［M］.台北：巨流图书股份有限公司，2012：35-65.

（一）利益共享机制

利益共享机制是跨域治理市场化的表现形式，也是促进城市群有效合作的基础。单体城市基于资源依赖以及逐利的本性，所有的行为活动必然要考量从中能够获得的利益。利益共享机制要求城市在合作过程中，不仅要考虑自身的利益，也要考虑其他城市以及整个城市群的利益。从更高层次看，政府还应将城市的发展与国家的利益结合起来考虑，只有城市利益与国家利益一致，政府才可能对其发展进行支持。政府对城市群发展的支持有多种方式，政策支持和资源倾斜都是比较常见的方式。城市群的发展需要政府的支持，因此，城市群应建立并完善利益共享机制，树立利益共享理念，综合考虑相关利益主体的利益，将城市发展与国家利益联系起来，将地方发展上升到国家战略层面，建立并拓宽自下而上的利益表达机制，形成制度性的保障，确保所有利益相关者都能自主表达自身利益，在城市群的协调发展中分享利益。

（二）区域协商机制

跨域问题的解决需要各城市政府的良好沟通，而良好的沟通离不开建立完善的协商机制。协商机制的建立即是要实现各个区域的政府部门之间平等对话、良好沟通、充分协商。这一建立过程有以下几个关键点：一是各参与主体地位平等，平等地参与公共事务、公共问题协商过程，尤其是涉及主体之间的合作方式时，合作的具体政策和计划，各主体都享有同等的发言权；二是在透明、公平、自愿的基础上进行协商谈判，合作各方都享有自愿退出的权利；三是确保协商的广泛性、公平性，重视利益相关者的意见，通过多种方式鼓励市场、非营利组织和其他社会组织积极参与到城市群发展过程中的重大问题讨论。总之，只有在公开、透明、公正的情况下协商，才能保证所有治理主体对协商结果的认同和执行。

（三）多主体互助机制

信息技术的快速发展，使得区域之间的联系更加紧密，这种地理位置的连接性使得区域之间的合作具有天然优势。一旦面临诸如公共安全、危机管理等突发性公共事件，城市群内能够建立互助合作机制，高效解决此类突发状况。互助合作机制指在多主体参与治理的过程中，在多主体之间建立各种制度安排和具体规则，以方便各主体间协商解决跨域性问题或城市群发展过程中面临的突发状况。因参与主体的多元性、城市群管理的复杂性，互助合作机制的内容纷繁复杂，涉及面相当广，包括但不限于政府职能部门间的协调、政策执行阶段的交融、各地方政府之间的分权机制、各机构组织之间的监督管理、政府与市场之间的相互协作、市场主体之间的项目协商与合作、各企业之间的跨域合作等。应鼓励各主体之间的互助与合作交融，为非营利组织发展提供财力和政策上的支持，完善互助合作机制的组织架构，加强政府或市场的监督，注重发展效率，追求市场经济发展的公开、公平、公正，促进城市群内部主体共同发展。

（四）冲突解决机制

跨域治理是多主体的合作治理，在公共事务的解决过程中不可避免地存在冲突、矛盾，当产生冲突时，可由区域协调工作委员会协助协调解决。冲突解决机制在城市群发展过程中至关重要。城市群发展过程中的跨域问题跨越了行政边界，涉及多元主体，因而冲突在所难免。一旦冲突发生，如果能够妥善解决则无伤大雅。倘若冲突无法及时妥善处理，愈演愈烈，会影响各主体的关系，阻碍城市群协调发展进程。因此，必须建立妥善的冲突解决机制，并将其制度化，以化解城市群发展过程中出现的冲突。城市群中可以设立专门的冲突调解部门，一旦发生冲突，冲突调解部门可以召集城市政府相关负责人，召开冲突调解会议，以便大家能够面对面协商解决冲突。如果由于利益的实质性冲突或者分歧过大，调解会议暂时无法解决彼此间冲突时，则由冲突调解部门启动谈判方案，探究矛盾关键点和主要问题，找到解决方法。冲突调解部门可以聘请谈判专家，分别与各利益主体谈判。在确保城市群整体利益的前提下，使得各利益主体分别做出一定让步，并在一定程度上保证他们的利益，或者采取其他方式进行一定的利益补偿，促成各主体间达成共识，解决冲突。达成一致后，各方主体应签订协议，确保后续按商定的方案执行落实。在冲突解决过程中，应重视并应用契约精神和公平原则，使得冲突相对方在一定范围内都得到公平的对待，达到实质的利益均衡，保障各方应得的财产权益，实现"多方共赢"的最终目标。

综上研究，跨域问题的出现是由于市场化分权、行政化分权而带来的，它所具有的不可分割性、跨域的外部性、政治性等特点，导致了必须寻求跨域的合作机制。在这些理论的参照下，跨域治理对城市治理和政府间合作的问题进行了回答，构建起多主体、多层次的合作机制。

第三节　城市群协调发展机制架构

城市群协调发展是城市群内各子系统之间共同演进发展的过程，也是政府、企业、居民、城市和乡村等各类主体行为协同发展的过程，其本质是城市群经济发展过程中，逐步打破城市地理边界及行政界限，破除市场壁垒，推动资源等各类生产要素在城市间自由流动，提高城市群资源配置效率，促成城际产业合理转移，进而推动城市群协调发展。城市群协调发展离不开政府、市场及民间组织的作用。在推动城市群协调发展的过程中，它们各自发挥不同的作用，并合力促进城市群协调发展。因此，城市群协调发展机制架构要从政府、市场及民间组织三方面入手。

一、构建跨域治理合作框架，加强政府间合作

城市群发展过程中出现的很多矛盾和问题，是由于各个城市（或城市政府）片面追求自己的利益而产生的。个别城市（或城市政府）在追求自身利益最大化的过程中忽视了城市群整体利益，导致区域利益和城市利益产生了矛盾、个体理性和集体理性产生了矛盾。片面追求单个城市的利益并不必然导致城市群整体利益的提升。要推动城市群协调发展，必须构建跨域治理合作框架，加强政府间合作。

城市群协调发展的合作机制是对城市群的自然发展过程施加人为的干预，引导其向协调发展的方向演进，逐步趋向于协调发展状态[1]。显而易见，在我国，促进城市群协调发展的主体是对城市群具有行政管辖权的上级地方政府或者国家，

---

[1] 覃成林，周姣.城市群协调发展：内涵、概念模型与实现路径［J］.城市发展研究，2010（12）：22-25.

其次是城市群内的各城市地方政府。城市群的上级地方政府或者国家担负着构建促进城市群协调发展的体制机制的功能，应创造有利于城市群协调发展的制度环境，消除阻碍城市群协调发展的体制障碍。同时，运用政策手段引导城市群协调发展，解决城市群协调发展遇到的各种问题。事实上，城市群内的各城市地方政府部分是出于合作发展的需要，更多的是按照上级地方政府或者国家的要求，参与到促进城市群协调发展进程中。

在跨域治理机制的架构中，加强政府间合作必须重视政府在城市群协调发展中的导向作用，同时，政府也是打破行政边界，推动城市群协调发展的重要主体[①]。政府因其至高无上的行政权力，对于经济发展的推动作用不容忽视。政府间的良好合作是城市群协调发展的重要助力。政府间合作可从以下方面加强：加强基础设施建设，建立并完善城市间的交通网络等基础设施[②]；强化城市主导产业建设，在城市间形成合理的产业分工体系，促进城市间的分工协作；加强城市生态建设以及生态治理，制定统一的生态建设和治理政策，城市间协调行动，高效解决生态建设和治理问题；加强城市间各项管理制度和政策制定方面的协调一致，打破行政边界，破除城市间的贸易壁垒，促进资源在城市间自由流动，提高资源配置效率；加强建设城市间互动发展的多边平台，对于大型项目尤其是涉及公共基础设施以及生态建设项目，鼓励共建共治，实现资源共享，实现经济利益最大化。实践表明，加强政府间的合作与互动，对于强化城市集聚功能、提升城市群空间效率、推动城市群协调发展意义重大。

在城市群协调发展过程中，行政的作用不容忽视[③]。政府可以根据区域产业特点、地区的竞争优势、人力资本现状和利用资本市场的能力，制定各个地区的发展战略来协调城市群的发展。在城市群协调发展过程中，政府作用不在于利用至高无上的权力去干预资本等各项资源的分配，而在于组织协调社会各方力量，改善城市与区域发展的人居环境及提高民众的生活水平。

---

① 任宇波. 制度变迁视角下的政府间合作机制［D］. 山东大学硕士学位论文，2010：20-69.

② 王海江. 中国中心城市交通联系及其空间格局［D］. 河南大学博士学位论文，2014：20-80.

③ 司林杰. 中国城市群内部竞合行为分析与机制设计研究［D］. 西南财经大学博士学位论文，2014：20-60.

在城市群协调发展过程中，政府的作用还体现在可以推动和促进各项具体政策制度的制定及实施，主要包括：

（1）在城市群内部构建财税利益分配机制：在城市群内部建立统一的财税规则，各区域进行统一规划管理，并注重调节各方的利益；加快城市群内各区域之间的财税协调与互动，加强财税利益分配协调合作对接；创新转移支付制度，缓解城市群差距的扩大。

（2）在城市群内部建立有效的合作机制：在城市群内部各级政府及非政府组织间建立有效的合作机制，是实现城市间经济、社会与环境一体化的基本途径。合作机制的建立离不开政府的支持和推动。要加快建立与完善多层次政府协调和非政府组织协调机制，使其成为维护城市群市场秩序、减少利益冲突和优化资源配置的重要制度安排。

（3）在城市群内部建立生态补偿付费机制：城市群的协调发展，离不开生态环境的保护与建设，应树立生态付费观念，将市场机制纳入到生态补偿机制中，建立经济与生态一体发展的环保机制。引导社会各方力量积极参与到生态保护和环境建设中。建立统一、开放的要素市场，促进资源资本化、市场化，使得要素的价格真正反映其价值。稀缺资源因其稀有程度而必须支付较高的价格，应引导市场主体节约资源、降低污染排放。建立居民对于生态补偿的服务付费机制，例如，完善水资源合理配置和有偿使用制度、建立城市群内污染物排放指标有偿分配制度、推行排污权交易、完善碳排放交易制度等。充分发挥政府的管制和引导作用，结合市场机制，降低治污成本，提高生态治理的效果和效率。引导生态环境保护者和受益者之间通过资源协商在市场化条件下实现合理的生态补偿。

二、充分发挥市场的作用，建立并完善城市群内统一的市场机制

在经济运行过程中离不开市场机制的调节，市场机制在经济社会中具有不可替代的作用，城市群的协调发展同样离不开市场机制的调节。在市场经济条件下，市场主体在市场规律的指引下进行一系列活动。生产要素的自由流动、资源的有

效配置甚至人口的迁移、产业转型升级等都离不开市场的作用。可以说，城市群经济的发展以及城市化进程的推进均有赖于市场机制。完善的市场机制将推动城市经济的发展，强化城市与城市之间、城市与乡村之间的联系，加快城市群进程，推动城市群协调发展。而随着城市群经济的发展，建立统一规范的市场机制逐渐提上议事日程。人口的日益聚集、产业的高度聚集、基础设施的升级和完善、城市功能的改进都对城市间及城乡间的物质、信息交流提出了更高的要求，这势必要求构建完善、统一的市场机制，以便加速各类要素的交流及聚集进程，推动城市群的协调发展。

三、充分调动民众参与的积极性，构建民间组织机制

城市群协调发展离不开政府与市场的参与和合作。这一复杂复合生态系统的协调发展，离不开民间组织机制。民间组织机制是社会各界力量的代表，在政府失灵和市场失灵情形下，对城市群的协调发展意义重大。城市群规划是依据市场需求进行资源配置的过程，政府的作用主要表现在宏观调控与相互协调。在此过程中，政府政策如果想要体现民意，必须借助民间组织的力量。作为政府和民众的中介组织，民间组织能够起到上传下达的作用，同时能够协调不同利益主体之间的关系，推动在城市群中制定统一的政策、制度、法律。在社会主义市场经济体制还不完善时，我国政府通过多种形式，特别是依靠各个学科领域的专家（专业技术人员）评议活动征求民众意见，这对于博采众家之长、做出正确决策非常重要。

总之，城市群协调发展需要政府机制、市场机制和民间组织各方力量合力促进。在城市群协调发展的进程中，政府对规范市场运行及监督各类主体的行为起主导作用，市场对资源的合理优化配置起决定作用，民间组织机制主要是充分调动公众积极参与城市群建设，通过强化公众监督来规范企业等各类市场主体的行为，协调政府与市场之间的关系。政府、市场、民间组织在城市群协调发展过程中缺一不可，三者相互促进、相互协调与和谐发展是城市群协调发展的重要因素。

第四节　本章小结

　　本章在阐述跨域治理的基本理论及思想的基础上，探讨城市群协调发展的治理模式，主要涉及以下几点：构建跨域治理合作框架，加强政府间合作；充分发挥市场的作用，建立并完善城市群内统一的市场机制；充分调动民众参与的积极性，构建民间组织机制。

第九章　经济新常态下城市群协调发展的实现路径

城市间的密切联系给城市的发展带来了机遇和挑战，所有城市都试图打造自身的竞争优势，从而在发展中获利。然而，城市间的过度竞争也损害了区域的整体利益，实现城市及城市群间的协调发展已经刻不容缓。前面章节探讨了城市群协调发展的机理，构建了城市群协调发展评价模型，并运用评价模型对国内主要城市群协调发展进行了测度分析，探寻了经济新常态下城市群协调发展模式及机制架构。本章在前文研究的基础上，结合国内主要城市群的发展实际，提出经济新常态下城市群协调发展的实现路径及具体对策建议。值得一提的是，本章在探讨长三角、珠三角以及长株潭城市群协调发展面临的困境及实现路径时，综合参考了调查问卷以及实地调研的结论，具体内容见附录。

第一节　经济新常态下长三角城市群协调发展实现路径

一、长三角城市群协调发展面临的困境

随着城市化进程的推进，长三角城市群目前已发展成为世界第六大城市群，在经济一体化的形势下，长三角核心城市的集聚功能不断增强，在上海这一顶级城市的带领下，城市群内形成了多个中心城市，并围绕这些城市不断拓展延伸发展，逐步形成了以沪、宁、杭等特大城市为中心，周边城市共同协调发展的格局。在发展过程中，长三角城市群各城市也面临一系列问题，本节将在第六章测度结果基础上，结合长三角城市群发展实践，深入剖析长三角城市群在协调发展中存在的问题。

（一）城市群内城市间经济发展水平差距较大

目前，长三角城市群的单极结构十分明显，上海是整个城市群中发展最快的大都市。经过多年的发展，长三角城市群已经进入多层次、多维向、多动力联动整合发展模式转变阶段，上海与苏州、无锡共同构成的区域发展极核的作用十分重要，其对经济发展的集聚作用不断加强，在上海的带动下，其他城市围绕上海或各自的中心城市，在城市群内形成了不同的发展等级，并扩张成功能、规模各异的圈层结构，逐步形成脉络清晰的等级结构和城市群网络。但极核地区与周边城市的发展差距逐渐扩大，需要不断完善多核心网络化经济的一体化格局，推动城市群协调发展。

（二）人口密度大，但与发达国家城市群相比，人口集聚水平偏低

长三角城市群人口密度大，人口素质较高，高素质人口推动了城市经济的发展，城市群整体经济发展水平较高。与经济的快速发展相比，长三角城市群聚集人口的速度显得缓慢，城市群的人口聚集水平与国外先进的城市群相比，还存在较大差距。长三角城市群人口极化明显滞后于经济极化。

（三）自然条件优越，但生态问题日趋严重

长三角地区自然环境优美，自然资源丰厚。城市群内光照充足，水热适中，属于湿润季风气候；占据自然生态优势，有森林、河流、湖泊、海岸、河口等丰富的自然资源；又邻近海域，海洋资源丰厚，具有明显的地理优势和天然的生态空间布局优势，经济发展一直处于领先地位。伴随的是对区域资源的加速消耗和对自然生态环境的严重破坏，生态问题日趋严重。例如，土地生态系统破坏严重、酸雨污染严重、城市群内总体水质逐年下降、农村生态环境破坏严重。

（四）行政管理体制影响城市群的发展

行政管理限制了长三角城市群的进一步发展，可以从两方面来分析：一方面，从省内的行政级别划分进行说明；另一方面，从省际角度看，行政划分与经济边界不一致。

1. 行政级别划分意识严重

行政级别是计划经济条件下的产物，在当时的经济形势下，无论是企业还是

城市，都按行政级别进行划分，上下级城市间是一种领导与被领导的关系。不同的企业、不同的部门通过国家统一调配，它们之间并没有实质性的接触和联系。这种按行政级别划分造成了分属于不同级别管理的企业，即使近在咫尺，也无法发生联系的结果。相反，两个企业相距再远，只要隶属于同一行政管理系统，交流就会随时发生。这种配置资源的方式不但不能利用空间集聚所产生的效益，而且人为地提高了生产成本，导致要素流动和进入成本偏高，造成了巨大的不必要的生产浪费。

虽然社会主义市场经济改革正在不断推进，但行政级别划分意识依然存在并起作用。我国行政级别一般划分为省、市、县、乡（镇）四级，在四级行政级别里，省辖市、市辖县、县辖乡（镇）具有纵向垂直领导属性。长三角城市群地跨三省一市，除上海是直辖市外，还存在3个副省级城市，19个地级市，37个县级市。这种纵向、金字塔式的行政级别划分，无形地成为城市的身份象征，导致同一省内某些城市可能受制于行政级别，许多问题都需要请示汇报上级政府批示再解决，严重影响了资源向行政级别低的城市配置，限制了中小城市一些必要的发展权限，束缚了行政级别较低的城市的经济发展。

2. 行政区划与经济区域边界不一致

行政区划是国家根据政治和行政管理的需要进行地域划分，设置相应的地方国家机关，实施行政管理，行政区划的确定具有一定的稳定性；经济区域边界的确定更多地取决于劳动力、资金、技术等生产要素，而这些要素具有一定的流动性，导致了经济区域边界的模糊性，这就造成行政区与经济区覆盖的偏差，最终导致生产要素的省际间流动受制于行政区划。长三角城市群存在着两省一市的行政体系，每个行政单位独立的行政管理权使得省际间的协调难度很大，表现出典型的按地方政府区划范围来划分利益线的"行政区经济"模式。虽然这种模式在一定程度上推动了各行政区经济的协调发展，但也导致了"诸侯"经济的出现。首先，地方政府出于对"政绩"的追求，出于"地方利益最大化"的目的，都会在一定程度上优先上马或生产一些有利于就业，有利于经济增长，有利于发展原来基础好、有优势、投资少、见效快、收益丰厚、市场前景好、需求大的产业或产品。正是由于各城市这种追求自身利益的狭隘性和近期性，导致了城市群整体发展的不经济性和不可持续性。其次，"诸侯"经济的出现也会加剧地方保护主义，区际间互设关卡，乱收各种交通桥梁通行费，非法限制正常的要素流通，造成市场分割并进一步阻碍了区域间信息、劳动力、货币等资源的自由流动和跨地区的合作，这些都在一定程度上限制了城市群内部经济协调发展。

因此，行政区划与经济区域边界不一致，阻碍了城市群内部城市间、行业间的发展，削弱了城市群对外发展和对外经济贸易的整体功能，导致了某些行业或企业缺乏活力，产业组织能力较低。目前，城市群行政区划与经济区域边界不一致，合理、有效、高速的行政管理与经济间的协调机制没有形成，不利于区域市场扩大，不利于要素的良性循环，制约了长三角城市群整体的协调发展。

（五）各城市定位不明确阻碍相互间经济合作

长三角城市群协调发展过程中面临的最大问题是群内城市定位不明确，而这也是由于行政错位与划分不清造成的。为了探讨城市间定位模糊对长三角城市群经济合作的影响，我们从产业同构和招商引资两方面进行阐述。

1. 产业同构严重

行政规划不协调最直接的结果是造成了长三角城市群产业结构的趋同。从调研数据以及前述分析可以看出：长江三角洲地区以第二产业为主，第三产业居中，第一产业比重低于全国 8 个百分点，第二产业比重高于全国 4.9 个百分点，第三产业比重高于全国 3.1 个百分点，虽然其产业结构在调整中有所优化，但总体来说，依然是以第二产业为主导。而从江苏、浙江、安徽、上海制造业统计数据可以发现，纺织业、服装及其他纤维品制造业、化学原料及制品制造业、普通机械制造业、交通运输设备业、电器机械及器材制造业、电子及通信制造业等产业是三省一市共同的重点产业，充分说明长三角地区产业同构现象十分严重。

行政规划不协调最直接的结果是产业结构的趋同，除了这一因素，城市群内要素禀赋的同质性和经济发展阶段的相似性也是导致产业同构的主要原因。首先，要素禀赋的同质性。从自然地理角度看，自然要素禀赋在地缘上的相近是产业结构易于趋同的客观基础。从历史基础角度看，长江三角洲城市群的内部城市具有很强的同质性，如自然、人文、经济发展的原动力基本相似，同质性再加上行政管理的催化以及城际交通的便利化，这些因素都会造成长三角整体投资环境的趋同、各地投资可替代性加大、投资选择的范围增加，所以产业同构现象的出现在所难免。其次，经济发展阶段的相似性。新中国成立后，长三角作为国家工业化的战略重点，许多工业部门的设置是重复的。随着国家统一规划，各地区经济发展阶段相近、经济发展水平相似，这样的情况会形成相近的需求偏好，需求偏好的相近会导致产业同构的问题出现。所以说，在经济发展的过程中，区域经济水平越接近，发展阶段越相近，其产业结构越趋于相同。

产业同构限制了各地区的比较优势，严重阻碍了城市之间的合作。现如今，发挥比较优势是国际贸易和市场经济强调的重点，国际贸易对地区经济增长的拉动作用越来越明显，各地区应该根据自身所具有的比较优势进行专业化的分工并从中获益，只有通过分工才能实现各地区的优势互补。产业同构是导致城市之间、地区之间产业互补性较弱，跨地区产业分工合作难以展开的主要原因，不同地区提供的都是功能差异不大的产品，导致市场竞争更多地采取价格策略，使城市群内主要产业的价格大战此起彼伏，难以形成区域整体产业优势，同时也使投资和生产分散，从而降低了地区的整体经济效益。

产业同构会导致严重的重复建设和资源浪费，各城市产业结构接近、主导产业雷同，造成部分行业重复投资，竞争过度，使得一些"热门"行业生产能力以及产品供给严重过剩。低水平的重复建设和无序争夺资源、争夺市场、争夺外资项目的恶性竞争，导致各城市在从原材料到产品市场的争夺战中造成财力、物力、人力的浪费和效率损失。由于政府主导经济发展，长三角内的各城市为保证本地区产业在激烈的竞争中处于有利地位，往往竞相降低价格，例如低价出让甚至是无偿出让土地，以及提供财政预算外资金补贴和税收减让等优惠政策，实施制度倾斜等行为来吸引外部投资，造成生产要素配置不合理和土地资源"透支"，实际上也限制了其他产业的发展和良性竞争。同时，一些产业的投资过度会造成严重的金融问题，长三角区域内投资占 GDP 的比重过高。投资和消费比重的严重扭曲会带来一系列问题：投资效率低会蕴育金融风险，同时造成投资回报递减、投资收益递减等。在城市群内，各地区产业同构会加重地方政府的保护主义，各自为政造成市场的严重分割和区域的封闭性。区域市场的分割与破碎，会阻碍区域市场的统一和区域经济的整合，限制商品和生产要素的流通，导致资源的低效配置，同时带来城市群整体经济的低效发展。

2. 招商引资的无序竞争

招商引资工作目前已成为城市发展的核心之重，但在当今激烈竞争的环境下，长三角城市群的内部无序竞争现象十分严重，各城市为争夺外资，竞相出台各种政策。例如，浙江宁波江东区规定，生产型外资企业除享受国家规定的优惠政策外，纳税后对所得税区所得部分，经企业申请、区政府批准后，区财政可全额返还。昆山经济技术开发区对产品出口型企业，按规定减免所得税期满后，所得税率按 10% 征收；对先进技术企业实行"两免六减半"的政策，期满后按 10% 征收。从长期来看，中国长三角地区经济的增长潜力和市场潜力对国际资本的吸引力是巨大的，然而国际资本在长三角的投资毕竟有限，再加上长三角地区的同质性使得外资选择的空间范围很大。面对外商货比三家形成的竞争局面，长三角城市群内各城市为了自身进一步发展，争相以土地和税收政策等优惠条件加重自身筹码进行竞争，以达到吸引外资的目的。

（六）城市群建设缺乏协调规划

长三角城市群内协调规划的缺乏主要体现在两个方面：一是省际间基础设施建设缺少协调；二是城市内资源使用缺少规划。

首先，在城市群内，两省一市间重大的基础设施建设缺少协调规划，导致供给过度。各个地方政府都从自身利益出发，从完善自身功能、提升自身竞争力的角度进行重大基础设施的建设，主要表现在公路、铁路、港口和机场等建设方面，基础设施建设不配套，影响了整体运行的效率。例如，在长江从江阴至南通 60 千米的岸段，就有 68 个万吨级泊位，平均 0.9 千米就有一个，但有的港口利用率仅为 50%[1]，从而导致长江下游水域码头及其配套基础设施的重复建设，这不仅造成了巨额资金浪费，而且使基础设施经营管理十分困难，同时影响了区域基础设施规划和城市发展布局的合理性。

其次，城市群内部各城市盲目进行各种基础设施建设，没有考虑到当地的实际情况。由于事先没有规划好基础设施项目的建设用地，长三角各城市竞相征用了大量的土地，造成最直接的影响就是公共资源配置的严重浪费、土地使用紧张、城市用地紧张等[2]。长江三角洲地区的资源并不丰富，以矿产为例，两省一市的矿产资源屈指可数，而工业原材料全都要依赖外部供给，盲目的扩张造成了城市资源入不敷出的情况。

由此可见，各城市建设规划的缺乏，导致了重复开发，造成了资源短缺，阻碍了长江三角洲城市群的协调发展。

此外，随着城市群经济发展水平的不断提高，城市群内各类要素的流动需要更加自由的环境。产业结构虽然随着经济的增长逐渐优化，但仍然存在一些不合理状况。这些都需要政府间的合作与协调。

二、长三角城市群协调发展的具体路径

依据前文的理论分析及模式机制架构，结合长三角城市群的发展现状，本书提出以下推进长三角城市群协调发展的具体路径：

（一）从政府间合作看，政府要致力于建设城市群内统一的市场机制，加速实现城市群内外各类生产要素的自由流动

城市经济发展的本质是各类生产要素的逐利性和自由流动，只有构建统一的市场机制，构建良好的发展环境，人口、资金、信息、技术等各类生产要素才能汇聚到城市，为城市群经济发展助力。生产要素的自由流动是经济发展的内在需

---

[1] 高丽娜，朱舜，颜姜慧. 长江下游流域城市群集聚区的形成及空间特征［J］. 学术论坛，2014（3704）：54-59.

[2] 崔大树，樊晏. 基于SNA的浙中城市群空间经济结构演变的网络特征分析［J］. 产业经济评论，2013（6）：23-24.

求，城市的发展能力与之密切相关，决定了城市群的发展空间和潜力。一个城市的发展离不开其他城市，经济新常态下，没有任何城市能够孤立存在。城市群的发展也遵循类似的原理。因此，推动长三角城市群的协调发展，必须切实加强城市群内部各城市之间的经济联系，提高城市群内部的经济活跃度；同时，加强城市群与国内外其他城市群的经济联系，提高城市群对国内外市场的影响力和渗透程度。

（二）综合发挥政府、市场和民间组织的作用，进一步完善长三角城市群交通设施，推动产业升级和结构优化

城市群的协调发展离不开交通的便利，这需要建设水、陆、空和通信网络四位一体的交通设施，尤其是在城市群内各城市之间应建设一站式或互通式的轨道交通。目前上海已采用延伸轨道交通的方式，打通了核心城市与周边城市的联系，这对于促进城市群协调发展具有重要意义。交通的便利必将加强城市与城市之间的联系，产业结构的升级与结构优化也可以在更大范围内进行。长三角城市群内各城市可以根据自身资源优势，积极参与产业分工，发展有比较优势的产业，并着手调整三次产业的比例，提高第三产业的比重，为现代城市经济的发展贡献力量。处于城市群发展顶端的上海、南京、杭州等城市是人才和技术的集聚地，应大力发展高新技术企业；苏、锡、常中型城市应结合资源优势，发展产业链中端的产业；其他处于城市群边缘的城市，可以发展配套产业或利用当地廉价的劳动力发展劳动力密集型产业。

（三）突破行政区划限制，建立区域整体协调机制

长三角城市群要积极创新管理区域经济的新模式，坚持政府引导、多方参与，以市场为基础、以企业为主体，进一步完善对话与合作机制，促进城市群组织的协调发展。

（1）构建统一的管理机构。城市群是由不同城市构成的统一整体，实现城市群协调发展需要建立一个法制化、区域性的跨行政区的协调管理机构和监督机构，用来管辖区域事务，沟通和平衡各方利益，统一规划和协调城市群内各城市的行为并赋予其相应的调控权，对各级地方政府行为构成有效的约束，避免使其陷入只能协调配合，却无真正决策权力的尴尬境地。1983 年，国务院建立上海经济区规划办公室，但最后由于缺乏权威性不得不放弃。1992 年，由上海牵头建立了长江三角洲经协委（办）主任联席会议制度，1997 年又进一步升格为由各市市长或分管市长参加的长江三角洲城市协管会，并从原来的对话交流层面提高到具体的地区合作事务层面，虽然其在长三角各城市合作方面取得了一定的成效，但至今仍然没有进入到具有关键意义的地区产业整合的层面。为了避免重蹈覆辙，该机构必须是具有一定实权的权威机构，主要承担跨界的规划制订与协调职能，能够参与长三角整体产业布局和重大基础设施建设项目，对其进行总体指导和实际操作，并且有能力依照整体利益最大化原则，由上至下裁决和协调出现的争议局面，对违反整体原则的行为给予行政和经济上的惩戒，或在审批方面加以限制。针对目前长三角的行政格局，本书建议由中央政府出面，专门设立长三角城市群领导协调机构，从全局出发调节地区经济并控制总体发展方向，有计划、有步骤地构筑区域经济总体优势。

（2）构建协调对话机制。城市群内各城市政府之间应该建立多层次的合作与对话框架，一起推动城市群经济的内部融合与协调发展。例如，日本为了加强地方政府间的联络与协调，每年会定期召开各种类型的联络会议，通过协商，增进地方政府之间的相互交流，促进地方关系的协调，推进区域经济整体发展。借鉴日本的经验，长三角城市群各政府应该打破地域、部门的界限，遵循市场行为，本着优势互补、互助互惠、效益优先的原则联合起来，整合区域资源，有效地协调城市间的物流、资金流、信息流和人才流，建立具有法律效力的区域合作机制和协调机制，定期召开协调会议，通过战略性对话就共同关心的问题进行沟通，以便合理有效地解决问题，从而实现长三角城市群整体协调发展。

（四）提高创新能力

城市群内各级政府应通力合作，制定有利于推动创新的各项制度和政策，出台相关激励机制，激发各类群体的创造力，鼓励多元化的创新模式。长三角城市群内的上海、杭州、南京等地汇集了我国众多知名高等院校和科研院所，高校和科研院所是培养人才的摇篮，为长三角城市群的创新能力的提升奠定了基础。据统计，长三角城市群的专利申请数量近年来节节攀升，但专利的转化并不理想，政府还应出台相关政策推动专利转化为切实的生产力，为推动城市群协调发展注入科技力量。

第二节　经济新常态下珠三角城市群协调发展实现路径

一、珠三角城市群协调发展面临的困境

珠三角城市群是我国改革开放的试验田，凭借独一无二的地理优势，在政府政策的扶持下经过多年的快速发展，目前已基本形成大城市连绵区，各种经济要素集聚于此，城市化水平在全国名列前茅。同时，城市群经济发展失衡日益突出、生态环境问题日趋明显、基础设施建设相对滞后等一系列问题制约了珠三角城市群的协调发展。本节将在第六章测度结果基础上，结合珠三角城市群发展实践，深入剖析珠三角城市群在协调发展中存在的问题。

（一）珠三角城市群内部的空间结构不合理，基础设施系统性差

（1）城市群内部空间结构不尽合理。国外成熟的城市群一般是形成类似金字塔的比例结构，金字塔的顶端是核心大城市，下面以规模不等的卫星城市为依托。而珠三角城市群区域内城市结构不尽合理，大、中城市只占城市总数的 26.9%，其余均为县城镇及县以下的小城镇[①]，并且这些小镇的分布及发展形态极其不合理，其中将近九成是万人以下的小城镇，这些小城镇一些已首尾相连，一些还在盲目地沿高等级干线公路一字铺开，使得城市形态呈"线状"畸形发展。这不仅严重影响了交通干线的畅通与安全，还导致城市建设成本加大，城市规模效应减弱，城市集聚和辐射功能萎缩，并最终导致耗资更大的二次改造。城市群空间结构不合理不仅会影响交通干线的建设成本，而且会影响城市的集聚功能和辐射强度。珠三角城市群畸形的空间结构，使得核心城市的集聚功能和扩散效应无法与其他

---

① 顾朝林. 中国城镇体系等级规模分布模型及其结构预测［J］. 经济地理，1990（3）：54-56.

成熟城市群中的核心城市相媲美。

（2）城市群内基础设施系统性较差。珠三角城市群内的重大基础设施建设过程中，缺乏统一的规划，存在严重的重复建设，造成大量资源浪费。建设过程中，各地方政府为了强化自身在城市群中的地位和竞争力，争相抢夺资源，忽视了实际发展需要以及资源的统一调配。各城市为了战略需要，开发有限的岸线资源，以增加自身在区域内的竞争能力。例如，在城市群内激烈的港口之争中，广州为了扩大自身的发展空间，不顾专家意见，在并不适合建深水港的南沙强行推进南沙港的开发建设。与此同时，深圳启动盐田港三期的建设，并推出前海湾开发计划。而中山、东莞等地也不甘示弱，加快了在自己行政辖区内建港的计划，使得区域内的港口之争几近白热化。在机场建设方面也是如此，在广州抓紧建设新的白云国际机场的同时，区域内另一耗资 69 亿元的珠海机场目前使用率仅为 7%。另外，不同类型、不同地区的基础设施建设缺乏衔接和协调，区域整体交通体系运行效率低下。如惠州的经济实力相对较弱，财政实力有限，在实现深圳提出的盐田港和惠州港对接、海铁联运的设想方面有心无力；中山与珠海在高速公路、省道的建设衔接上存在诸多障碍，京珠高速公路由于珠海段建设相对滞后，许多道路都难以有效发挥作用。

（二）珠三角城市群内存在严重的产业同构

长期以来，珠三角各级政府间过度强调竞争，缺乏合作精神。各级政府为了政绩和本辖区内的经济利益，盲目重复建设，造成城市群内资源大量浪费，经济增长主要靠粗放式的投入带动，增长质量远远低于长三角城市群。调查显示，近年来珠三角各市无论是在产品技术还是在质量档次等方面均未能拉开差距，各市的产业结构基本雷同，未能形成有代表性的特色产业。几乎每个城市都致力于发展电子通信制造业、医药、化工、塑料、纺织服装、食品工业等，这些雷同产业的产值在各市工业总产值中所占的比重均在 60% 以上。各市的主导产业优势不明显，产业间的关联和带动作用的发挥受到严重阻碍，极大地制约了珠三角城市群的协调发展。

城市群内各城市间产业同构现象严重，经济增长质量低，增长方式粗放，区域间竞争多、合作少，难以发挥自己的比较优势，同时使得投资和生产分散，降低了地区的整体经济效益。更为严重的是，大量的重复建设导致生产能力闲置和资源浪费，而地区间结构调整方向的趋同，把地区间的产业竞争带入了更大规模、更加激烈的阶段。具体表现如下：

（1）经济增长质量偏低，增长方式粗放。珠三角地区经济增长以粗放型为主，经济增长质量偏低的问题突出。过去几十年，珠三角地区在实现高增长的背后，付出了高投入、高消耗、高排放、不协调、低效率等巨大代价。土地、劳动力及其他资源日渐短缺，使用成本迅速提高。劳动力整体技术素质偏低，劳动生产率低，珠江三角洲的劳动生产率是美国的 17.0%，是欧洲的 24.6%，是中国香港的 22.0%。珠三角城市群平均每创造 1 美元产值消耗的能源是西方 7 国平均的 5.9 倍，是美国的 4.3 倍，是德国和法国的 7.7 倍，是日本的 11.5 倍。近年来，这种状况略有改观，但还没发生根本转变。这种状况不利于大幅度提高科技进步贡献率，导致经济在高投入 – 低产出的层次上运行，离高增长和高效益仍有相当大的差距。环保、城市建设等非生产销售成本迅速提升，使劳动密集型产业的比较利益空间萎缩，一些传统的低成本优势逐渐丧失。

（2）竞争较多，合作较少。珠三角的合作主要是 20 世纪 80 年代形成的以经济垂直分工为主导的港澳与珠三角"前店后厂"式合作[①]。对珠三角各城市间的经济联系强度，人口、物资和信息等流向关系的研究也显示，各城市之间的经济关系普遍松散，城市间的关系属于竞争型交易关系。珠三角内部在产业分工、环保基础设施、流域整治、重大项目等方面仍然存在一定的无序状态，导致内部城市间过度和恶性竞争。从过去各市竞相发展价高利大的加工工业到现在争相发展高新技术产业、争相建立开发区等，这种重复建设、重复引进的现象不断出现并加剧，区内资源浪费严重[②]。有些地方政府在"政绩表现"的驱动下，出于争投资、

---

① 胡序威，周一星，顾朝林.中国沿海城镇密集区空间集聚与扩散研究［M］.北京：科学出版社，2000：78-99.

② 黄训江.产业集聚对高技术产业研发投入强度的影响作用研究［J］.研究与发展管理，2017（29）：116-126.

争项目的心理，盲目扩建开发区，竞相压低地价，导致了土地资源的浪费，阻碍了珠三角产业簇群的形成，妨碍了企业竞争力的提升；通过与外地企业签订秘密合约"空壳注册"，利用不正当手段，掠夺外地税源，造成了经济政策的混乱，破坏了区际经济合作的诚信基础。

（3）产业同构，协调度低。在产业发展上盲目重复建设，造成资源浪费，有限的资源无法集中，产业技术水平不高，各城市间产业结构互补性不强[1]，降低了区域经济竞争力。珠江三角洲各市在广东省制订的《科学技术发展"九五"计划与二〇一〇年规划纲要》明确提出珠江三角洲地区发展以电子信息产业、生物技术产业、新材料产业、光机电一体化产业、轻纺高技术产业、能源与环保新技术产业以及海洋工程为主导的高新技术产业的基础上也制订了科学技术发展规划纲要。但近年来，珠三角经济发展显示，各市在产品技术、质量档次等方面未能拉开差距、形成特色，产业结构基本雷同，电子通信制造业、电气机械制造、化工、塑料、医药、纺织服装、食品工业占了各市工业总产值的60%以上[2]。某些产业集中度相对较低，生产缺乏规模经济性。各市的主导产业优势不明显，使得产业间的关联作用的发挥受到了阻碍和限制，制约了珠江三角洲城市群的协调发展。

（三）生态环境遭到严重破坏，存在较大的环境整治压力

（1）环境质量较差，环境整治压力大。随着经济的发展，珠三角各级城市政府越来越意识到生态环境的重要性。但长期以来在经济发展过程中，生态问题未受到应有的重视，目前珠三角整体生态环境破坏严重，情况不容乐观。作为全国经济最发达的地区之一，珠三角集聚了大量人口和产业，也是污染物的主要排放区。在实际排放过程中，工业污水处理率低（工业污水处理率虽为80%，但达标率仅为40%，实质处理率仅为32%），生活污水甚至不经处理直接排放，处理率不到10%。这种做法造成流经城市的主要河段全部被污染。不仅饮用水源安全受到威胁，而且主要湖泊、水库水质状况也不容乐观。在空气环境质量方面，珠江

---

① 郭卫军，黄繁华.高技术产业集聚对经济增长质量的影响——基于中国省级面板数据的实证研究 [J].经济问题探索，2021（3）：28-29.
② 郭凤城.产业群、城市群的耦合与区域经济发展 [D].吉林大学博士学位论文，2008：46-54.

三角洲煤烟型空气污染得到控制，但空气污染情况依然严重，已经由单纯的煤烟型污染发展到以生产性污染与消费性污染为主的复合型污染。2002年，广东省环境质量状况显示，珠江三角洲9个城市三项污染物年平均浓度均达到国家二级标准，广州、东莞、佛山等城市三项污染物年平均浓度接近国家二级标准。

珠江三角洲许多河流都流经各城市，因此产生了诸多跨地区的流域污染问题。如深圳与惠州、东莞与深圳、广州与佛山、中山与珠海等均存在不同程度的跨区污染问题；部分流经城市的河段污染加重，深圳河、江门河、珠江广州河段、东莞运河、珠海前山河、佛山汾江河等河流的污染问题尤其突出。尽管各地也采取了一些整治措施，但缺乏统一协调的行动计划，治理效果不佳。

（2）区域生态发展不平衡，安全性较差。城市建设的快速发展已构成对珠江三角洲生态安全系统的负面影响。据统计，珠江三角洲地区9个地级市的建设用地2002年已经达到6500平方千米，大大突破了《广东省土地利用总体规划（1997—2010）》中的2010年规划控制规模5298平方千米。由于城市建设的需要，许多城市加大了对自然空间的开拓力度，对原有地形地貌进行改造，以耕地、园地、林地和牧草地构成的陆地自然空间面积从1996年的40950平方千米下降到了2002年的39120平方千米，使得自然空间的自净能力大大降低。而且珠江三角洲缺乏明确的生态功能区划，区内各类用地的生态功能缺乏协调，区域生态格局的整体性与连续性遭到破坏。仅就生态岸线而言，珠江三角洲各城市都致力于港口建设，忽略了许多重要的河道生态廊道的维护和利用，不仅破坏了珠江两岸的水陆生态过渡带，而且造成许多岸线资源的污染。

面对严重的污染，各地纷纷采取整治措施，但由于缺乏统一的治理方案和计划，实际治理效果并不理想。

（四）珠三角城市群协调发展面临困境的形成原因

综观珠三角城市群协调发展，造成以上困境的主要原因有：

（1）珠江三角洲的经济发展是由自下而上的模式驱动，各城市在职能定位方面基本相同，导致产业同构，产业升级乏力。其一，珠江三角洲与港澳毗邻，都处于香港的产业辐射圈内，而且各城市发展的基础条件类似，均面临香港制造业转移的发展背景。在市场机制的驱动下，各城市都以传统的劳动密集型产业为主，依赖国际市场，推行大进大出的外向型经济发展战略。各城市在职能定位和产业发展方面，都倾向于发展成为区域或者次区域中心，在趋同的城市职能和产业定位下，不可避免地造成各城市产业结构趋同。其二，随着香港传统制造业的转移和内地大批廉价劳动力源源不断的涌入，珠江三角洲的产业发展在无需改变现有的以初级生产要素为主导的产业发展模式的条件下，仍能够获取一定的利润，使得村镇等招商引资主体对产业的升级缺乏足够的积极性；另外，在这种自下而上的发展模式下，以村镇为单位的经济主体既缺乏发展大型产业的资本，也无法为产业升级提供必要的技术和人才支持。其三，对于以"外向型"经济为特征的珠江三角洲来讲，能否吸引更多的外资，直接关系到各城市的经济发展，导致珠江三角洲各城市在吸引外资方面的关系更多的是竞争而不是合作，这种竞争造成了产业发展的盲目性。

（2）各城市内部的经济利益和生态利益发生冲突，在环境综合整治方面缺乏相应的制度安排，导致区域生态安全性差。其一，在珠江三角洲区域内，各城市的经济利益和生态利益存在冲突。各城市并没有意识到区域生态安全是一个整体，关乎每个城市主体的生存与发展，仍然遵循传统的"开发－破坏－保护"的生态开发模式发展经济，对于区域生态安全的问题考虑较少。其二，在流域的综合整治和珠江三角洲的环境保护方面，缺乏相应的制度安排，对于流域的利用和综合保护、排污标准的确定、如何实现属地管理等问题都缺乏相应的法律规定。各个城市都从自身利益出发，倾向于进行污染对外排放而不承担相应的外部成本，从而造成严重的外部性。例如，涉及东莞和深圳的观澜河治理，由于产权和责任不清，双方都不愿承担污染治理的成本，造成多年来河流污染问题得不到解决。又如，处于水源保护区的地区需要加强生态保护措施，需要有较大的人力物力投入，水源保护地单方面承担了保护成本却减少了发展工业的机会，而其他许多城市在进行水资源利用时直接成为水源保护的受益者，但现在并没有建立相应的利益补偿机制，这种环境保护的外部性必然导致公共产品的缺乏。其三，珠三角地区是石油、化工、森工造纸、纺织服装、食品饮料、医药、电气械等九大产业聚集区，行业废水的排放量及排放的污染物浓度均高于一般产业，对环境的影响不容忽视。

（3）基础设施的市场化经营与区域内共享协调发生矛盾，跨地界的基础设施建设缺乏利益协调和补偿机制。其一，目前珠江三角洲范围内尚没有一个机构能够将区域内各种不同类型的交通设施纳入统一的规划体系中，各种交通设施的规划和建设分属不同的部门和机构，彼此之间经常出现不协调、难以有效衔接的状况。如城际快速轨道广州－珠海段的建设，必须经过江门和中山的地域范围，江门、中山提出要在其境内设站，在此基础上才能保证市域内的征地和拆迁工作。广州、珠海则认为，要保证快速轨道的效率，同时考虑中山至珠海段高速公路的交通饱和度现状，不赞成在江门等地设站。两者之间就出现了矛盾，需要进行协调，需要广州、珠海等受益方给予江门、中山等城市相应的利益，作为占用其境内土地资源的补偿，否则难以顺利推进。穗港高速铁路、广珠西线高速公路、广珠铁路等项目的建设也都面临着同样的问题。其二，随着政府职能转变和投融资体制改革的推进，越来越多的基础设施建设通过市场化的方式进行。但作为政府调节和协调、引导区域平衡发展的重要手段，在市场化建设的同时政府并没有强化对区域交通基础设施建设的管理，导致政府管理市场的能力降低，协调区域平衡发展的能力减弱。在珠江三角洲地区，利用贷款和 BOT 等方式进行交通和市政基础设施建设已经十分普遍。在交通建设（尤其是道路建设）方面，许多城市利用外资或者民间资本建设高速公路和各种桥梁隧道，并在城市的交叉地带设立收费站点，造成收费站点林立，增加了交通运输成本，降低了整个交通体系的运行效率。

（4）各城市各自追逐地区利益，强有力的区域发展协调机构尚未构建。珠江三角洲城市群在协调发展方面存在问题的原因是多方面的，但其深层原因恐怕仍是地区利益在"作祟"，正是有了地区利益的存在，才会形成各级地方政府与上级政府之间，以及地方政府之间在产业结构调整和在吸引外商投资方面的博弈关系。博弈的结果是各地方政府的各种短期行为的泛滥，恶性竞争愈演愈烈。在区域经济发展的过程中，各个地方政府都知道自己在产业结构调整以及吸引外资中的扩张行为必然导致地区产业结构不合理、区域经济发展不协调。但在缺乏有效的协调磋商机制的情况下，如果谁先停下来，谁就可能失去眼下发展的机会，并在以后的竞争中处于劣势。宏观失控的后果谁都有份，但在谁不扩张谁就落后的情况下，地方政府的理性选择是不顾一切地追逐眼前利益，把宏观调控的责任交给上级政府。因此，在没有对政府间利益关系做出制度上的合理安排前，上级政府与各地方政府间的经济发展博弈关系很容易陷入"公用地灾难"（美国学者格雷特·哈丁提出的"公用地灾难"，一般指由于个体选择而导致的公共物品供给不足、使用过度的结局），使区域经济的统一协调发展由于地区利益障碍造成的"公用地灾难"而困难重重。另外，珠江三角洲城市群分属广东省9市，行政隶属关系非常复杂，地区之间的协调难度很大。

二、珠三角城市群协调发展的具体路径

依据前文的理论分析及模式机制架构，结合珠三角城市群的发展现状，本书提出以下推进珠三角城市群协调发展的具体路径：

（一）充分发挥政府的主导作用，优化城市群内部空间结构体系，因地制宜构建内外圈层联动发展的结构体系

广州、深圳处于城市群的核心圈层，东莞、中山、珠海、佛山等地与外围其他城镇共同构成城市圈层的外围，充分发挥核心圈层的辐射功能，带动珠三角城市群协调发展。对于基础设施等重大战略问题，设立专门的城市群协调发展机构或者由各市政府设立临时机构，打破行政界限，统一规划，并建立利益协调和补偿机制，引导各市充分发挥自己的优势，集中精力做自己擅长的事情，减少恶性竞争和不必要的重复建设。基础设施的统一规划和建设对于城市群协调发展意义重大。在基础设施建设过程中，应侧重打造优质、高效的物流平台，协调好珠三角港口建设。珠三角是世界著名的港口城市群，必须对深圳、广州等世界级港口城市进行定位和功能分工，加强日常管理，实现以港口促发展，带动城市群协调发展。此外，航空网络的建设对于珠三角城市群的国际化意义重大。必须强化城市群内各大机场的功能整合，建立合作经营机制，鼓励各大机场之间的相互渗透及合作，构建珠三角与世界各国及内陆各地的强大航空网络体系。例如，作为国

家重要航空枢纽之一的广州新白云机场，肩负着连通珠三角与国内及世界各地的重任，在基础设施配套建设中应考虑增强广州以北东西向的交通联系，提高新白云机场交通可达性，切实发挥其航空枢纽作用。

（二）针对产业同构问题，要充分发挥政府的引导作用以及市场竞争功能

鼓励各地充分利用资源优势，立足本地实际，发展特色产业，形成核心优势，共同推动城市群协调发展。树立城市群整体发展观，建立利益共同体理念，推动城市群内的合理分工合作，避免产业同业。打破条块分割，破除地方保护主义，建设统一的要素市场和产品市场，促进生产要素和产品自由流动，建立公平有序的市场竞争机制，促进资源在城市之间的高效、优化配置，降低生产及交易成本，为经济主体实现利润最大化创造条件。同时，为了增强城市群的整体竞争力，积极参与国际市场竞争，珠三角城市群还应提高科技创新能力，提高城市群内的产业竞争能力。改革开放以来，珠三角经济发展取得的成就与该地区的科技创新密不可分。可以说，科技创新在珠三角城市群经济增长中的作用至关重要。在经济新常态下，我国整体经济发展已经摆脱了过去高投入的粗放增长模式，科技创新对经济增长的作用日益凸显。在新的经济形势下，珠三角经济发展以及产业升级需要走科技创新之路。科技创新必须强调提高自主创新能力，改变对外来技术高度依赖的现状，增强科技竞争能力，并积极促进科技成果产业化。政府应积极建立并完善知识产权保障机制，推动知识产权的应用和成果转化，为自主创新创造良好的制度环境。

（三）面对严重的生态环境破坏，政府应统一规划，树立共同治理的理念

改革开放以来，珠三角城市迅速崛起，随之而来的是人口的高度聚集与土地空间资源短缺的矛盾日益突出，生态环境遭到严重破坏，已经制约了珠三角城市群的协调和可持续发展。政府首先应加强合作，从政策层面推进生态资源市场化和价值化，充分发挥市场的作用，建立包括居民付费在内的生态补偿机制。其次要重视对环境污染的治理，增加对生态环境的投入，一方面可以增加政府转移支付，另一方面可以制定措施吸引民间投资，积极打造宜游、宜业、宜居的生态城市群。

上述对策建议的落实有赖于政府、市场以及民间组织作用的充分发挥。政府在推动城市群协调发展的过程中至关重要，各地政府要树立城市群整体发展的意识，摆脱地方保护主义，打造统一有序的市场。民间组织的作用也不容小觑，广大民众要树立合作意识以及生态保护意识，切实提高个人素质，积极投入到城市群协调发展建设中。

第三节　经济新常态下长株潭城市群协调发展实现路径

一、长株潭城市群协调发展面临的困境

长株潭城市群是我国经济发展中起步较晚的城市群，长期以来实行计划经济体制造成了大量的重复建设、产业同构等问题，这些历史遗留问题短期内难以完全解决。本节将在第六章测度结果基础上，结合长株潭城市群发展实践，深入剖析长株潭城市群在协调发展中存在的问题。

（一）城市间的不当竞争及合作不足是造成城市群协调发展困境的根源

长株潭三市长期以来的独立自主，阻碍了一体化进程。各地政府在实践中难以打破行政界限，地方保护主义盛行，各市为了自身利益，展开了激烈的竞争和角逐，没有真正实现一体化。例如，为了增强自身竞争力，长株潭三市不顾城市群整体利益，争相建设大规模的产业园区，以期实现产业集群效应，拉动本地经济的增长。这种竞争毫无大局观念，必然造成重复建设以及资源的浪费，消耗城市群的整体竞争力，损害城市群整体利益。

（二）城市群协调组织的作用没有得到充分发挥，其协调能力极弱

城市群内尚未构建利益共享机制，信息也无法共享，市场失灵严重。这种情况下，城市群协调组织作用的发挥很关键。在长株潭城市群发展过程中，城市群协调组织一直没有取得突破性进展，其作用受到极大限制。两型社会试验区管委会是目前长株潭城市群的协调机构。但这个机构缺乏权威性，既缺乏对市场的调控能力，无法提供公共产品，也不具备行政权力以统筹和协调跨区域事

务的处理。

（三）长期追逐经济利益而忽视生态环境保护

经济新常态下推崇的是可持续的科学发展观以及集约型增长方式，然而长期以来的高投入、高污染的粗放型增长方式带来的生态破坏短期内难以消除。目前，长株潭城市群的空气质量每况愈下，城市群的协调发展面临严峻的挑战。

（四）城乡差距较大，影响城市群协调发展

长期以来，我国为了尽快提高竞争力，实施赶超战略，重点发展重工业，政府通过行政干预将有限的资源投入到重工业发展中，形成了以国有化为特点的高度集中的经济体制。基于这种体制，形成了以户籍制度为核心的城乡人为隔离的制度机制。这种经济制度导致整个社会从体制上分为城乡二元。农村居民和城镇居民在权利与机会上不均等的状况是由于农业人口和城镇人口实行两种不同的户籍制度，使得城乡失衡的情况日渐严重。长株潭城市群作为后起的城市群，城乡发展失衡的情况严重，甚至城乡差距有扩大的趋势。城市区域不仅仅是居民集中居住区，更是实现社会合理分工，推动社会生产力往前发展的一定的空间组织形式，是经济发展的中心。正是由于城市是经济发展的中心，故基于市场经济体制，受到"效益最大化"驱使的资源要素一定会从农村流向城市、从农业流入工业，农民也随之转为市民。改革开放后，我国的基本现实也是土地、资本和劳动力等资源要素不断集聚。这对于原本基础就薄弱的农村经济来说更是雪上加霜，城乡差距进一步拉大，对城市群的整体协调发展非常不利。

综上所述，长株潭城市群协调发展状况不容乐观，是多种因素耦合作用、长期积淀的结果。

二、长株潭城市群协调发展的具体路径

在经济新常态下，城市群协调发展进入了新阶段，同时，我们也站在了一个历史和时代的岔路口，走向治理是唯一的选择。依据前文对长株潭城市群协调发展水平的综合测度分析，综合考虑长株潭城市群协调发展的现状，可从以下方面着手，改善城市群协调发展状况，进一步提升其整体实力和竞争力：

（一）完善府际合作的法律法规，设立城市群发展共同基金

完善的法律法规是实现政府间有序竞争和良好合作的保障，城市群协调发展必须以法律方式明确政府间竞争和合作的主要内容、权利与责任、解决冲突的方式与利益补偿机制，保证区域合作的权威性与连续性。城市群协调发展过程中涉及的生态环境保护、水资源利用、跨区域公共设施建设和区域发展不平衡等问题，依靠单个城市难以解决，必须设立城市群发展共同基金。共同基金的来源因城市群治理机构层级不同而不同。纵向治理模式中，湖南省政府要承担部分费用；横向治理模式中，可以依据城市人口规模、GDP、财政收入、财政支出等指标测算缴纳基数，最终由各市政府协商确定。共同基金的主要用途及使用方式由三市政府协商确定。

（二）构建府际合作治理机制，加强政府间合作与协调

府际合作治理涉及多元主体，强调通过多元行为主体的互动与合作来实现或增进公共利益，是由政府间协作、公私部门及公民参与共同构建的政策网络。长株潭城市群的发展涉及三个城市，三市彼此依存、相互联系。在城市群治理中，必须加强政府间的合作与协调，避免各自为政，统筹规划，避免城市群内的产业竞争和重复建设。建立府际合作框架，落实跨区域、跨部门的合作方案，有效解决城市群内或跨区域有关重大基础设施、环境保护以及公共服务共享等问题。同时，需要发挥多元主体的积极性，构建政府与社会组织、企业之间的协作治理结构，共同参与城市群区域性公共产品生产和服务的供给，促进城市群协调发展。积极探索多层次的治理模式，建立区域性协调组织，切实做好行业发展规划，并切实加强协调组织的执行能力。同时，要不断探索丰富治理方式，搭建各类合作平台，建立扶持互助机制，开展多种咨询和服务购买。

（三）重视引进人才，鼓励技术创新

城市群的高速发展需要高素质人才。相比沿海地区城市群优越的地理位置，长株潭城市群处于劣势，若不采取因地制宜的人才引进政策，有针对性地引进长株潭城市群产业稀缺人才，很难与其他城市群竞争。目前，长株潭城市群内高级创新型人才的需求与供给之间有一定缺口，缺乏既懂技术又懂管理的复合型人才；

中高级技工缺乏也制约了企业的发展。因此，必须有针对性地制定人才引进政策，逐步培养懂技术、懂管理的复合型人才。同时，要进一步加大科技创新投入，增强企业研发力量，促进科技成果转化，形成一体化的具有竞争优势的城市群区域创新体系。

（四）建立并完善信息共享机制

建立良好的信息共享机制是推动城市群协调发展、实现跨域合作的重要政策工具。信息共享机制包括信息的支撑、整合、服务及文化传播。充分的信息披露和共享，能够有效避免城市群各城市、各部门的重复建设，可以统一调配资源，避免资源浪费。长株潭城市群可以建立"城市群政府电子政务信息平台"，并逐步完善信息网络基础设施和公共服务机制，最终实现城市群网络化治理。

（五）采取一系列措施推动城乡融合发展，进而推动城市群整体协调发展

（1）科学制定城乡一体化规划，促进城乡协调发展。要实现城市群的协调发展，必须重视农村的作用，强调城市和农村是不可分割的整体，推动城乡一体化。

（2）以制度改革促进城乡一体化发展。长株潭城市群协调发展过程中面临的问题很多是由于不合理的制度造成的。要从根本上解决问题，必须进行制度改革。第一，放松户籍管理，改变户籍管理的方式，让农民真正享有自由迁徙的权利。户籍制度应该是保障当地居民合法权益的制度，而不应歧视或者限制外来人口，应为在当地具有稳定收入来源的居民提供落户的便利条件，并使得其依法享有当地居民的合法权利，包括子女受教育的权利等。第二，对现有的劳动力就业制度进行改革，为城市群的经济发展提供更加稳定的产业工人队伍。产业工人对于经济发展以及城市发展的巨大贡献已经被各国的经济发展实践所证实，因此，必须打破原有的农村、城市劳动力上的不平等政策，切实解决农民工的实际问题，让农民在进城就业后成为稳定的产业工人，进而成为城市的稳定居民，为城市的发展添砖加瓦。第三，深化农村金融体制改革，加大财政支持力度，为城市群协调发展提供金融支持。由于城市群区域内经济发展不平衡，各地经济、教育等存在较大差距，要缩小差距，必须加大财政支持的力度。

（3）加快城镇化进程，发挥城镇对农村经济发展的辐射带动作用。从长株潭城乡一体化发展的历程可以看出，中小城镇的发展对于周边区域尤其是农村经济发展的带动作用明显。未来，应致力于中小城镇的发展，重点培育其主导产业，强化城乡融合发展的产业支撑。

（4）转变政府职能，推动政府的转型改革，充分发挥政府在推动城乡一体化发展中的作用。在城市群的协调发展过程中，长株潭各级政府积极转变政府职能，不断完善政府的运行机制，提升政府的办事效率，其公共管理职能不断强化。今后政府职能转变应更加重视对农村的管理，关注农民收入水平的提高，切实改善农民的生活质量，有效保障农民的合法权益，让农民在为城市化做贡献的过程中，能够真正分享城市化、现代化的成果。应进一步完善政府的绩效考核体系，加入反映政府在城乡一体化建设中所做工作的指标，充分调动各级政府推动城乡一体化发展的积极性，进而加快实现城乡一体化。

第四节　不同城市群协调发展机制及实现路径的比较分析

前文总结了不同城市群协调发展机制及实现路径，本节将在探讨不同城市群特征的基础上比较分析城市群协调发展机制及实现路径的异同，以便为不同层面城市群协调发展机制及实现路径选择提供更有针对性的指导。

一、大城市群协调发展机制及实现路径特征分析

"以大城市为依托，以中小城市为重点，逐步形成辐射作用大的城市群，促进大中小城市和小城镇协调发展"是国家早在"十二五"规划中就明确提出的城市群发展方向。城市群协调发展已不再是一个简单的经济学概念，而是上升至国家战略发展层面。跟随国家工业化、城镇化的飞快进程，城市群协调发展在促进区域经济发展及国家综合竞争力的全面提升方面发挥出越来越大的作用。"在东部地区逐步打造更具国际竞争力的城市群，在中西部有条件的地区培育壮大若干城市群"等一系列国家与中央政府的推动举措之下，各地方政府也相继出台各种因地

制宜的城市群发展规划政策，极力推动城市群协调发展。就目前我国大城市群协调发展的整体情况看，城市群协调发展机制及实现路径总体上具有如下特征：

第一，城市群的协调发展受到了较多的政府关注以及政策支持。在经济发展速度非常快的长三角地区形成了长三角城市群，该城市群整体发展水平位于全国城市群之首，具有中国城市密度最大、地域范围最广、经济发展水平最高等特点，呈现出一种新的发展态势。国务院《关于进一步推进长江三角洲地区改革开放和社会发展的指导意见》和《长江三角洲地区区域规划》中明确提出了长三角城市群发展目标：建设成为我国亚太地区的重要门户、全球制造业的重要基地和世界级城市群。这就表明国家已把长三角城市群协调发展上升到了国家战略层面，可见国家对长三角城市群协调发展给予了高度的重视和期待。

第二，大城市群的协调发展总以占据主导地位的某一个城市为核心，并受这一核心城市的影响和带动。在漫长的城市群发展进程中，某个区域总有一个占据主导地位的核心城市在潜移默化地带动周围城市的发展，进而逐步推动城市群整体协调发展。以上述提到的长三角城市群为例，上海以其独特的地理优势和经济的持续发展，一直占据长三角城市群的核心主导地位，无论何时都未曾改变，并对周边城市不断地发挥着其强有力的集聚、扩散效应，进而不断推动整个长三角城市群的发展进程。

第三，重视产业的集聚与整合，在城市群内部形成合理的产业分工及布局。以长三角城市群为例，在上海的带领和推动之下，长三角城市群在发展过程中已经形成了合理的产业分工和相对完善的产业布局，其社会服务体系完善，第三产业占比较高，服务业发展水平已经居于全国前列。这就是良好的产业分工和产业布局为城市群的协调发展带来的内生驱动力。由此可见，产业分工、产业布局以及整个产业结构的优化等级越高，越有利于提高城市群协调发展水平。

第四，注重增强综合实力，将创新作为经济增长的新动力。我国大城市群虽然发展迅速，但总体来说，其国际竞争力不足。因此，长三角、珠三角等大城市群都将创新作为经济增长的新动力，促进产业结构升级。各大城市群积极建设科技基础设施、重要科研机构和重大创新平台，构建协同创新格局；以中心城市为核心、重要城市为节点，建设网络化创新体系，促进中心城市创新资源扩散；推动城市群各城市合作建设重点实验室、企业技术中心、产业技术创新平台，开放大型科研仪器的使用，共同参与国家科技计划，加强基础研究和应用研究；加快自主创新示范区、国家双创示范基地、众创空间等创新载体的建设，搭建大数据中心和创新平台，建设全球科技创新高地和新兴产业重要策源地；优化区域创新环境，深化区域创新体制机制改革，加强科技成果保护，促进产学研深度融合，加快科技成果转化；建立以企业为主体、市场为导向、产学研深度融合的技术创新体系，支持企业、高校、科研院所共建高水平的协同创新平台，推动科技成果转化；鼓励城市群内科技和学术人才交流，支持城市群内各城市在创业孵化、科技金融、成果转化、国际技术转让、科技服务业等领域开展深度合作，建立科技成果转化基地；建立和强化知识产权行政执法和司法保护，不断丰富、发展和完善有利于激励创新的知识产权保护制度；大力拓展直接融资渠道，依托区域性股权交易市场，建设科技创新金融支持平台；完善人才激励机制，健全科研人才双向流动机制，充分激发人才活力；推动创新链、产业链深度融合，强化主导产业链关键领域创新，依托科技创新培育新兴产业；以产业转型升级需求为导向，聚焦区域主导产业在产业链关键环节的创新，积极利用创新资源和创新成果改造提升传统产业、培育新兴产业；加强个性服务、增值内容、解决方案等商业模式创新，发展现代服务业及新业态，推动创新优势转化为产业优势和竞争优势。

第五，重视区域生态环境共保共治，补足生态短板。我国大城市群在过去几十年的发展中，盲目追求经济增长而忽视了生态的保护，目前均面临生态系统功能退化、自然环境恶化的状况。为此，长三角、珠三角等大城市群十分重视加强区域生态防护和环境保护，深化跨区域污染联防联治，实施生态建设与修复工程，以提升生态系统质量和稳定性。各大城市群通过建立水污染、大气污染、土壤污染联防联治机制，统筹协调解决环境污染问题；加强海岸线保护与管控，强化岸线资源保护和自然属性维护，并建立健全海岸线动态监测机制；建立环境污染"黑名单"制度，同时健全环保信用评价、严惩重罚等制度。

二、中小城市群协调发展机制及实现路径特征分析

吸取各大城市群协调发展过程中的经验和教训，我国各中小城市群协调发展机制以及实现路径主要呈现以下特征：

第一，贯彻生态经济建设的理念，例如长株潭城市群提出以生态经济综合体的标准打造湘江生态经济带，这一重大举措的提出具有战略意义，并且影响极为深远。据此提出的湘江生态经济带规划设计将生态文明建设作为一切其他开发与建设的基础，将生态与经济双向法则作为地区产业发展的主要导向，重点突出生态经济与生态网络的绿色理念。规划侧重于产业的结构性调整、生态功能的合理架构等方面。在经济发展和生态网络建设协同中，充分发挥湘江生态经济带特有的经济和生态作用，促进湘江生态经济带的快速与可持续发展。同时，在规划设计中切实贯彻景观控制一体与开放空间相结合的思想，有效促进湘江生态经济带一体化建设，并以此推动城市群协调发展，提升城市群经济总量、环境质量及生态品质。

第二，重视城市与乡村协调发展，在空间布局上构建城市和田郊相间的开放式空间格局。例如，长株潭城市群协调发展过程中提出的湘江生态经济带的规划，宏观地反映了其自身独有的生态建设和滨江发展特色，以绵延的湘江与坐落于湘江两岸的景观道为桥梁，以湘江中的洲岛与自然人文名胜为纽带，将秀美的湘江沿岸滨水地带变成高度融合的有机整体，使之呈现出城市与田郊相互映衬的空间格局，并以条带状的布局形式满足了湘江生态经济带功能持续高效向整个湖南乃至中部地区辐射的需要，以此推动城市群协调发展。

第三，全力打造经济发展增长极，充分发挥经济增长极在城市群协调发展过程中的示范效应及带动作用。经济增长极能够有力推动城市群内各成员间经济要素的有序流动与资源调配，并协调城市群内整体生态环境的保护，实现城市群内全方位的共享发展。例如，长株潭城市群发展过程中立足长株潭三大经济增长极的建设与发展，加速构建群内铁路、公路、水路、航空、管道等现代化的综合交通运输体系，着力把长株潭打造成物流集散中心，发展成辐射周边地区和产业的区域中心，逐步推动城市群协调发展。

第五节　经济新常态下城市群协调发展机制及实现路径的新特征

通过前面的论述与分析，本节将总结经济新常态下城市群协调发展机制及实现路径的新特征。经济新常态不同于以往粗放式的高速增长，它是集约型的科学增长模式，在这个过程中，城市群协调发展机制及实现路径呈现出以下新特征：

第一，从城市群协调发展机制看，经济新常态下，城市群是资源、环境、经济、社会四个子系统构成的复合生态系统，其协调发展不仅是城市群内城市间的协调，还包括城市与乡村的融合发展，因而其协调发展机制的构建需要政府、企业、民众等多方力量的参与。经济新常态下，城市群尤其是大城市群的中心城市面临严峻的经济失衡、城市社会问题以及环境恶化问题，带来迫切的区域均衡发展和协调发展的需求。为了更好地缓解大城市病，必须通过建设卫星城市、加强轨道交通联系等措施，充分发挥各级政府的力量，引导大城市群由单极集中向多心多核转变，同时注重协调发展。在发展过程中，要以空间均衡、人本以及可持续发展等理念为指导。

在协调发展机制架构过程中，可以因地制宜建立多样化的区域协调机制，建立城市群层面的政府机构或民间组织，或者规划职能合并或组建专项协调机构对城市群范围内的交通、水利、土地利用、基础设施建设、金融、公共服务、环境保护等进行统一协调和管理，以此推动城市群协调发展。

第二，从城市群协调发展实现路径看，经济新常态下，我国各城市群发展差异较大，率先发展的大城市群在全国乃至在世界范围内经济发展水平都是比较高的。在这种背景下，城市群协调发展的实现路径也出现了不同于以往的新特征，主要表现在以下方面：

（1）强调城市群间的联系，跨区域合作越来越频繁，涉及的范围越来越广。这将促使城市群间建立人流、物流、资金流等网络化结构，充分发挥中心城市的辐射带动作用，形成完善的城市群要素联系网络。

（2）重视生态环境保护和共同治理。在经济新常态下，传统的靠增加投入的粗放式增长已经不适用，过去的高速发展已经对生态环境造成了难以挽回的破坏。当前环境污染问题突出，人与自然和谐发展任重道远。应加强对生态环境的保护，建设生态屏障，保护重要生态空间，实施生态修复工程，保障生态安全。维护自然生态空间，着力构建包括山区、水系、平原等生态屏障和廊道的生态格局。加强重点水源涵养区、自然保护区和生态脆弱地区的保护，实施退耕还林等水土保持政策，维持和改善物种栖息地生态环境。加强环境联防联治，全面展开大气污染、水污染、土壤污染防治。建立并完善大气污染、水污染、土壤污染联防联控协作机制和合作平台，共享城市群内污染监测数据，建立区域污染应急预警机制，加大对危险废弃物非法倾倒等污染环境行为的打击力度，做好污染预防工作。

（3）强调打破行政壁垒，加强中心城市的辐射带动作用。对于中心城市资源过度集中、带动能力没有充分发挥、城市群内城乡发展不均衡的问题，以中心城市为主的城市群内重要城市应明确责任分工，建立协作机制，建立健全成本共担、利益共享机制。中心城市积极与城市群内其他城市、小城镇、乡村地区进行协调，发挥中心城市辐射作用，带动城市群外围地区发展。建立城市群发展基金、横向生态补偿机制、税收利益共享机制等协作机制，促进要素在城市群内自由流动。

（4）强调基础设施互联互通，促进城市群形成网络化联系，统筹推进交通、信息、能源、水利等基础设施建设，推进资源优化配置、功能兼容、合理共享，构建布局合理、设施配套、功能完善、安全高效的现代基础设施网络，提升基础设施互联互通和服务水平。合理布局基础设施，实现资源利用的效益最大化。

（5）强调建立统一的要素市场，推动城市群同城化发展。城市群公共服务共享机制不健全、同城化进程滞后日益严重，因而必须加快建设统一的人力资源市场，加快人力资源市场同城化，取消落户限制，促进外来人口市民化和融入社会，推动人力资源协作、人才制度衔接及劳动保障监察合作；建设统一的技术市场，推动技术市场同城化，促进科技资源高效整合、共性关键技术联合攻关、科技信息共享互动、技术成果交易和科技金融服务无缝对接，构建知识产权交易体系和统一技术标准；建设统一的资本市场，推动资本市场同城化，包括金融服务同城化、银行分支机构跨行政区开展业务、设立城市群发展基金、进行金融监管合作和风险联防联控等；建设统一的土地交易市场，推动土地市场同城化，促进耕地占补平衡指标跨省市交易、城乡建设用地增减挂钩结余指标跨省市调剂、城乡土地市场一体化，实施城市群内房地产市场调控政策措施，完善城市群住房供应和保障体系；构建共同的市场秩序和信用体系，积极推进行政许可、工商登记、消防安全、食品药品检验等领域的互通互认，实现市场监管信息共享共认、市场监管措施协调联动、消费者权益保护跨区协作和行政执法相互协作。

（6）强调促进城乡一体化发展。经济新常态下，城市群的协调发展包括乡村与城市的融合发展。城市群应构筑功能一体、空间融合的城乡体系，推动中心城市资源扩散，提高城市群人才教育、医疗等公共服务同城化水平，促进乡村发展。建立健全城乡融合发展体制机制，促进人才、资金、科技、信息等要素在城乡间自由流动、平等交换，促进公共资源合理配置，推动公共服务向农村延伸、社会事业向农村覆盖。推进农村一二三产业融合发展，建立有利于乡村经济多元化发展的体制机制，持续缩小城乡居民生活水平差距。只有城乡共同发展，才是真正的协调发展。

第六节　本章小结

本章在前文研究的基础上，结合国内主要城市群即长三角、珠三角、长株潭城市群协调发展的实际状况，分别提出了经济新常态下各城市群协调发展的实现路径及具体对策建议。在此基础上对不同城市群协调发展机制及实现路径进行了比较分析，总结了经济新常态下城市群协调发展机制及实现路径的新特征。

第十章　结论与展望

第一节　研究结论

本书通过梳理已有文献，发现当前对于城市群协调发展的相关研究主要围绕以下几方面展开：一是关于城市群协调发展的概念及内在含义；二是关于目前城市群发展过程中出现的问题和挑战；三是关于城市群协调发展机制及战略措施；四是关于城市群协调发展及治理模式；五是关于城市群发展评价。这些研究虽然意识到我国城市群协调发展的意义和潜在价值，但始终未能提出切实可行的城市群协调发展评价机制与评价模型，也未能对推动城市群协调发展的机制及影响因素进行深入分析。

因此，本书的主要工作是在深入研究城市群这一复合生态系统特征的基础上，探寻城市群超循环复合生态系统的运行模式及作用过程，探讨经济新常态下城市群协调发展的规律与特征，建立城市群协调发展评价指标体系及评价模型，并在此基础上运用计量模型及评价模型分析我国主要城市群协调发展机制动态变迁历程，构建经济新常态下城市群协调发展模式及机制架构，最后形成经济新常态下城市群协调发展的具体实现路径。

（1）在深入研究城市群这一复合生态系统特征基础上，分析了城市群超循环复合生态系统的运行模式及作用机制。本书从系统整体出发，认为城市群是经济－社会－资源－环境子系统在一定地域空间范围内不断演变发展形成的复合生态系统，该系统的超循环运行模式推动城市群不断发展演进。城市－乡村－城际－城乡组成的四重空间是城市群系统超循环的构建基础，这一网络以城市、乡村循环为基础，在不同等级、不同功能的城镇循环、乡村循环之间搭建循环网络，将它们联结起来，使彼此间功能互补，不断循环发展，推动城市群在更高层次实现协调发展。这一超循环结构的构建可在城市、乡村、城际和城乡四重空间上展开。

（2）城市群的协调发展是一个不断动态变迁的历史过程，经济新常态下，城市群及其协调发展都呈现出新的特征。本书在分析经济新常态下城市群协调发展的新特征的基础上，探寻经济新常态下城市群协调发展机理并得出以下结论：①城市群协调发展是主客体共同参与、彼此适应、不断进化的结果。②城市群协调发展是整合效应和矫枉效应共同作用的结果。③城市群协调发展是外生动力和内生动力共同作用的结果，它是城市群系统秩序逐渐形成、整体发展能力不断增强的演进过程。城市群协调发展的内生动力和外生动力相互联合、相互作用并最终形成了耦合动力，加速了城市群协调发展的进程。城市群协调发展的状态是连续且不断变化的，并且在内生动力、外生动力以及耦合动力的作用下，实现更高层次的协调发展。④城市群的自组织机理主要受制于影响城市群协调发展各因素的作用机制。城市群复合生态系统协调发展受众多因素影响，主体、客体以及主客体间的耦合机制、城市间资源禀赋差异、技术等都会影响城市群的协调发展。本书选取了劳动力、资本、技术等因素，并详细阐述了各因素影响城市群协调发展的作用机制。⑤根据协调发生的时间点将协调分为并行式协调和前置式协调，并据此构建了并行式协调模型和前置式协调模型两种城市群协调发展关系模型。

（3）基于构建的评价模型，充分结合我国城市群协调发展的实际和经济新常态下的特征，运用计量模型来定量描述城市群协调发展状态。依据科学性、系统性、可比性、可获取性、动态性、独立性的原则，从资源、环境、经济、社会四个维度出发，构建城市群协调发展评价的指标体系。运用计量评价方法构建城市群协调发展评价模型。

（4）基于计量模型及本书构建的城市群协调发展评价模型，定量分析我国主要城市群协调发展的动态演变历程。研究结果显示，城市群协调发展对城市经济的发展有推动作用。与此同时，经济新常态下城市群的经济发展还存在诸多问题，亟待切实可行的举措来解决问题、排除万难，从而改善目前的不协调状态。

（5）构建经济新常态下城市群协调发展模式及机制架构，提出构建圈层带动式的动态城市群协调发展模式，在此基础上，基于治理理论，详细阐述跨域治理的内涵、特征以及治理模式，从三个方面探究推动城市群发展的机制架构：构建跨域治理合作框架，加强政府间合作；充分发挥市场的作用，建立并完善城市群内统一的市场机制；充分调动民众参与的积极性，构建民间组织参与机制。

（6）选取三大典型城市群长三角、珠三角及长株潭城市群，在分析三大城市群协调发展困境的基础上，结合前文的理论分析及发展模式和机制架构，针对三大城市群发展的现状，提出实现城市群协调发展的具体路径及对策建议。

第二节　研究创新

一、研究视角创新

从整体观视角出发，探究界定经济新常态下城市群协调发展的系统内涵，建立城市群协调发展概念模型。在经济新常态下，城市群的协调发展指政府、企业、市场、民间组织等各种力量及要素有机结合、相互联系、作用与制约，经由某一形式与运动原理，推动城市群高质量、高水平全面发展。城市群发展的最终目标不仅是提高单个城市的城市化水平，还要实现域内城市与城市群整体的均衡协调、可持续发展。城市群协调发展的最终意义在于推动城市群整体与单体城市共同发展，这种发展既要考虑城市群整体发展的持续性，也要兼顾单体城市之间的发展均衡性。

二、学术思想创新

在研究城市群系统在经济新常态下的新特性以及城市群系统运行模式的基础上，详细阐述了自组织机理对于城市群协调发展的重大意义，并提出城市群协调发展的实现途径。本书认为，城市群协调发展实现的内部途径是构建城市群超循环结构，外部途径是发展循环经济。

三、学术观点创新

基于城市群的系统特性，提出经济新常态下城市群协调发展需要众多力量合力促进。基于跨域治理理论，并结合各城市群协调发展的现状，提出城市群协调发展需要政府合作、市场机制、民间组织机制合力促进。

第三节　研究展望

（1）城市群协调发展动力机制中涉及的因素众多，本书因时间有限只选取了部分因素进行研究，后续研究可以进一步挖掘影响城市群协调发展动力机制的更多因素以及内生动力和外生动力的耦合机制，为探寻城市群协调发展之路提供更多理论基础。

（2）城市群协调发展评价模型中个别假设并不符合实际，后续研究可进一步放松假设，完善城市群协调发展评价模型。此外，城市群协调发展是一个动态变化过程，对其进行评价是一个值得长期关注的问题，如何根据实际经济发展状况不断修正城市群协调发展评价模型，以便科学、合理地评价城市群的协调发展状况，是应该进一步努力研究的问题。

（3）城市群协调发展评价指标体系应进一步完善和细化，同时应根据社会经济的发展变迁不断更新指标体系或者调整权重，以使指标体系能够全面反映城市群协调发展的实际状况，得到更加精确的研究结果。

（4）因时间有限、篇幅有限，具体实现路径的实证分析部分只选取了我国三大主要城市群进行分析，并针对这些城市群的发展状况提出协调发展措施及政策建议。实际上，随着经济一体化的发展，不仅城市与城市之间，城市群与城市群之间的联系也越来越密切，后续应扩大城市群选择范围，从更大的空间范围视角研究城市群协调发展问题，以推动我国整体经济协调发展。

参考文献

［1］Chris Taylor. Intergovernmental Cooperation：An Analysis of Cities and Counties in Georgia［J］. Public Administration Quarterly，2009（1）：68-70.

［2］Donald，MilWaukee. A Public Management for All Seasons?［J］. Public Administration Quarterly，2006（1）：57-60.

［3］Edward L. Glaeser，Jesse M. Shapiro. Urban Growth in the 1990s：Is City Living Back?［J］. Journal of Regional Science，2003，1（43）：139-165.

［4］Friedmann J.，Miller J. The Urban Field［J］. Journal of the American Institute of Planners，1965，31（4）：312-320.

［5］G. M. Grossman，A. B. Krueger. Economic Growth and the Environment［J］. The Quarterly Journal of Economics，1995（2）：353-377.

［6］Howard Ebenezer. 明日的田园城市［M］. 金经元译. 北京：商务印书馆，2010：15-45.

［7］Jean Gottmann. Megalopolis or the Urbanization of the Northeastern Seaboard［J］. Economic Geography，1957（3）：22-25.

［8］Nott. Intergovernmental Cooperation，Metropolitan Equity and the New Regionalism［J］. Wash. L. Rev，2006（7）：21-23.

［9］Peter Hall，Kathy Pain，et al. The Polycentric Metropolis：Learning from Mega-City Regions in Europe［M］. London：Earthscan Publications，2006：54-56.

［10］Simcon Djankov. Caroline Freund Trade Flows in the Former Soviet Union，1987 to 1996［J］. Journal of Comparative Economics，2002，30（1）：76-90.

［11］Stevenson，Poxson. Varieties of City Regionalism and the Quest for Political Cooperation：A Comparative Perspective［J］. Urban Research and Practice，2007（2）：15-18.

［12］柏明国，朱咸利，刘翀. 安徽省能源-经济-环境系统协调发展实证研究［J］. 安徽工业大学学报（社会科学版），2013（1）：57-59.

［13］包晓霁. 中国长江三角洲都市圈发展状况研究［D］. 重庆大学硕士学位论文，2007：64-68.

［14］毕秀晶. 长三角城市群空间演化研究［D］. 华东师范大学博士学位论文，2014：48-50.

［15］蔡海峰．城市群功能专业化分工测度与影响因素研究［D］．暨南大学硕士学位论文，2016：68-72．

［16］曹海军，霍伟桦．基于协作视角的城市群治理及其对中国的启示［J］．中国行政管理，2014（8）：22-25．

［17］曾鹏，吴功亮．技术进步、产业集聚、城市规模与城乡收入差距［J］．重庆大学学报（社会科学版），2015（6）：18-34．

［18］曾鹏，朱玉鑫．中国十大城市群生态与经济协调度比较研究［J］．统计与决策，2014（16）：117-120．

［19］陈馥利．城市群城际间居民出行行为特征研究［D］．长安大学硕士学位论文，2010：80-82．

［20］陈金英．中国城市群空间结构及其对经济效率的影响研究［D］．东北师范大学博士学位论文，2016：105-107．

［21］陈柳钦．田园城市：统筹城乡发展的理想城市形态［J］．城市管理与科技，2011（3）：21-23．

［22］陈美玲．类生态系统视角下的城市群空间优化路径研究［D］．中国社会科学院研究生院博士学位论文，2015：90-93．

［23］陈鹏．城市群协调发展问题研究［D］．华东政法大学博士学位论文，2020：67-71．

［24］陈群元，宋玉祥．中国城市群的协调机理与协调模型［J］．中国科学院研究生院学报，2010（5）：10-12．

［25］陈群元，喻定权．城市群的协调机理与协调模型［A］//规划引领下的新型城市化研究——2009年湖南省优秀城乡规划论文集［C］．2009．

［26］陈群元．城市群协调发展研究［D］．东北师范大学博士学位论文，2009：13-16．

［27］陈秀山，刘红．区域协调发展要健全区域互动机制［J］．党政干部学刊，2006（1）：26-28．

［28］陈玉梅，李康晨．国外公共管理视角下韧性城市研究进展与实践探析［J］．中国行政管理，2017（1）：137-143．

［29］陈之莹．中外城市群空间组织模式对比研究［D］．浙江财经大学硕士学位论文，2015：17-22．

［30］程大林，李侃桢，张京祥．都市圈内部联系与圈层地域界定——南京都市圈的实证研究［J］．城市规划，2003（11）：30-33．

［31］程皓，阳国亮，纪晓君．中国十大城市群城市韧性与环境压力脱钩关系研究［J］．统计与决策，2019，35（7）：79-83．．

［32］程玉鸿，李克桐．“大珠三角”城市群协调发展实证测度及阶段划分［J］．工业技术经济，2014（4）：14-15．

［33］程玉鸿，罗金济.城市群协调发展研究述评［J］.城市问题，2015（3）：21-22.

［34］崔大树，樊晏.基于 SNA 的浙中城市群空间经济结构演变的网络特征分析［J］.产业经济评论，2013（6）：23-24.

［35］崔红军，姜楠.国外都市圈模式对长三角都市圈发展启示［J］.现代商贸工业，2010（9）：28-29.

［36］崔宇明，代斌，王萍萍.城镇化、产业集聚与全要素生产率增长研究［J］.中国人口科学，2013（4）：54-63.

［37］党兴华，郭子彦，赵王景.基于区域外部性的城市群协调发展［J］.经济地理，2007，27（3）：463-466.

［38］丁建军.城市群经济、多城市群与区域协调发展［J］.经济地理，2010（1）：18-22.

［39］董树军.城市群府际博弈的整体性治理研究［D］.湖南大学博士学位论文，2016：56-59.

［40］段成荣，赵畅，吕利丹.中国流动人口流入地分布变动特征（2000-2015）［J］.人口与经济，2020（1）：89-99.

［41］方创琳.中国城市群形成发育的新格局及新趋向［J］.地理科学，2011（9）：13-14.

［42］方创琳.中国城市群研究取得的重要进展与未来发展方向［J］.地理学报，2014（8）：27-29.

［43］房国忠，刘贵清.日美城市群产业空间演化对中国城市群发展的启示［J］.当代经济研究，2009（9）：28-31.

［44］冯静.珠三角城市群协调发展的实证研究——基于区域经济一体化的分析［J］.企业导报，2010（4）：17-19.

［45］付婷婷.区域经济联系研究［D］.兰州大学硕士学位论文，2010：32-47.

［46］高丽娜，朱舜，颜姜慧.长江下游流域城市群集聚区的形成及空间特征［J］.学术论坛，2014（4）：54-59.

［47］高秀艳，王海波.大都市经济圈与同城化问题浅析［J］.企业经济，2007（8）：16-19.

［48］谷人旭，李广斌.区域规划中利益协调初探［J］.城市规划，2006，30（8）：42-46.

［49］顾朝林，吴莉娅.中国城市化问题研究综述［J］.城市与区域规划研究，2008（9）：4-6.

［50］顾朝林.城市群研究进展与展望［J］.地理研究，2011（5）：10-12.

［51］顾朝林.中国城镇体系等级规模分布模型及其结构预测［J］.经济地理，1990（3）：54-56.

［52］郭凤城.产业群、城市群的耦合与区域经济发展［D］.吉林大学博士学位论文，2008：46-54.

［53］郭荣朝，苗长虹.基于特色产业簇群的城市群空间结构优化研究［J］.人文地理，2010（10）：13-15.

［54］郭荣朝，宋双华，苗长虹.城市群结构优化与功能升级——以中原城市群为例［J］.地理科学，2011（3）：22-24.

［55］郭卫军，黄繁华.高技术产业集聚对经济增长质量的影响——基于中国省级面板数据的实证研究［J］.经济问题探索，2021（3）：28-29.

［56］韩云，陈迪宇，王政等.改革开放40年城镇化的历程、经验与展望［J］.宏观经济管理，2019（2）：29-34.

［57］何晖，刘德学.珠三角城市群内部职能专业化水平测度与分析［J］.科技管理研究，2016（4）：21-22.

［58］洪世键.大都市区政治碎化与中国的大都市区治理改革［J］.厦门大学学报（哲学社会科学版），2015（1）：17-19.

［59］胡琼琼，张谦.产业结构转型升级与优化促粤港澳大湾区经济高质量发展［J］.环渤海经济瞭望，2021（1）：25-26.

［60］胡锡琴，张红伟.空间经济视域下城市群FDI、服务业集聚的经济效应——基于成渝城市群的实证分析［J］.中国地质大学学报（社会科学版），2017（5）：116-125.

［61］胡序威，周一星，顾朝林.中国沿海城镇密集区空间集聚与扩散研究［M］.北京：科学出版社，2000：78-99.

［62］黄彩虹.山东省区域分工与空间优化测度与分析［J］.绿色科技，2015（9）：12-13.

［63］黄训江.产业集聚对高技术产业研发投入强度的影响作用研究［J］.研究与发展管理，2017（1）：116-126.

［64］黄征学.城市群界定的标准研究［J］.经济问题探索，2014（8）：24-26.

［65］季书涵，朱英明，张鑫.产业集聚对资源错配的改善效果研究［J］.中国工业经济，2016（6）：73-90.

［66］季书涵，朱英明.产业集聚的资源错配效应研究［J］.数量经济技术经济研究，2017（4）：57-73.

［67］姜文仙.区域协调发展的动力机制研究［D］.暨南大学博士学位论文，2011：73-87.

［68］蒋清海.区域产业结构：趋同与调整［J］.当代经济科学，1995（1）：6.

［69］解艳波，陆建康.长三角地区一体化发展思路研究［J］.江苏社会科学，2010（2）：21-22.

［70］金太军，张开平.论长三角一体化进程中区域合作协调机制的构建［J］.晋阳学刊，2009（4）：16-17.

［71］金祥荣，陶永亮，朱希伟.基础设施、产业集聚与区域协调［J］.浙江大学学报（人文社会科学版），2012，42（2）：148-160.

［72］靳伟莉，李永娣．中原城市群统计监测评价指标体系研究［J］．市场研究，2018（11）：25-27．

［73］靖学青．关于创建长江三角洲区域协调组织机构的探讨［J］．经济体制改革，2008（9）：12-14．

［74］靖学青．西方国家大都市区组织管理模式——兼论长江三角洲城市群发展协调管理机构的创建［J］．社会科学，2002（12）：22-25．

［75］阚珍珍．中原城市群与环境资源协调发展研究——基于评价和预警［J］．现代商贸工业，2016（16）：26-27．

［76］李佳洺，张文忠，孙铁山，张爱平．中国城市群集聚特征与经济绩效［J］．地理学报，2014，69（4）：474-484．

［77］李剑波，涂建军．成渝城市群新型城镇化发展协调度时序特征［J］．现代城市研究，2018（9）：47-55．

［78］李克桐．城市群协调发展实证测度及阶段划分［D］．暨南大学硕士学位论文，2015：78-89．

［79］李蕾．关于辽中城市群空间结构产业机理分析研究［J］．科技创新导报，2010（1）：6．

［80］李琬．中国市域空间结构的绩效分析：单中心和多中心的视角［D］．华东师范大学博士学位论文，2018：1-48．

［81］李兴苏．成渝城市群绿色发展满意度评价及实施路径研究［D］．重庆大学博士学位论文，2017：30-68．

［82］李月起．新时代成渝城市群协调发展策略研究［J］．西部论坛，2018，28（3）：94-99．

［83］廖重斌．环境与经济协调发展的定量评判及分类体系［J］．热带地理，1999，19（2）：171-177．

［84］刘刚．美国和日本城市群发展的比较研究［D］．吉林大学硕士学位论文，2007：45-78．

［85］刘贵清．日本城市群产业空间演化对中国城市群发展的借鉴［J］．当代经济研究，2006（5）：23-24．

［86］刘锦，田银生．粤港澳大湾区背景下的珠三角城市群产业—人口—空间交互影响机理［J］．地理科学进展，2018，37（12）：1653-1662．

［87］刘君德．论中国建制市的多模式发展与渐进式转换战略［J］．江汉论坛，2014（3）：5-12．

［88］刘璐，逯进．山东省人口结构、产业发展与经济增长的耦合度分析［J］．青岛农业大学学报（社会科学版），2017，29（4）：48-56．

［89］刘瞳．世界主要都市圈经验的借鉴和北京都市圈的发展［D］．中共中央党校硕士学位论文，2011：50-63．

［90］刘学华，张学良，李鲁．中国城市体系规模结构：特征事实与经验阐释［J］．财经研究，

2015，41（11）：108-123.

［91］卢晓峰.中原城市群发展对策研究［J］.创新科技，2015（3）：10-12.

［92］陆大道.论区域的最佳结构与最佳发展——提出"点－轴系统"和"T"型结构以来的回顾与再分析［J］.地理学报，2001（2）：4-12.

［93］罗莉华.长株潭城市群协调发展研究［D］.重庆大学硕士学位论文，2016：20-90.

［94］孟祥林.城市化进程研究［D］.北京师范大学博士学位论文，2006：10-36.

［95］年福华，姚士谋，陈振光.试论城市群区域内的网络化组织［J］.地理科学，2002（12）：21-23.

［96］宁越敏，李健.让城市化进程与经济社会发展相协调——国外的经验与启示［J］.资源与人居环境，2005（8）：32-34.

［97］宁越敏，旋倩，查志强.长江三角洲都市连绵区形成机制与跨区域规划研究［J］.城市规划，1998，22（1）：16-20.

［98］牛俊伟.城市中的问题与问题中的城市［D］.南京大学博士学位论文，2013：25-68.

［99］裴玮.成都平原城市群经济协调发展研究［D］.四川大学硕士学位论文，2007：1-45.

［100］彭荣胜.基于农村劳动力转移的河南省城市化进程实证分析［J］.商业研究，2007（1）：30-34.

［101］戚义明，十六大以来党中央深入推进城镇化的历史进程述要［J］.中国浦东干部学院学报，2013（9）：11-12.

［102］任星，郭依.区域经济与资源环境协调发展分析——基于 PSR 模型的实证研究［J］.河南社会科学，2016（8）：51-59.

［103］任宇波.制度变迁视角下的政府间合作机制［D］.山东大学硕士学位论文，2010：20-69.

［104］师博，张新月.技术积累、空间溢出与人口迁移［J］.中国人口·资源与环境，2019，29（2）：156-165.

［105］石建平.复合生态系统良性循环及其调控机制研究［D］.福建师范大学博士学位论文，2005：21-45.

［106］石忆邵，章仁彪.从多中心城市到都市经济圈——长江三角洲地区协调发展的空间组织模式［J］.城市规划汇刊，2001（4）：51-54.

［107］司林杰.中国城市群内部竞合行为分析与机制设计研究［D］.西南财经大学博士学位论文，2014：20-60.

［108］苏明城，张向前.海峡西岸经济区人口资源环境经济社会协调发展研究［J］.科技管理研究，2008（12）：203-206.

［109］苏晓静，盛蓉，孔铎.我国城市群的现状、问题、趋势与对策——《中国城市群发展报

告 2016》发布及研讨会综述［J］.全球化，2016（7）：108-117.

［110］孙建.福建省区域系统协调发展研究及对策分析［D］.华侨大学硕士学位论文，2004（4）：20-80.

［111］锁利铭.面向府际协作的城市群治理：趋势、特征与未来取向［J］.经济社会体制比较，2016（6）：11-12.

［112］覃成林，周姣.城市群协调发展：内涵、概念模型与实现路径［J］.城市发展研究，2010（12）：22-25.

［113］覃成林.深圳高新技术产业发展中的市场与政府作用［J］.开放导报，1999（10）：13-14.

［114］陶希东.20世纪美国跨州大都市区跨界治理策略与启示［J］.国外规划研究，2016（8）：26-28.

［115］童纪新，曹越美.长三角城市群现代服务业与城市化耦合协调机制及空间差异研究［J］.上海经济，2019（1）：19-20.

［116］王国霞，李曼.省际人口迁移与制造业转移空间交互响应研究［J］.地理科学，2019，39（2）：183-194.

［117］王海江.城市间经济联系定量研究［D］.河南大学硕士学位论文，2006：10-50.

［118］王海江.中国中心城市交通联系及其空间格局［D］.河南大学博士学位论文，2014：20-80.

［119］王浩，李新春，沈正平.城市群协同发展影响因素与动力机制研究——以淮海城市群为例［J］.南京社会科学，2017（5）：17-25.

［120］王娟.中国城市群演进研究［D］.西南财经大学博士学位论文，2012：1-50.

［121］王乃静.国外城市群的发展模式及经验新探［J］.技术经济与管理研究，2005（4）：28-29.

［122］王士君.城市相互作用与整合发展的理论和实证研究［D］.东北师范大学博士学位论文，2003：1-35.

［123］王婷.中国城市群空间结构的特征、影响因素与经济绩效研究［D］.华东师范大学硕士学位论文，2016：1-11.

［124］王玮.聚集经济视角下湖南省"3+5"城市群发展模式研究［D］.湖南科技大学硕士学位论文，2009：1-50.

［125］王文锦.世纪大战略、开发新思路、促进大发展——关于实施西部大开发战略的思考［J］.科学社会主义，2000（4）：16-19.

［126］王雪莹.基于协同理论的京津冀协同发展机制研究［D］.首都经济贸易大学硕士学位论文，2016：20-40.

［127］王振坡，朱丹，王丽艳．成渝城市群城市规模分布及演进特征研究［J］．西北人口，2018，39（1）：8-14.

［128］邬晓霞，卫梦婉．城市治理：一个文献综述［J］．经济研究参考，2016（5）：29-30.

［129］吴传清，李浩．关于中国城市群发展问题的探讨［J］．经济前沿，2003（3）：23-24.

［130］吴济华，林皆兴．跨域治理暨县市合并课题与策略［M］．台北：巨流图书股份有限公司，2012：35-65.

［131］吴连霞，赵媛，吴开亚．基于SRM-GWR的人口结构与经济耦合机制动静态研究——以江苏省为例［J］．经济问题探索，2018（10）：95-104.

［132］吴良镛，吴唯佳，武廷海．论世界与中国城市化的大趋势和江苏省城市化道路［J］．科技导报，2003（9）：12-13.

［133］向春玲．中国城镇化进程中的"城市病"及其治理［J］．新疆师范大学学报（哲学社会科学版），2014，35（2）：45-53.

［134］向鹏成，罗莉华．长株潭城市群可持续发展综合测度研究［J］．世界科技研究与发展，2015（8）：13-14.

［135］向清华，赵建吉．基于区域经济联系的中原城市群整合发展研究［J］．经济论坛，2010（1）：18-19.

［136］项文彪，陈雁云．产业集群、城市群与经济增长——以中部地区城市群为例［J］．当代财经，2017（4）：109-115.

［137］肖磊，潘永刚．成渝城市群空间演化研究——基于2000-2015年截面分析［J］．城市发展研究，2019（2）：7-15.

［138］谢涤湘．我国城市更新中的权益博弈研究述评［J］．热带地理，2013，33（2）：231-236.

［139］谢冬水．农地转让权不完全与农村劳动力非永久迁移［J］．财贸研究，2014，25（1）：47-54.

［140］谢起慧．发达国家建设韧性城市的政策启示［J］．科学决策，2017（4）：60-75.

［141］熊勉．广西南北钦防城市群协调发展研究［D］．中央民族大学硕士学位论文，2013：55-68.

［142］徐鹏程，叶振宇．新中国70年城市群发展的回顾与展望［J］．发展研究，2019（11）：17-18.

［143］许文学．长三角地方政府环保合作对环境污染排放的影响研究［D］．上海财经大学硕士学位论文，2020：30-45.

［144］许学强．城市地理学［M］．北京：高等教育出版社，1996：22.

［145］薛凤旋．都会经济区：香港与广东共同发展的基础［J］．经济地理，2000，20（1）：37-42.

［146］阎小培，郭建国，胡宇冰．穗港澳都市连绵区的形成机制研究［J］．地理研究，1997，16（6）：22-29．

［147］燕中州，朱鹏，王泽敏，穆瑞章．欧洲主要城市群发展概况及经验借鉴［J］．天津经济，2013（1）：18-22．

［148］阳彩平．昌九城市带协调发展研究［D］．江西师范大学硕士学位论文，2008：15-60．

［149］杨昌辉，周开乐，冯南平．城市群创新发展中的产业转移研究——以皖江城市群为例［J］．江淮论坛，2014（5）：54-60．

［150］杨艳，丁正山，葛军莲等．江苏省乡村旅游信息化与区域旅游经济耦合协调关系［J］．经济地理，2018，38（11）：220-225．

［151］杨义武，方大春．安徽省城市群协调发展研究［J］．安徽工业大学学报（社会科学版），2012（1）：3-5．

［152］姚士谋，周春山，王德，修春亮，王成新，陈明新等．中国城市群新论［M］．北京：科学出版社，2016：54-58．

［153］姚晓东，王刚．美国城市群的发展经验及借鉴［J］．天津经济，2013（12）：14-17．

［154］姚作林，涂建军，牛慧敏等．成渝经济区城市群空间结构要素特征分析［J］．经济地理，2017（1）：82-89．

［155］叶裕民，陈丙欣．中国城市群的发育现状及动态特征［J］．城市问题，2014（4）：16-17．

［156］于斌斌．中国城市群产业集聚与经济效率差异的门槛效应研究［J］．经济理论与经济管理，2015（3）：60-73．

［157］郁鸿胜．制度合作是长三角区域一体化的核心［J］．中国城市经济，2010（2）：78-80．

［158］袁莉．城市群协同发展机理、实现途径及对策研究［D］．中南大学博士学位论文，2014：12-56．

［159］原倩．城市群是否能够促进城市发展［J］．世界经济，2016（9）：17-19．

［160］岳红举．中原城市群协调发展机制研究［J］．湖北经济学院学报（人文社会科学版），2012（10）：8-9．

［161］张海峰．山东半岛城市群生态环境与经济协调发展模式研究［D］．中国海洋大学博士学位论文，2005：20-60．

［162］张浩然，衣保中．城市群空间结构特征与经济绩效——来自中国的经验证据［J］．经济评论，2012（1）：42-47．

［163］张虹．创新型城市群与产业集群耦合演进关系研究［J］．北方经济，2008（10）：33-34．

［164］张换兆，郝寿义．国家综合配套改革区与制度的空间演化分析［J］．财经研究，2007（1）：66-75．

［165］张紧跟.从多中心竞逐到联动整合——珠江三角洲城市群发展模式转型思考［J］.城市问题，2008（1）：32-33.

［166］张紧跟.新区域主义：美国大都市区治理的新思路［J］.中山大学学报（社会科学版），2010（1）：23-24.

［167］张京祥，刘荣增.美国大都市区的发展及管理［J］.国外城市规划，2001（10）：18-20.

［168］张京祥.城镇群空间发展［M］.南京：江苏教育出版社，2000：20-55.

［169］张京祥.西方城市规划思想史纲［M］.上海：东南大学出版社，2005：95.

［170］张京祥.中国都市密集地区区域管治中行政区划的影响研究［J］.城市规划，2002，26（9）：16-21.

［171］张可云，何大梽."十四五"时期区域协调发展的空间尺度探讨［J］.学术研究，2021（1）：6-9.

［172］张可云.主体功能区的操作问题与解决办法［J］.中国发展观察，2007（3）：26-27.

［173］张明斗，冯晓青.中国城市韧性度综合评价［J］.城市问题，2018（10）：27-36.

［174］张尚武.区域整体发展理念及规划协调机制探索［J］.城市规划，1999（11）：15-17+50-64.

［175］张尚武.长江三角洲地区城镇空间形态协调发展研究［J］.城市规划汇刊，1999（3）：32-35.

［176］张衍春，胡映洁，单卓然等.焦点地域·创新机制·历时动因——法国复合区域治理模式转型及启示［J］.经济地理，2015（4）：16-18.

［177］张祥建，郭岚，徐晋.长江三角洲城市群的空间特征、发展障碍与对策［J］.上海交通大学学报（哲学社会科学版），2003（6）：57-62.

［178］张协奎，林剑，陈伟清，安晓明，韦玮，张泽丰.广西北部湾经济区城市群可持续发展对策研究［J］.中国软科学，2009（5）：26-28.

［179］张学良，林永然，孟美侠.长三角区域一体化发展机制演进：经验总结与发展趋向［J］.安徽大学学报（哲学社会科学版），2019（1）：64-68.

［180］张学良，杨朝远.发挥中心城市和城市群在区域协调发展中的带动引领作用［N］.光明日报，2020-01-14（11）.

［181］张迎旭.基于自由发展观的城市群协调发展评价研究［D］.西安理工大学硕士学位论文，2008：12-67.

［182］张雨.长三角一体化中的制度障碍及其对策［J］.南京社会科学，2010（11）：85-87.

［183］张贞冰，陈银蓉，赵亮，王婧.基于中心地理论的中国城市群空间自组织演化解析［J］.经济地理，2014（7）：19-21.

［184］赵峰，姜德波．长三角区域合作机制的经验借鉴与进一步发展思路［J］．中国行政管理，2011（2）：15.

［185］赵璟．中国西部地区城市群协调发展机理及实现机制：理论分析与实证研究［D］．西安理工大学博士学位论文，2008：1-60.

［186］郑瑛琨．长三角城市群的协调发展研究［D］．吉林大学硕士学位论文，2009：10-50.

［187］周姣．城市群协调发展的动力与路径研究［D］．暨南大学硕士学位论文，2011：10-90.

［188］周利敏，原伟麒．迈向韧性城市的灾害治理：基于多案例研究［J］．经济社会体制比较，2017（5）：22-23.

［189］庄士成．长三角区域合作中的利益格局失衡与利益平衡机制研究［J］．当代财经，2010（9）：16-17.

［190］宗传宏．城市发展战略新思路——城市大规模定制（CMC）［J］．软科学，2006（4）：71-74.

附　录

附录一　城市群问卷调查说明及结果分析报告

一、问卷调查说明

（1）问卷发放地区：本问卷主要针对长三角、珠三角、长株潭、中原、成渝城市群，在五大城市群中选取典型城市进行调查。本问卷调查范围涵盖长三角城市群的上海、杭州、南京、宁波、无锡、苏州，珠三角城市群的广州、深圳、珠海、中山、东莞、佛山，长株潭城市群的长沙、株洲和湘潭，中原城市群的郑州、开封、洛阳、南阳，成渝城市群的成都、重庆，共涉及 21 个城市。样本区域代表性和城市代表性较好。

（2）问卷发放对象：本问卷发放的对象主要涵盖高校及科研院所学者、政府公务员、国有企业以及事业单位的工作人员，并选取民营企业的老板和打工者、社会中介组织、各大生活小区的热心居民进行发放。这样安排出于以下几点考虑：①对于高校和科研院所学者而言，他们密切关注城市及城市群的协调发展，在这一问题上有自己独到的见解和思路。②对于政府部门、国有企业以及事业单位的工作人员，总体来说素质较高，并且已经较好地或者完全融入了城市，对城市及城市群的发展状况更熟悉；此外，政府部门、国有企业以及事业单位的工作人员所处社会能级较高，控制和支配的社会资源也较为丰富，因而他们在城市群协调发展中所起的作用比较明显。③民营企业的老板和打工者、社会中介组织、各大生活小区的热心居民，他们代表广泛的社会力量，这也是城市群协调发展过程中不能忽视的一个社会群体。

（3）抽样原则：为了准确、快速、方便地得出调查结果，此次调查采用分层随机抽样的调查方法。本书问卷调查过程中基本遵循了随机抽样和分层抽样原则，样本代表性较好。先按职业的不同进行分层，然后进行随机抽样。这样既节省了时间，也能够全面了解城市群及城市的发展状况。

二、问卷发放及抽样

依据前文所述锁定调研对象，我们首先与调研城市的社科联、相关政府部门、民建以及拟抽选的居民小区取得联系。其次将调研对象细分为五大类，每一类人群发放的问卷比例各占问卷总数的 20%，具体如下：

（1）高校和科研院所学者：为抽取具有较高素质、具备一定科研工作经验的学者，我们与当地社科联联系，取得过去 3 年内申报过课题并获批立项的当地高校包括党校学者的名单，再随机抽样确定最终发放问卷的人员。

（2）政府机关工作人员：与城市群发展密切相关的部门如发改委、城建局、规划局、住建局、公路局等取得联系，再随机抽样确定最终发放问卷的人员。

（3）国有企业员工：与城建、市政等基础建设领域相关的国有企业取得联系，再随机抽样确定最终发放问卷的人员。

（4）民营企业员工：尽可能多地掌握当地民营企业的情况，从中随机选取若干关注城市发展的民营企业家以及所属企业的中层管理者、基层就业人员。

（5）生活小区居民及社会中介组织：了解城市生活小区的基本状况，在当地住建部门的推荐下，每个城市选取 5 个生活小区，再由小区的业主委员会选取若干热心公益事务的居民进行问卷发放。充分了解当地的社会中介组织的职能及对城市发展事务的参与度，从中选取若干具有一定的社会影响的中介组织，再随机选取其中的若干名员工进行问卷发放。

三、问卷调查总体结果

（一）调查概况

本次调查共发放问卷 2100 份，其中，上海 200 份（回收 200 份），杭州 120 份（回收 120 份），南京 100 份（回收 100 份），宁波 100 份（回收 100 份），无锡 80 份（回收 80 份），苏州 80 份（回收 80 份）；广州 100 份（回收 100 份），深圳 100 份（回收 100 份），珠海 80 份（回收 80 份），中山 80 份（回收 80 份），东莞 80 份（回收 80 份），佛山 80 份（回收 80 份），长沙 100 份（回收 100 份），株洲 100 份（回收 100 份），湘潭 100 份（回收 100 份），郑州 100 份（回收 100 份）、开封 100 份（回收 100 份）、洛阳 100 份（回收 100 份）、南阳 100 份（回收 100 份），成渝城市群的成都 100 份（回收 100 份）、重庆 100 份（回收 100 份）。在发放的 2100 份问卷中，总共收回 2100 份，剔除无效问卷 115 份，总共得到有效问卷 1985 份，问卷有效率达到 94.52%。

（二）问卷调查总体情况

（1）从调查结果看，无效问卷大都集中在民营企业基层打工者和生活小区居民中受教育层次较低的人群。

（2）问卷回答质量较高的人群，主要集中在高校及科研院所学者、相关政府部门领导与职工、基础建设类国有企业领导以及部分民营企业家。

（3）不同阶层的人员的关注点不同，说明分层随机抽样很有必要，抽样结果能够全面反映各个阶层的诉求和观点。具体如下：①高校和科研院所学者关注城市群整体的协调发展状况，以及如何设计合理的合作机制来解决实际中遇到的各种问题。②政府领导关心的问题，集中在重大基础设施的建设、生态跨域治理的实现、政府间合作机制的建设等，关注点集中在如何加强政府间合作与协调，推动城市群协调发展。③民营企业家比较关心的问题，集中在城市群协调发展过程中，有没有更多的发展机会，以便扩大生产规模、创造更多的利润。④小区居民的关注点五花八门，但大多也集中在与民生息息相关的问题：有的关注城市公共交通问题，希望能够提高效率节约每日通勤时间；有的希望政府建设更加发达的城市与农村之间的交通网，方便自己回乡下老家；有的希望城市群各个城市之间可以实现医疗保险共享；有的希望城市群各个城市之间有更多更好的招聘信息和优惠条件。总之，居民期盼城市间能够共享基础设施、共享医疗、共享信息等等，城市间的交流需要进一步加强，城市群内应共享发展的成果。

（三）问卷统计资料总体分析

本次问卷调查共设计了 35 个问题，问题总共分为两大类：第一大类为第 1~5 题，主要了解被调查者的基本信息；第二大类为第 6~35 题，共 30 题，主要了解被调查者对城市的基本印象以及对城市群发展状况的了解程度及关注的问题。

（1）从问卷发放的性别看：男性 1276 人，占 60.76%；女性 824 人，占 39.24%。

（2）从问卷发放的年龄段看：18~25 岁的 352 人，占 16.76%；26~40 岁的 880 人，占 41.90%；41~60 岁的 619 人，占 29.49%；60 岁以上的 249 人，占 11.85%。

（3）从被调查者的受教育程度看：小学、初中共 290 人，占 13.80%；中专、大专共 390 人，占 18.57%；本科 886 人，占 42.19%；硕士研究生及以上 534 人，占 25.44%。

（4）从被调查者从事的职业看：根据抽样的过程及依据，五类人群各占 20%。

（5）从被调查者目前的长期居住城市看：具体城市五花八门，毫无规律可言，城市群中的各个城市都可能是被调查者的长期居住城市。

（6）从被调查者在其他城市工作、生活的经历（半年以上）看：58% 以上的人有在其他城市工作、生活的经历，说明人口的迁移限制比较少，城市间基本上能够实现自由迁移。

（7）被调查者对城市群的了解程度：38% 的人对城市群很了解，27% 的人对城市群有一定了解；32% 的人对城市了解很少；3% 的人对城市群不了解。从调研结果来看，被调查者对城市群的了解程度与其职业高度相关，高校及科研院所的学者对城市群很了解，政府部门及国企工作人员大部分对城市群很了解或者有一定了解，而对城市了解很少或者不了解的主要是民营企业的普通职员或者其他人员。尽管如此，被调查人员中，能够准确勾选自身所属城市群的人员依然达到 92%，60% 的人对国外城市群有一定了解，80% 的人对国内城市群比较了解。52% 的人能够对国内城市群所处的发展阶段做大致判断。75% 的人能够准确填写所处城市群中经济最发达的城市。

（8）关于城市群协调发展中最重要的因素，20% 的人认为是自然资源；55% 的人认为是政府支持；23% 的人认为是企业合作；2% 的人认为是个人推动。

（9）关于城市群的类型大部分人不了解，未能做出正确选择，只有 30% 的人做出了正确回答，而且这部分人主要集中在科研院所以及政府机构的工作人员。

（10）对于所在城市群的未来发展定位，55% 的人清楚，30% 的人了解一些，还有 15% 的人不清楚。总体来说，大部分被调查者对所在城市群的发展状况有一定了解。

（11）对于往返城市间的主要出行方式，80% 的人选择了高铁或动车，13% 的人选择了自驾出行，5% 的人选择了普通铁路，2% 的人选择了高速大巴。可见，城市间的交通网络发达，高铁或动车是备受青睐的出行方式。

（12）关于城市间的竞争与合作关系，55% 的人认为合作大于竞争，40% 的人认为竞争大于合作，5% 的人认为竞争等于合作。说明城市间的竞合越来越明显，总体而言，大部分人认为合作大于竞争，城市间跨域问题的治理更加强调城市间的合作。

四、各城市群问卷调查结果统计分析

（一）长三角城市群问卷调查统计分析

经过对调查问卷的分析，我们发现，60% 的人认为城市群协调发展中起关键作用的是政府。65% 的人关注生态问题以及人口过度聚集等城市病问题，说明在长三角中此类问题已经严重影响居民的生活，故而是大多数人关注的问题，值得重视。25% 的人认为社会中介组织在城市群协调发展中的作用不容忽视，34% 的人认为长三角应当充分发挥上海国际经济、金融中心作用，带动其他城市共同发展。45% 的人认为城市群的发展对个人也有很大的帮助，城市的发展为个人的发展提供了良好的平台。

（二）珠三角城市群问卷调查统计分析

经过对调查问卷的分析，我们发现，55%的人认为珠三角的产业同质严重，城市群内资源浪费严重。36%的人最关注珠三角城市间的交通问题，说明相比长三角城市群，珠三角城市间的交通网络还有待完善。40%的人认为珠三角的生态环境遭到严重破坏，城市政府间应加强合作，治理生态环境。47%的人认为城市群的发展对个人也有很大的帮助，城市的发展为个人的发展提供了良好的平台。

（三）长株潭城市群问卷调查统计分析

经过对调查问卷的分析，我们发现，58%的人认为城市群内城市间竞争大于合作，如果不改变竞争过于激烈的现状，不强化政府间合作，可能不利于城市群协调发展。60%的人认为城市群的协调发展应该在强化政府间合作的基础上，引入第三方协调机构，负责协调跨域问题的治理。30%的人认为城市群的生态环境污染严重，城市群的协调发展应当考虑生态问题。42%的人认为城市群的发展对个人也有很大的帮助，城市的发展为个人的发展提供了良好的平台。

（四）中原城市群问卷调查统计分析

经过对调查问卷的分析，我们发现，52%的人认为城市群内城市间竞争大于合作，如果不改变竞争过于激烈的现状，不强化政府间合作，可能不利于城市群协调发展。55%的人认为城市群的协调发展应该在强化政府间合作的基础上，引入第三方协调机构，负责协调跨域问题的治理。35%的人认为城市群的生态环境污染严重，城市群的协调发展应当考虑生态问题。25%的人认为城市群的发展对个人也有很大的帮助，城市的发展为个人的发展提供了良好的平台。

（五）成渝城市群问卷调查统计分析

经过对调查问卷的分析，我们发现，54%的人认为城市群内城市间竞争大于合作，如果不改变竞争过于激烈的现状，不强化政府间合作，可能不利于城市群协调发展。58%的人认为城市群的协调发展应该在强化政府间合作的基础上，引入第三方协调机构，负责协调跨域问题的治理。28%的人认为城市群的生态环境污染严重，城市群的协调发展应当考虑生态问题。30%的人认为城市群的发展对个人也有很大的帮助，城市的发展为个人的发展提供了良好的平台。

综上所述，生态问题似乎已经是影响各个城市群协调发展的问题，值得研究者关注和重视。各个城市群协调发展过程中也有一些突出的个性问题，后续在探讨城市群协调发展的实现路径时应结合问卷调查结果进行分析，以使对策建议具有针对性和可操作性。

附录二　长三角城市群协调发展调查问卷

亲爱的朋友：

您好！为深入了解您对城市群协调发展的认知及关注度，我们正在进行一项"长三角城市群协调发展"的调查，感谢您能配合我们做好这项调查。本次调查旨在了解长三角城市群在大众心目中的协调发展程度，了解什么才是大众心目中理想的城市群发展状态。我们郑重承诺：本次调查结果仅用于项目研究，无任何商业目的，涉及的相关个人信息我们将绝对保密，衷心感谢您的配合！

一、基本信息

1. 您的性别：

    A. 男　　　　　　　B. 女

2. 您的年龄：

    A. 18 岁以下　　　B. 18~25 岁　　　C. 26~40 岁

    D. 41~60 岁　　　E. 60 岁以上

3. 您的受教育程度：

    A. 小学　　　　　　B. 初中　　　　　C. 中专

    D. 大专　　　　　　E. 本科　　　　　F. 硕士研究生及以上

4. 您目前所从事的职业：

    A. 国家机关、党群组织的负责人　　B. 政府机关或事业单位的工作人员

    C. 社科类的学者　　　　　　　　　D. 国有企业负责人

    E. 国有企业职工　　　　　　　　　F. 民营企业老板

　　G. 民营企业就业人员　　　　　　H. 高校教师

　　I. 其他

5. 您目前长期居住的城市是：

　　A. 上海　　　　　B. 杭州　　　　　C. 苏州

　　D. 其他（请填写＿＿＿＿＿＿）

二、城市印象及城市群相关调查

6. 您是否有在居住城市以外的其他城市工作、生活的经历（半年以上）？

　　A. 有（请填写＿＿＿＿＿＿）　　　　B. 无

7. 除您居住的城市之外，基于工作或者生活的原因，您所熟悉的长三角城市的数量？

　　A. 对大多数城市都很熟悉，尤其是＿＿＿＿＿＿。

　　B. 对部分城市比较熟悉，即＿＿＿＿＿＿。

　　C. 对个别城市比较熟悉，即＿＿＿＿＿＿。

　　D. 很少离开自己居住的城市＿＿＿＿＿＿。

8. 基于工作或者生活的原因，您在长三角城市群的各个城市之间往返的频率如何？

　　A. 几乎没有往返　　　　　　　　B. 一年多次

　　C. 一年一次　　　　　　　　　　D. 多年一次

9. 如有往返，您往返长三角城市群各个城市之间的主要目的是什么？

　　A. 探亲拜访　　B. 工作出差　　C. 做生意　　D. 旅游

10. 如有往返，您的主要出行方式是什么？

　　A. 自驾出行　　B. 高速大巴　　C. 高铁或动车　　D. 普通铁路

11. 您对城市群有了解吗？

　　A. 很了解　　B. 有一定的了解　　C. 了解很少　　D. 不了解

12. 您所在的城市属于哪个城市群？

　　A. 长三角城市群　　　　　　　　B. 珠三角城市群

C. 长株潭城市群   D. 京津冀城市群

13. 下列国外著名的城市群，您知道的有哪些？

     A. 美国大西洋沿岸城市群   B. 日本太平洋沿岸城市群

     C. 欧洲西北部城市群   D. 英国中南部城市群

     E. 北美五大湖城市群

14. 下列国内的城市群，您熟悉的有哪些？

     A. 长三角城市群   B. 珠三角城市群

     C. 长株潭城市群   D. 京津冀城市群

     E. 长江中游城市群   F. 成渝城市群

     G. 中原城市群   H. 哈长城市群

     I. 北部湾城市群   J. 关中平原城市群

     K. 海峡西岸城市群

15. 您认为下列哪些国内城市群是处于经济发展刚刚起步的城市群？

     A. 长三角城市群   B. 珠三角城市群

     C. 长株潭城市群   D. 京津冀城市群

     E. 长江中游城市群   F. 成渝城市群

     G. 中原城市群   H. 哈长城市群

     I. 北部湾城市群   J. 关中平原城市群

     K. 海峡西岸城市群

16. 您认为下列哪些国内城市群是处于经济飞速发展过程中的城市群？

     A. 长三角城市群   B. 珠三角城市群

     C. 长株潭城市群   D. 京津冀城市群

     E. 长江中游城市群   F. 成渝城市群

     G. 中原城市群   H. 哈长城市群

     I. 北部湾城市群   J. 关中平原城市群

     K. 海峡西岸城市群

17. 您认为下列哪些国内城市群属于发达城市群？

A. 长三角城市群   B. 珠三角城市群

C. 长株潭城市群   D. 京津冀城市群

E. 长江中游城市群   F. 成渝城市群

G. 中原城市群   H. 哈长城市群

I. 北部湾城市群   J. 关中平原城市群

K. 海峡西岸城市群

18. 您认为您所在的城市群中最发达的城市是_____ 。

19. 您认为城市群的协调发展中下列哪项因素最重要?

A. 自然资源   B. 政府支持

C. 企业合作   D. 个人推动

E. 其他（请填写_____）

20. 您所在的城市群,属于哪一种城市群?

A. 单核心城市群   B. 双核心城市群

C. 沿重要交通路线城市群   D. 三核心城市群

E. 其他（请填写_____）

21. 您所在的城市群,未来发展定位您清楚吗?

A. 清楚（请填写_____）   B. 了解一些（请填写_____）

C. 不清楚（请填写原因_____）

22. 您所在的城市群,整体发展思路您认为合理吗?

A. 合理   B. 不合理（请填写原因_____）

23. 您认为您所在的城市群各个城市之间同质竞争现象严重吗?

A. 严重（请填写原因_____）   B. 不严重

24. 您认为您所在的城市群各个城市有明确的功能定位与产业分工吗?

A. 有   B. 没有（请填写原因_____）

25. 您所在城市的功能定位与产业分工是什么?

_____ 。

26. 您认为您所在的城市群中,城市间的竞争与合作关系是怎样的?

    A. 竞争大于合作   B. 竞争小于合作

    C. 竞争等于合作

27. 您认为您所在的城市群在协调发展过程中起主导作用的是什么？

    A. 当地政府   B. 大中型企业   C. 民间组织   D. 国务院

    E. 其他（请填写_____）

28. 您所在的城市群，在协调发展中当地政府起到了什么作用？

_____

_____。

29. 您所在的城市群，在协调发展中大中型企业起到了什么作用？

_____

_____。

30. 您所在的城市群，在协调发展中民间组织起到了什么作用？

_____

_____。

31. 您所在的城市群，在协调发展中当地政府、大中型企业和民间组织之间存在何种矛盾冲突？你认为应如何化解这些矛盾？谈谈你的建议。

_____

_____。

32. 在城市群协调发展过程中，需要国务院或者省政府等在更高的层面解决哪些问题？

_____

_____。

33. 您认为在城市群发展过程中，个人能起到什么作用？

_____

_____。

34. 您感受到城市群协调发展对您本人的生活和事业产生明显的促进作用了吗？

    A. 感受到了（请列举若干条_____）

    B. 不明显或者没有感受到（请说明原因_____）

35. 在长三角城市群协调发展中，您最关心的问题是什么？

_____

_____

_____。

附录三　珠三角城市群协调发展调查问卷

亲爱的朋友：

　　您好！为深入了解您对城市群协调发展的认知及关注度，我们正在进行一项"珠三角城市群协调发展"的调查，感谢您能配合我们做好这项调查。本次调查旨在了解珠三角城市群在大众心目中的协调发展程度，了解什么才是大众心目中理想的城市群发展状态。我们郑重承诺：本次调查结果仅用于项目研究，无任何商业目的，涉及的相关个人信息我们将绝对保密，衷心感谢您的配合！

一、基本信息

1. 您的性别：

    A. 男　　　　　　B. 女

2. 您的年龄：

    A. 18 岁以下　　B. 18~25 岁　　C. 26~40 岁

    D. 41~60 岁　　E. 60 岁以上

3. 您的受教育程度：

    A. 小学　　　　B. 初中　　　　C. 中专　　　　D. 大专

    E. 本科　　　　F. 硕士研究生及以上

4. 您目前所从事的职业：

    A. 国家机关、党群组织的负责人　　B. 政府机关或事业单位的工作人员

C. 社科类的学者　　　　　　　D. 国有企业负责人

E. 国有企业职工　　　　　　　F. 民营企业老板

G. 民营企业就业人员　　　　　H. 高校教师

I. 其他

5. 您目前长期居住在珠三角城市群的哪一个城市？

A. 广州　　　　B. 深圳　　　　C. 珠海　　　　D. 中山

E. 东莞　　　　F. 佛山　　　　G. 其他（请填写_____）

二、城市印象及城市群相关调查

6. 您是否有在居住城市以外的其他城市工作、生活的经历（半年以上）？

A. 有（请填写_____）　　　B. 无

7. 除您居住的城市之外，基于工作或者生活的原因，您所熟悉的珠三角城市的数量？

A. 对大多数城市都很熟悉，尤其是_____。

B. 对部分城市比较熟悉，即_____。

C. 对个别城市比较熟悉，即_____。

D. 很少离开自己居住的城市_____。

8. 基于工作或者生活的原因，您在珠三角城市群的各个城市之间往返的频率如何？

A. 几乎没有往返　　　　　　　B. 一年多次

C. 一年一次　　　　　　　　　D. 多年一次

9. 如有往返，您往返珠三角城市群各个城市之间的主要目的是什么？

A. 探亲拜访　　B. 工作出差　　C. 做生意　　　D. 旅游

10. 如有往返，您的主要出行方式是什么？

A. 自驾出行　　B. 高速大巴　　C. 高铁或动车　　D. 普通铁路

11. 您对城市群有了解吗？

A. 很了解　　B. 有一定的了解　　C. 了解很少　　D. 不了解

12. 您所在的城市属于哪个城市群?

    A. 长三角城市群　　　　　　　　B. 珠三角城市群

    C. 长株潭城市群　　　　　　　　D. 京津冀城市群

13. 下列国外著名的城市群,您知道的有哪些?

    A. 美国大西洋沿岸城市群　　　　B. 日本太平洋沿岸城市群

    C. 欧洲西北部城市群　　　　　　D. 英国中南部城市群

    E. 北美五大湖城市群

14. 下列国内的城市群,您熟悉的有哪些?

    A. 长三角城市群　　　　　　　　B. 珠三角城市群

    C. 长株潭城市群　　　　　　　　D. 京津冀城市群

    E. 长江中游城市群　　　　　　　F. 成渝城市群

    G. 中原城市群　　　　　　　　　H. 哈长城市群

    I. 北部湾城市群　　　　　　　　J. 关中平原城市群

    K. 海峡西岸城市群

15. 您认为下列哪些国内城市群是处于经济发展刚刚起步的城市群?

    A. 长三角城市群　　　　　　　　B. 珠三角城市群

    C. 长株潭城市群　　　　　　　　D. 京津冀城市群

    E. 长江中游城市群　　　　　　　F. 成渝城市群

    G. 中原城市群　　　　　　　　　H. 哈长城市群

    I. 北部湾城市群　　　　　　　　J. 关中平原城市群

    K. 海峡西岸城市群

16. 您认为下列哪些国内城市群是处于经济飞速发展过程中的城市群?

    A. 长三角城市群　　　　　　　　B. 珠三角城市群

    C. 长株潭城市群　　　　　　　　D. 京津冀城市群

    E. 长江中游城市群　　　　　　　F. 成渝城市群

    G. 中原城市群　　　　　　　　　H. 哈长城市群

    I. 北部湾城市群　　　　　　　　J. 关中平原城市群

K. 海峡西岸城市群

17. 您认为下列哪些国内城市群属于发达城市群?

  A. 长三角城市群　　　　　　　B. 珠三角城市群

  C. 长株潭城市群　　　　　　　D. 京津冀城市群

  E. 长江中游城市群　　　　　　F. 成渝城市群

  G. 中原城市群　　　　　　　　H. 哈长城市群

  I. 北部湾城市群　　　　　　　J. 关中平原城市群

  K. 海峡西岸城市群

18. 您认为您所在的城市群中最发达的城市是_____。

19. 您认为城市群的协调发展中下列哪项因素最重要?

  A. 自然资源　　　　　　　　　B. 政府支持

  C. 企业合作　　　　　　　　　D. 个人推动

  E. 其他(请填写_____)

20. 您所在的城市群,属于哪一种城市群?

  A. 单核心城市群　　　　　　　B. 双核心城市群

  C. 沿重要交通路线城市群　　　D. 三核心城市群

  E. 其他(请填写_____)

21. 您所在的城市群,未来发展定位您清楚吗?

  A. 清楚(请填写_____)　　B. 了解一些(请填写_____)

  C. 不清楚(请填写原因_____)

22. 您所在的城市群,整体发展思路您认为合理吗?

  A. 合理　　　　B. 不合理(请填写原因_____)

23. 您认为您所在的城市群各个城市之间同质竞争现象严重吗?

  A. 严重(请填写原因_____)　B. 不严重

24. 您认为您所在的城市群各个城市有明确的功能定位与产业分工吗?

  A. 有　　　　B. 没有(请填写原因_____)

25. 您所在城市的功能定位与产业分工是什么？

_____。

26. 您认为您所在的城市群中，城市间的竞争与合作关系是怎样的？

    A. 竞争大于合作　　　　　　　　B. 竞争小于合作

    C. 竞争等于合作

27. 您认为您所在的城市群在协调发展过程中起主导作用的是什么？

    A. 当地政府　　　B. 大中型企业　　　C. 民间组织　　　　D. 国务院

    E. 其他（请填写_____）

28. 您所在的城市群，在协调发展中当地政府起到了什么作用？

_____。

29. 您所在的城市群，在协调发展中大中型企业起到了什么作用？

_____

_____。

30. 您所在的城市群，在协调发展中民间组织起到了什么作用？

_____

_____。

31. 您所在的城市群，在协调发展中当地政府、大中型企业和民间组织之间存在何种矛盾冲突？你认为应如何化解这些矛盾？谈谈你的建议。

_____

_____。

32. 在城市群协调发展过程中，需要国务院或者省政府等在更高的层面解决哪些问题？

_____

_____。

33. 您认为在城市群发展过程中，个人能起到什么作用？

_____

_____。

34. 您感受到城市群协调发展对您本人的生活和事业产生明显的促进作用了吗?

    A. 感受到了（请列举若干条_____）

    B. 不明显或者没有感受到（请说明原因_____）

35. 在珠三角城市群协调发展中，您最关心的问题是什么?

_____

_____

_____。

附录四　长株潭城市群协调发展调查问卷

亲爱的朋友:

    您好! 为深入了解您对城市群协调发展的认知及关注度，我们正在进行一项"长株潭城市群协调发展"的调查，感谢您能配合我们做好这项调查。本次调查旨在了解长株潭城市群在大众心目中的协调发展程度，了解什么才是大众心目中理想的城市群发展状态。我们郑重承诺: 本次调查结果仅用于项目研究，无任何商业目的，涉及的相关个人信息我们将绝对保密，衷心感谢您的配合!

一、基本信息

1. 您的性别:

    A. 男   B. 女

2. 您的年龄:

    A. 18 岁以下   B. 18~25 岁   C. 26~40 岁

    D. 41~60 岁   E. 60 岁以上

3. 您的受教育程度:

    A. 小学   B. 初中   C. 中专   D. 大专

    E. 本科   F. 硕士研究生及以上

4. 您目前所从事的职业：

　　A. 国家机关、党群组织的负责人　　B. 政府机关或事业单位的工作人员

　　C. 社科类的学者　　　　　　　　　D. 国有企业负责人

　　E. 国有企业职工　　　　　　　　　F. 民营企业老板

　　G. 民营企业就业人员　　　　　　　H. 高校教师

　　I. 其他

5. 您目前长期居住在长株潭城市群的哪一个城市？

　　A. 长沙　　　　　B. 株洲　　　　　C. 湘潭

　　D. 其他（请填写＿＿＿＿＿＿）

二、城市印象及城市群相关调查

6. 您是否有在居住城市以外的其他城市工作、生活的经历（半年以上）？

　　A. 有（请填写＿＿＿＿＿＿）　　　B. 无

7. 除您居住的城市之外，基于工作或者生活的原因，您所熟悉的长株潭城市的数量？

　　A. 对大多数城市都很熟悉，尤其是＿＿＿＿＿＿。

　　B. 对部分城市比较熟悉，即＿＿＿＿＿＿。

　　C. 对个别城市比较熟悉，即＿＿＿＿＿＿。

　　D. 很少离开自己居住的城市＿＿＿＿＿＿。

8. 基于工作或者生活的原因，您在长株潭城市群的各个城市之间往返的频率如何？

　　A. 几乎没有往返　　　　　　　　　B. 一年多次

　　C. 一年一次　　　　　　　　　　　D. 多年一次

9. 如有往返，您往返长株潭城市群各个城市之间的主要目的是什么？

　　A. 探亲拜访　　　B. 工作出差　　　C. 做生意　　　D. 旅游

10. 如有往返，您的主要出行方式是什么？

　　A. 自驾出行　　　B. 高速大巴　　　C. 高铁或动车　　　D. 普通铁路

11. 您对城市群有了解吗？

    A. 很了解   B. 有一定的了解   C. 了解很少   D. 不了解

12. 您所在的城市属于哪个城市群？

    A. 长三角城市群   B. 珠三角城市群

    C. 长株潭城市群   D. 京津冀城市群

13. 下列国外著名的城市群，您知道的有哪些？

    A. 美国大西洋沿岸城市群   B. 日本太平洋沿岸城市群

    C. 欧洲西北部城市群   D. 英国中南部城市群

    E. 北美五大湖城市群

14. 下列国内的城市群，您熟悉的有哪些？

    A. 长三角城市群   B. 珠三角城市群

    C. 长株潭城市群   D. 京津冀城市群

    E. 长江中游城市群   F. 成渝城市群

    G. 中原城市群   H. 哈长城市群

    I. 北部湾城市群   J. 关中平原城市群

    K. 海峡西岸城市群

15. 您认为下列哪些国内城市群是处于经济发展刚刚起步的城市群？

    A. 长三角城市群   B. 珠三角城市群

    C. 长株潭城市群   D. 京津冀城市群

    E. 长江中游城市群   F. 成渝城市群

    G. 中原城市群   H. 哈长城市群

    I. 北部湾城市群   J. 关中平原城市群

    K. 海峡西岸城市群

16. 您认为下列哪些国内城市群是处于经济飞速发展过程中的城市群？

    A. 长三角城市群   B. 珠三角城市群

    C. 长株潭城市群   D. 京津冀城市群

    E. 长江中游城市群   F. 成渝城市群

G. 中原城市群   H. 哈长城市群

I. 北部湾城市群   J. 关中平原城市群

K. 海峡西岸城市群

17. 您认为下列哪些国内城市群属于发达城市群？

A. 长三角城市群   B. 珠三角城市群

C. 长株潭城市群   D. 京津冀城市群

E. 长江中游城市群   F. 成渝城市群

G. 中原城市群   H. 哈长城市群

I. 北部湾城市群   J. 关中平原城市群

K. 海峡西岸城市群

18. 您认为您所在的城市群中最发达的城市是_____。

19. 您认为城市群的协调发展中下列哪项因素最重要？

A. 自然资源   B. 政府支持

C. 企业合作   D. 个人推动

E. 其他（请填写_____）

20. 您所在的城市群，属于哪一种城市群？

A. 单核心城市群   B. 双核心城市群

C. 沿重要交通路线城市群   D. 三核心城市群

E. 其他（请填写_____）

21. 您所在的城市群，未来发展定位您清楚吗？

A. 清楚（请填写_____）   B. 了解一些（请填写_____）

C. 不清楚（请填写原因_____）

22. 您所在的城市群，整体发展思路您认为合理吗？

A. 合理   B. 不合理（请填写原因_____）

23. 您认为您所在的城市群各个城市之间同质竞争现象严重吗？

A. 严重（请填写原因_____）   B. 不严重

24. 您认为您所在城市群各个城市有明确的功能定位与产业分工吗？

    A. 有   B. 没有（请填写原因_____）

25. 您所在城市的功能定位与产业分工是什么？

_____。

26. 您认为您所在的城市群中，城市间的竞争与合作关系是怎样的？

    A. 竞争大于合作   B. 竞争小于合作

    C. 竞争等于合作

27. 您认为您所在的城市群在协调发展过程中起主导作用的是什么？

    A. 当地政府   B. 大中型企业   C. 民间组织   D. 国务院

    E. 其他（请填写_____）

28. 您所在的城市群，在协调发展中当地政府起到了什么作用？

_____

_____。

29. 您所在的城市群，在协调发展中大中型企业起到了什么作用？

_____

_____。

30. 您所在的城市群，在协调发展中民间组织起到了什么作用？

_____

_____。

31. 您所在的城市群，在协调发展中当地政府、大中型企业和民间组织之间存在何种矛盾冲突？你认为应如何化解这些矛盾？谈谈你的建议。

_____

_____。

32. 在城市群协调发展过程中，需要国务院或者省政府等在更高的层面解决哪些问题？

_____

_____。

33. 您认为在城市群发展过程中，个人能起到什么作用？

_____

_____。

34. 您感受到城市群协调发展对您本人的生活和事业产生明显的促进作用了吗？

    A. 感受到了（请列举若干条_____）

    B. 不明显或者没有感受到（请说明原因_____）

35. 在长株潭城市群协调发展中，您最关心的问题是什么？

_____

_____

_____。

附录五　中原城市群协调发展调查问卷

亲爱的朋友：

您好！为深入了解您对城市群协调发展的认知及关注度，我们正在进行一项"中原城市群协调发展"的调查，感谢您能配合我们做好这项调查。本次调查旨在了解中原城市群在大众心目中的协调发展程度，了解什么才是大众心目中理想的城市群发展状态。我们郑重承诺：本次调查结果仅用于项目研究，无任何商业目的，涉及的相关个人信息我们将绝对保密，衷心感谢您的配合！

一、基本信息

1. 您的性别：

    A. 男   B. 女

2. 您的年龄：

    A. 18 岁以下   B. 18~25 岁   C. 26~40 岁

    D. 41~60 岁   E. 60 岁以上

3. 您的受教育程度：

    A. 小学   B. 初中   C. 中专   D. 大专

    E. 本科   F. 硕士研究生及以上

4. 您目前所从事的职业：

    A. 国家机关、党群组织的负责人   B. 政府机关或事业单位的工作人员

    C. 社科类的学者   D. 国有企业负责人

    E. 国有企业职工   F. 民营企业老板

    G. 民营企业就业人员   H. 高校教师

    I. 其他

5. 您目前长期居住在中原城市群的哪一个城市？

    A. 郑州   B. 洛阳   C. 开封

    D. 其他（请填写＿＿＿＿＿＿）

二、城市印象及城市群相关调查

6. 您是否有在居住城市以外的其他城市工作、生活的经历（半年以上）？

    A. 有（请填写＿＿＿＿＿＿）   B. 无

7. 除您居住的城市之外，基于工作或者生活的原因，您所熟悉的中原城市的数量？

    A. 对大多数城市都很熟悉，尤其是＿＿＿＿＿＿。

    B. 对部分城市比较熟悉，即＿＿＿＿＿＿。

    C. 对个别城市比较熟悉，即＿＿＿＿＿＿。

    D. 很少离开自己居住的城市＿＿＿＿＿＿。

8. 基于工作或者生活的原因，您在中原城市群的各个城市之间往返的频率如何？

    A. 几乎没有往返   B. 一年多次

    C. 一年一次   D. 多年一次

9. 如有往返，您往返中原城市群各个城市之间的主要目的是什么？

　　A. 探亲拜访　　　B. 工作出差　　　C. 做生意　　　D. 旅游

10. 如有往返，您的主要出行方式是什么？

　　A. 自驾出行　　　B. 高速大巴　　　C. 高铁或动车　　　D. 普通铁路

11. 您对城市群有了解吗？

　　A. 很了解　　　B. 有一定的了解　　　C. 了解很少　　　D. 不了解

12. 您所在的城市属于哪个城市群？

　　A. 长三角城市群　　　　　　　　　B. 珠三角城市群

　　C. 长株潭城市群　　　　　　　　　D. 京津冀城市群

13. 下列国外著名的城市群，您知道的有哪些？

　　A. 美国大西洋沿岸城市群　　　　　B. 日本太平洋沿岸城市群

　　C. 欧洲西北部城市群　　　　　　　D. 英国中南部城市群

　　E. 北美五大湖城市群

14. 下列国内的城市群，您熟悉的有哪些？

　　A. 长三角城市群　　　　　　　　　B. 珠三角城市群

　　C. 长株潭城市群　　　　　　　　　D. 京津冀城市群

　　E. 长江中游城市群　　　　　　　　F. 成渝城市群

　　G. 中原城市群　　　　　　　　　　H. 哈长城市群

　　I. 北部湾城市群　　　　　　　　　J. 关中平原城市群

　　K. 海峡西岸城市群

15. 您认为下列哪些国内城市群是处于经济发展刚刚起步的城市群？

　　A. 长三角城市群　　　　　　　　　B. 珠三角城市群

　　C. 长株潭城市群　　　　　　　　　D. 京津冀城市群

　　E. 长江中游城市群　　　　　　　　F. 成渝城市群

　　G. 中原城市群　　　　　　　　　　H. 哈长城市群

　　I. 北部湾城市群　　　　　　　　　J. 关中平原城市群

　　K. 海峡西岸城市群

16. 您认为下列哪些国内城市群是处于经济飞速发展过程中的城市群？

    A. 长三角城市群　　　　　　　　B. 珠三角城市群

    C. 长株潭城市群　　　　　　　　D. 京津冀城市群

    E. 长江中游城市群　　　　　　　F. 成渝城市群

    G. 中原城市群　　　　　　　　　H. 哈长城市群

    I. 北部湾城市群　　　　　　　　J. 关中平原城市群

    K. 海峡西岸城市群

17. 您认为下列哪些国内城市群属于发达城市群?

    A. 长三角城市群　　　　　　　　B. 珠三角城市群

    C. 长株潭城市群　　　　　　　　D. 京津冀城市群

    E. 长江中游城市群　　　　　　　F. 成渝城市群

    G. 中原城市群　　　　　　　　　H. 哈长城市群

    I. 北部湾城市群　　　　　　　　J. 关中平原城市群

    K. 海峡西岸城市群

18. 您认为您所在的城市群中最发达的城市是＿＿＿＿＿＿。

19. 您认为城市群的协调发展中下列哪项因素最重要?

    A. 自然资源　　　　　　　　　　B. 政府支持

    C. 企业合作　　　　　　　　　　D. 个人推动

    E. 其他（请填写＿＿＿＿＿＿）

20. 您所在的城市群,属于哪一种城市群?

    A. 单核心城市群　　　　　　　　B. 双核心城市群

    C. 沿重要交通路线城市群　　　　D. 三核心城市群

    E. 其他（请填写＿＿＿＿＿＿）

21. 您所在的城市群,未来发展定位您清楚吗?

    A. 清楚（请填写＿＿＿＿＿＿）　　B. 了解一些（请填写＿＿＿＿＿＿）

    C. 不清楚（请填写原因＿＿＿＿＿＿）

22. 您所在的城市群,整体发展思路您认为合理吗?

    A. 合理　　　　B. 不合理（请填写原因＿＿＿＿＿＿）

23. 您认为您所在的城市群各个城市之间同质竞争现象严重吗？

    A. 严重（请填写原因_____）   B. 不严重

24. 您认为您所在的城市群各个城市有明确的功能定位与产业分工吗？

    A. 有   B. 没有（请填写原因_____）

25. 您所在城市的功能定位与产业分工是什么？

_____。

26. 您认为您所在的城市群中，城市间的竞争与合作关系是怎样的？

    A. 竞争大于合作   B. 竞争小于合作

    C. 竞争等于合作

27. 您认为您所在的城市群在协调发展过程中起主导作用的是什么？

    A. 当地政府   B. 大中型企业   C. 民间组织   D. 国务院

    E. 其他（请填写_____）

28. 您所在的城市群，在协调发展中当地政府起到了什么作用？

_____

_____。

29. 您所在的城市群，在协调发展中大中型企业起到了什么作用？

_____

_____。

30. 您所在的城市群，在协调发展中民间组织起到了什么作用？

_____

_____。

31. 您所在的城市群，在协调发展中当地政府、大中型企业和民间组织之间存在何种矛盾冲突？你认为应如何化解这些矛盾？谈谈你的建议。

_____

_____。

32. 在城市群协调发展过程中，需要国务院或者省政府等在更高的层面解决哪些问题?

_____

_____ 。

33. 您认为在城市群发展过程中,个人能起到什么作用?

_____

_____ 。

34. 您感受到城市群协调发展对您本人的生活和事业产生明显的促进作用了吗?

    A. 感受到了(请列举若干条_____)

    B. 不明显或者没有感受到(请说明原因_____)

35. 在中原城市群协调发展中,您最关心的问题是什么?

_____

_____

_____ 。

附录六 成渝城市群协调发展调查问卷

亲爱的朋友:

    您好!为深入了解您对城市群协调发展的认知及关注度,我们正在进行一项"成渝城市群协调发展"的调查,感谢您能配合我们做好这项调查。本次调查旨在了解成渝城市群在大众心目中的协调发展程度,了解什么才是大众心目中理想的城市群发展状态。我们郑重承诺:本次调查结果仅用于项目研究,无任何商业目的,涉及的相关个人信息我们将绝对保密,衷心感谢您的配合!

一、基本信息

1. 您的性别:

    A. 男   B. 女

2. 您的年龄：

    A. 18 岁以下   B. 18~25 岁   C. 26~40 岁

    D. 41~60 岁   E. 60 岁以上

3. 您的受教育程度：

    A. 小学   B. 初中   C. 中专   D. 大专

    E. 本科   F. 硕士研究生及以上

4. 您目前所从事的职业：

    A. 国家机关、党群组织的负责人   B. 政府机关或事业单位的工作人员

    C. 社科类的学者   D. 国有企业负责人

    E. 国有企业职工   F. 民营企业老板

    G. 民营企业就业人员   H. 高校教师

    I. 其他

5. 您目前长期居住在成渝城市群的哪一个城市？

    A. 成都   B. 重庆   C. 德阳

    D. 其他（请填写_____）

二、城市印象及城市群相关调查

6. 您是否有在居住城市以外的其他城市工作、生活的经历（半年以上）？

    A. 有（请填写_____）   B. 无

7. 除您居住的城市之外，基于工作或者生活的原因，您所熟悉的成渝城市的数量？

    A. 对大多数城市都很熟悉，尤其是_____。

    B. 对部分城市比较熟悉，即_____。

    C. 对个别城市比较熟悉，即_____。

    D. 很少离开自己居住的城市_____。

8. 基于工作或者生活的原因，您在成渝城市群的各个城市之间往返的频率如何？

    A. 几乎没有往返   B. 一年多次

C. 一年一次　　　　　　　　D. 多年一次

9. 如有往返，您往返成渝城市群各个城市之间的主要目的是什么？

A. 探亲拜访　　　B. 工作出差　　　C. 做生意　　　　D. 旅游

10. 如有往返，您的主要出行方式是什么？

A. 自驾出行　　　B. 高速大巴　　　C. 高铁或动车　　D. 普通铁路

11. 您对城市群有了解吗？

A. 很了解　　　B. 有一定的了解　　C. 了解很少　　　D. 不了解

12. 您所在的城市属于哪个城市群？

A. 长三角城市群　　　　　　　　B. 珠三角城市群

C. 长株潭城市群　　　　　　　　D. 京津冀城市群

13. 下列国外著名的城市群，您知道的有哪些？

A. 美国大西洋沿岸城市群　　　　B. 日本太平洋沿岸城市群

C. 欧洲西北部城市群　　　　　　D. 英国中南部城市群

E. 北美五大湖城市群

14. 下列国内的城市群，您熟悉的有哪些？

A. 长三角城市群　　　　　　　　B. 珠三角城市群

C. 长株潭城市群　　　　　　　　D. 京津冀城市群

E. 长江中游城市群　　　　　　　F. 成渝城市群

G. 中原城市群　　　　　　　　　H. 哈长城市群

I. 北部湾城市群　　　　　　　　J. 关中平原城市群

K. 海峡西岸城市群

15. 您认为下列哪些国内城市群是处于经济发展刚刚起步的城市群？

A. 长三角城市群　　　　　　　　B. 珠三角城市群

C. 长株潭城市群　　　　　　　　D. 京津冀城市群

E. 长江中游城市群　　　　　　　F. 成渝城市群

G. 中原城市群　　　　　　　　　H. 哈长城市群

I. 北部湾城市群　　　　　　　　J. 关中平原城市群

K. 海峡西岸城市群

16. 您认为下列哪些国内城市群是处于经济飞速发展过程中的城市群?

    A. 长三角城市群   B. 珠三角城市群

    C. 长株潭城市群   D. 京津冀城市群

    E. 长江中游城市群   F. 成渝城市群

    G. 中原城市群   H. 哈长城市群

    I. 北部湾城市群   J. 关中平原城市群

    K. 海峡西岸城市群

17. 您认为下列哪些国内城市群属于发达城市群?

    A. 长三角城市群   B. 珠三角城市群

    C. 长株潭城市群   D. 京津冀城市群

    E. 长江中游城市群   F. 成渝城市群

    G. 中原城市群   H. 哈长城市群

    I. 北部湾城市群   J. 关中平原城市群

    K. 海峡西岸城市群

18. 您认为您所在的城市群中最发达的城市是_____。

19. 您认为城市群的协调发展中下列哪项因素最重要?

    A. 自然资源   B. 政府支持

    C. 企业合作   D. 个人推动

    E. 其他(请填写_____)

20. 您所在的城市群,属于哪一种城市群?

    A. 单核心城市群   B. 双核心城市群

    C. 沿重要交通路线城市群   D. 三核心城市群

    E. 其他(请填写_____)

21. 您所在的城市群,未来发展定位您清楚吗?

    A. 清楚(请填写_____)   B. 了解一些(请填写_____)

    C. 不清楚(请填写原因_____)

22. 您所在的城市群，整体发展思路您认为合理吗？

　　A. 合理　　　　　B. 不合理（请填写原因＿＿＿＿＿）

23. 您认为您所在的城市群各个城市之间同质竞争现象严重吗？

　　A. 严重（请填写原因＿＿＿＿＿）　B. 不严重

24. 您认为您所在的城市群各个城市有明确的功能定位与产业分工吗？

　　A. 有　　　　　　B. 没有（请填写原因＿＿＿＿＿）

25. 您所在城市的功能定位与产业分工是什么？

_____。

26. 您认为您所在的城市群中，城市间的竞争与合作关系是怎样的？

　　A. 竞争大于合作　　　　　　　　B. 竞争小于合作

　　C. 竞争等于合作

27. 您认为您所在的城市群在协调发展过程中起主导作用的是什么？

　　A. 当地政府　　B. 大中型企业　　C. 民间组织　　　D. 国务院

　　E. 其他（请填写＿＿＿＿＿）

28. 您所在的城市群，在协调发展中当地政府起到了什么作用？

_____

_____。

29. 您所在的城市群，在协调发展中大中型企业起到了什么作用？

_____

_____。

30. 您所在的城市群，在协调发展中民间组织起到了什么作用？

_____

_____。

31. 您所在的城市群，在协调发展中当地政府、大中型企业和民间组织之间存在何种矛盾冲突？你认为应如何化解这些矛盾？谈谈你的建议。

_____

_____。

32. 在城市群协调发展过程中，需要国务院或者省政府等在更高的层面解决哪些问题？

_____

_____。

33. 您认为在城市群发展过程中，个人能起到什么作用？

_____

_____。

34. 您感受到城市群协调发展对您本人的生活和事业产生明显的促进作用了吗？

    A. 感受到了（请列举若干条_____）

    B. 不明显或者没有感受到（请说明原因_____）

35. 在成渝城市群协调发展中，您最关心的问题是什么？

_____

_____

_____。

后 记

本书是我主持的国家社科基金项目（项目批准号：15XJL019）的主要成果。历时六年，终于在 2022 年二月二龙抬头的好日子等到了国家社科基金项目顺利结题的通知。一路走来，感慨良多。2015 年，听闻课题喜获立项，欣喜之余更多的是随之而来的压力。完成国家社科基金项目并非易事，尤其是在吉安这个小城市。那时候，井冈山大学每年能够拿到国家社科基金项目的人凤毛麟角，学校整体的学术氛围不浓，学术交流少之又少，研究团队难以搭建，很多基础的工作只能靠自己来完成。曾经无数次想要放弃，还好骨子里一直透着倔强，并且我深信世界上根本就没有逃离这一说，所谓的逃离，不过是用一些困难来交换另一些困难，本质上并没有区别，所以再难也要咬牙坚持。

回忆像一行行无从剪辑的风景，尽是煎熬。立项没多久就发现自己意外怀孕了，这个计划之外的孩子让我手足无措，但全家人依然满心欢喜地期待她的降临。生完女儿休完产假后，感觉自己跟重活一世一样，立项仿佛已经是上辈子的事了，根本没法跟我的生活链接。其间又发生了各种意外，一向健朗的父亲突然中风住院，母亲也因过度劳累犯眩晕症屡次住院，加上两个未成年的孩子，家里可谓是鸡飞狗跳、人仰马翻。所谓的研究也只是夜深人静时的煎熬，断断续续、七零八落、毫无体系。好不容易下定决心好好做研究，时间已经过去一大半了。一度也非常焦虑，深夜当孩子们已经熟睡，看着电脑上反复推敲、不断打磨构思的研究内容，曾经自信满满的我竟然一点灵感都没有。很多次老父亲半夜起床都发现书房还亮着灯，有一次忍不住跑过来对我说，"如果做不完就算了，没必要把自己逼上绝路。你从小到大吃了不少苦，一直都很优秀。如果你是因为想证明什么，这样熬根本没有必要。在生命面前其他的一切都不值得一提。天天这样熬夜太伤身了，得不偿失。想放弃就放弃，不要在意别人的眼光。如果你是真的想做这个研究，那也应该寻找更好的方法。"那一刻，突然觉得豁然开朗。一直以来我给了自己太大的压力，出于各种原因，项目已经连续延期了两次，随着时间的逼近，我越来越担心课题无法顺利结项，总觉得不能结项是件很丢脸的事，而忽略了研究本身的意义，忘记了初心，忘记了当初为什么要申报这个课题。当初申报课题时，也是经过了长期的积累和论证，我完全有研究的底气和实力。不是为了别人的眼光，而是真的很想有始有终地做好这项有意义的研究。

城市让生活更美好，在经济新常态下思考城市群协调发展的机遇和挑战，以此界定和塑造未来我们想要的城市和想要的生活意义重大。刘易斯·芒福德曾经说过，要研究城市就应该把它放在区域中。正是从这一角度，在进入 21 世纪之初，城市群的概念在中国开始流行起来。而城市群与城市化的飞速推进紧密相连，关注城市，势必要关注城市群的协调发展。在变革的时代，只有行动才能成就未来，而我希望自己是那个行动者。

调整好心态后，我重新修改了研究提纲，先构建理论体系，再进行实证分析。理论研究部分由于前期有大量的积累和笔记，撰写起来也比较顺利。实证分析方面主要是数据的取得比较困难，为此我联系了各地的同学和朋友，感谢他们在数据取得、收集信息以及问卷调查方面提供的支持和帮助。马不停蹄，磕磕绊绊，30 万字的研究报告总算完成。都说国基项目代表国家社科研究的最高水平，水平如何见仁见智，而我只庆幸自己的坚持。人生的挑战无处不在，自己才是自己真正的敌人。此刻，当我看着 30 万字的书稿，回想起六年来经历的点点滴滴，激动之余更多的是无以言表的感恩之情。

感谢我的团队成员，尤其是商学院的尹佳老师和我的师兄赵亮，每一次会议与交流，你们都给了我许多新的知识和思想，教会我不少做学问的思路和方法，也让我深切体会到"吾生也有涯，而知也无涯"。

感谢所有关心我的同学和朋友，人生路上曾有你们相伴，我感到无比的幸福。

感谢国家社科基金的五位通讯鉴定专家提出的修改意见。这些既有顶层设计、高屋建瓴，又有具体指导、细心提携的真知灼见，使得本书的体系更加完善。在此一并表示感谢！

本书能够顺利出版，与井冈山大学各位领导的关怀密不可分。感谢商学院王军民院长的悉心指点、创新创业学院吴杨副院长的中肯建议以及人文学院邱斌副院长、发展与规划处龚奎林处长、科研处的周松处长和张余慧科长、计划财务处的吴大为处长和彭素琴副处长，感谢你们一直以来的提携与支持。还有商学院的黄秋如书记、黄志兴书记、郭恺强副院长、王伟年副所长、王琛老师、黎明辉老师、代萍老师、黄梅老师以及商学院所有同事，感谢你们多年来的关心和帮助。

感谢我的父母和兄弟姐妹，你们始终的支持和鼓励、无私的关爱和包容是我前进的动力。感谢我的父亲，每当我迷茫时，他的豁达和睿智总能给我指明前进的方向，带给我无穷的力量。尤其感谢我的母亲，一路走来，始终有母亲的陪伴和全力支持，可以说没有母亲就没有今天的我。我3岁时因患小儿麻痹症导致肢残，母亲在那年一夜之间白头，原来一夜白头并不是小说中虚构的情节。从此，我的命运就和母亲紧紧地捆绑在一起。中小学期间，连续很多年我一大半时间都在医院度过。无论条件多么艰苦，日子多么难捱，母亲都不允许我放弃学习，因为她深信知识能够改变命运。为了和所谓的命运抗争，也为了不让母亲失望，我一直积极努力，中学期间因为品学兼优，我与病魔抗争、不懈奋斗的事迹曾被《初中生之友》及江西多家媒体报道。高中期间，因为成绩优异，1995年获吉安地区首届陈香梅奖，1996年被评为"江西省三好学生"。后来顺利读完了大学、硕士、博士，直到我到井冈山大学任教，母亲依然没有片刻停歇，一直为我呕心沥血。好不容易等到我结婚生子，所有人都以为母亲肩上的担子终于可以放下了，然而，在孩子们出生后，她又不遗余力地帮我带两个孩子，日夜操劳，任劳任怨。母亲的一生，是艰辛劳累的一生，她身上集中了中华传统女性所有的美德：勤劳、勇敢、善良。我曾跟母亲开玩笑说："有妈的日子太幸福了。您老人家可要保重身体，我还指着您活到200岁把我送走再走呢。"母亲一脸惆怅，苦笑着说："如果可以，我也希望能够照顾你一辈子啊，可是我哪有那么长的寿啊？"我认真地说："你有你有，你别操那么多心肯定长寿啊，实在不行我跟老天爷商量一下，我的寿命匀给你一点。"母亲被我气笑了，说傻孩子又开始说胡话了。

感谢我的丈夫蔡兵先生，谢谢你这些年来帮我照顾父母和孩子，让我可以潜心研究。感谢我的儿子，谢谢你在妈妈陪伴不多的日子依然健康快乐地成长，并且如此自信开朗、阳光帅气。感谢我的女儿，谢谢你在妈妈忙碌的日子里依然开心快乐，并且如此乖巧懂事，从不打扰我工作。人生不易，或许成长的岁月会让你们不断经历寂寞与伤痛，相信童年这段闪亮的时光会变成你们人生中的琥珀，那些被生活的茧包裹起来的碎片，那些简单又快乐的小幸福，会是你们一生中最美好的回忆。当然，这世上还有很多美好的事物在等着你们，如果有机会一定要自己亲身去感受。例如，如果有喜欢的歌手，你们要想办法去听他的现场演唱会，去跟其他和你们一样喜欢他的人在一起。即使你们不知道那个歌手会红多久，也不知道他会活多久，趁他还在的时候，要让他变成你们回忆的一部分。不要让生命留下遗憾，认真努力地生活，相信生命会充满奇迹。无论世事如何变幻，希望你们一直内心善良，安静努力。愿你们所有的善良有人懂，愿你们心怀感恩、内心阳光，感受生活明朗、万物可爱。或许你们无法成为父母期望的样子，事实上你们也无须对任何人强加给你们的期许负责，对于父母不切实际的期望你们也同样可以不予理会。我不希望我的孩子抱着别人以爱的名义硬塞给你们的期望生活，我希望你们能够听从内心的声音，做自己喜欢的事，看自己喜欢的风景。人生是你们自己的，只有你们才有权利决定背负什么、放下什么。能够做自己想做的事情，才是人生最开心的事情。妈妈已经没有太多机会体验这种随心所欲的快乐，希望我的孩子们能够拥有这份快乐。所以，妈妈永远会尊重你们的选择，支持你们追求自己的梦想。这世界真的很喧嚣，做你们自己就好。我只希望你们能读很多书，走很远的路，未来能在某个地方闪闪发光。感激上苍赐予我温暖有爱的兄妹俩，愿你们一生幸福、平安快乐，永远相互扶持、温暖彼此。

家人给予我的感动和温暖、鼓励和支持铭记在心，此生无以为报，只能化作前进的动力，直面人生，勇敢前行。记得年少时，不经意间就被金庸的江湖吸引，长大后才明白，那其实就是人生。古龙曾说，人在江湖，身不由己。然而生活于尘世的我们，除了责任与担当，心中当有一份属于自己的潇洒与执着。正如苏轼所写："一点浩然气，千里快哉风。"

谨以此书献给所有我爱的人和爱我的人！

白竹岚

2022 年 6 月 6 日